Mes chemins
de table

JP GÉNÉ

Mes chemins de table

hoëbeke

Dépôt légal : septembre 2010
ISBN : 9782-84230-393-8
Conception graphique : Massin

Imprimé en Espagne par Just Colour Graphic, S.L

Introduction

Depuis septembre 2004 je tiens une chronique hebdomadaire « d'un genre gastronomique » dans *Le Monde 2*, devenu *Le Monde Magazine* en 2009. Chaque semaine, j'ai la chance de croiser des centaines de milliers de lecteurs qui apprécient ou non mes élucubrations, certains n'hésitant pas à me faire part de leurs réactions par courriel dont l'adresse figure au bas de chaque article depuis le premier jour. Connaître ses lecteurs a toujours été le rêve du journaliste qui, sans eux, n'existe pas.

Après plus de 300 chroniques, des liens se sont créés, des relations se sont nouées. J'ai appris à leur plaire ou à leur déplaire, à leur donner faim ou à leur couper l'appétit, à les amuser et parfois à les convaincre. Ce livre est d'abord pour eux et pour tous ceux qui régulièrement m'interrogent : à quand un recueil des articles ?

Eh bien, le voilà ! Pas la somme de toutes par ordre chronologique – c'eût été un pensum – mais la sélection d'une centaine d'entre elles, ayant résisté à l'épreuve du temps et de la relecture. Elles sont rangées en cinq chapitres correspondant à cinq étapes de l'itinéraire gourmand et professionnel qui m'a conduit de la mirabelle au *Monde Magazine*.

Écrire sur la gastronomie et ses dépendances confère un pouvoir exorbitant à l'auteur qui, en quelques mots, peut remplir un restaurant ou décider du juste temps de cuisson de la madeleine. Pour le lecteur, il reste un personnage virtuel, caché derrière ses mots et ses jugements aussi redoutables que contestables.

Que son visage apparaisse en médaillon ou sur l'écran n'y change rien. Ce n'est qu'une image qui n'apprend rien sur ses goûts et ses dégoûts. Comment se sont-ils formés ? D'où viennent-ils ? Pourquoi a-t-il choisi de les faire partager ? Quelles sont ses méthodes et ses manières ? Quel est celui qui se cache derrière sa plume ? Vous en saurez un peu plus en lisant *Mes chemins de table*.

JP GÉNÉ

1
Racines

Je suis un enfant de la mirabelle et du plancher huilé, élevé avec la quiche lorraine et Jules Ferry comme tuteurs. La Meurthe et la Moselle, le derby Nancy-Metz et, par temps clair, la ligne bleue des Vosges comme unique horizon. La guerre s'était éteinte depuis peu et l'année de ma naissance fut aussi celle de la fin du rationnement. Sachant que je ne l'aurais pas supporté, le gouvernement de Georges Bidault a sagement décidé de supprimer le Haut Commissariat au ravitaillement en 1949. En signe de reconnaissance, les derniers coupons à mon nom sont soigneusement conservés dans les archives familiales. Dévastée par trop de batailles, la Lorraine reprenait son souffle, gardant un œil inquiet sur les « boches » dont les visites répétées avaient laissé des plaies qui seront longues à cicatriser. Le charbon sortait à nouveau de la mine, la sidérurgie redémarrait et, chaque soir, le ciel rougeoyait à l'heure de la coulée. Les trente glorieuses commençaient. À l'insu de mon plein gré, j'en serai un des baby-boomers.

La guerre avait volé leurs vingt ans à mes parents et encore plus aux leurs qui en avaient connu deux. Ils avaient vécu les alertes et les bombardements, la débâcle et la ligne de démarcation, les morts et les déportés. Ils avaient eu peur. Ils avaient eu faim. Ils avaient appris pour la vie, la valeur d'un quignon de pain. Jamais, je ne verrai à la maison le pain rassis aller à la poubelle. Ce sera la première leçon : on ne jette rien, on garde tout. Les croûtons étaient mis de côté pour les lapins du grand-père. Aujourd'hui encore, je lutte pour persuader ma mère de se débarrasser d'un pot de cornichons dont la date limite de consommation est dépassée depuis trois ans.

La France était alors à « caractère rural » et chaque famille mangeait les légumes de son jardin. Au sortir de l'école, ma mère allait en cuisine, mon père au potager et si j'avais bien désherbé l'allée, je pouvais cueillir les fraises. Ce fut la deuxième leçon : la terre te nourrit mais la terre est basse. J'ai appris plus tard ces histoires de lien au sol, tout ce fatras idéologique à la Barrès dont la *Colline inspirée* n'était pas très loin. La terre de chez moi donnait mal aux reins, collait aux croquenots et rentrait sous les ongles. Ceux qui s'étaient battus pour la défendre s'échinaient désormais à la cultiver pour s'en nourrir. Point barre.

La troisième leçon, enregistrée dans mon album personnel sous le nom de « bifteck d'instituteur », fut plus longue à assimiler. Dans ma famille, je fus le premier depuis cinq générations à ne pas embrasser la carrière d'enseignant. Camif, Maif, Mgen, Sni, Fol furent des sigles familiers dès mon plus jeune âge. Ce sont ceux de l'école laïque et obligatoire. Avant Jules Ferry, l'éducation était pour les riches et dispensée par les curés. Après, elle fut pour tous, gratuite et laïque. Ainsi est la vérité historique, quoi qu'en disent les bigots. Je l'ai su très tôt et ne l'ai jamais oublié. Mes parents appartiennent à ces générations d'hommes et de femmes forgées à l'École normale, promotion après promotion, pour apprendre à lire et à écrire aux enfants de la République, selon ses valeurs inscrites au fronton de l'école : liberté, égalité, fraternité. La blouse grise avait peut-être remplacé la soutane mais il y avait du sacerdoce dans la façon dont ces instituteur(trice)s remplissaient leur mission. Jamais la classe n'était finie. Au foyer, en famille, chez le boucher, en vacances, à la banque, dans l'isoloir, en amour et jusqu'au cimetière, le maître et la maîtresse d'école ne quittaient pas leur blouse. C'était leur vie. Citoyens exemplaires, travailleurs consciencieux, fonctionnaires dévoués corps et âme à l'école de Jules Ferry, ils étaient respectés dans la commune où ils tenaient leur rang. Jamais au bistrot – sauf après les enterrements – et du vin sur la table seulement les dimanches et jours de fêtes. Ils aimaient le bifteck coupé fin et bien cuit, la poêle déglacée à l'eau pour « faire un peu de jus ». Ils mangeaient tels qu'ils vivaient : ni bourgeois ni prolo, à mi-chemin entre le gigot et la gamelle. Chacun à sa place et sans se faire remarquer, tel était le menu quotidien.

L'époque fut propice à l'essor des arts ménagers. Fatiguée par des années de débrouille et de restrictions, avide de modernité et confrontée au problème de la femme salariée, cette classe moyenne émergente espérait du progrès technologique les outils d'un mieux vivre dont le bruit des bottes l'avait privé. La cuisinière à bois prit du plomb dans l'aile, le tout-à-l'égout éradiqua les latrines et l'eau chaude se mit à couler au robinet. Le pays était mûr pour la Cocotte-Minute. Lorsqu'elle entra à la maison – à l'égal de la gazinière et du frigo – elle fut accueillie avec le plus grand respect, selon un protocole dicté par le devoir de reconnaissance à l'égard de ses inventeurs et le poids des économies réalisées pour l'acquérir. La consigne tenait en trois mots : réservé aux adultes. On imagine mal aujourd'hui les risques courus dans les fifties par un gamin de 10 ans surpris en train de « claquer trop fort » la porte du Frigidaire ! Ma mère montait encore les blancs en neige avec un batteur à manivelle. Mon père moulinait le café à la force du poignet. Le moindre dommage causé à l'appareillage électroménager était vécu comme un drame personnel, et l'entretien du matériel, un souci permanent. On achetait alors sa cocotte en fonte pour la vie.

Autant dire que les soldats de l'US Air Force, alors stationnés avec armes et bagages sur la base aérienne voisine de Toul-Rosières, ont fait grosse impression sur les locaux. Leurs avions passaient le mur du son à leur guise, leurs GMC emplafonnaient régulièrement la boucherie située dans le virage, mais surtout, ces « ricains »-là consommaient sans vergogne, jetant aux poubelles le frigo qui avait perdu sa poignée ou la cuisinière à peine éborgnée. « Ça se voit qu'ils n'en ont pas chié pour se la payer » disaient les gens. Les mêmes se rendaient le dimanche en convoi à la décharge pour récupérer un peu d'Amérique en pièces détachées. Il courait en effet des rumeurs sur l'existence de machines à laver la vaisselle, d'aspirateurs à poussière, de perceuses électriques dont les restes avaient été identifiés parmi les déchets made in USA. Tout le monde en rêvait, mais chez moi on ne le disait pas.

Le développement des arts ménagers accompagna celui de l'industrie agroalimentaire avec l'apparition de marques et de produits qui ne s'oublient jamais : choco BN, bouillon Kub, margarine Astra, chocolat Menier, Ovomaltine, sel Cérébos, petits pois Cassegrain, gelée Maggi, potages Knorr, lait Nestlé, Caprice des dieux, purée Mousseline, sucre Sermaize et Béghin... J'en ai gardé la mémoire de l'étiquette. Pas celle du goût. Sans doute parce qu'il y en avait peu. Ce sont les premières bornes tracées sur mon itinéraire par le complexe agroalimentaire. Le pire est à venir mais je n'en ai cure. Je suis gamin et j'ai la chance d'avoir des grands-parents qui m'en apprendront autant qu'à l'école.

Chez moi, on les appelle pépère et mémère. Donc, il y a mémère Guite (Marguerite) et pépère Charlot du côté paternel ; mémère Jeanne et pépère Georges sur le versant maternel. Les premiers n'étaient pas riches. Je n'ose écrire pauvres, ils m'en voudraient. Haute comme trois pommes, elle s'était éreintée dans les filatures vosgiennes. Lui, costaud, crâne lisse et moustache gauloise, fut cheminot – à la voie – lorsque les guerres lui en ont laissé le loisir. Tout cela pour trois francs six sous et quelques médailles. Ils habitaient une espèce de baraquement recouvert de toile goudronnée, construit à la hâte après la dernière guerre pour un usage provisoire. Pour eux il sera définitif, en partie par la faute du cheminot retraité qui, trop content de bénéficier d'un vaste potager et de quelques arbres fruitiers autour de son logis, refusa jusqu'au dernier jour – au prétexte de l'âge – de troquer sa « cabane » contre un ailleurs plus confortable.

L'idée d'avoir une salle de bains plutôt qu'un clapier à lapins lui a toujours semblé farfelue. Quant aux latrines au fond du jardin, «ce n'est quand même pas la merde à boire» que de les vider avec un casque allemand attaché à une perche. Parole de poilu, définitivement vacciné contre le bon Dieu à Verdun et ne fréquentant l'église que le 11 Novembre, jour de la messe des Anciens Combattants. Mon pépère Charlot était un homme des bois. Pour sa famille et pour le voisinage. Été comme hiver, il était réglé à l'heure du soleil qui, à peine levé, le voyait partir dans la nature au guidon de son Vélosolex. Selon la saison, il en ramenait de multiples sources d'émerveillement pour les enfants et autant de soucis pour la grand-mère. Champignons, boules de gui, pissenlits, châtaignes, grenouilles, friture, fraises des bois, miel, colchiques, violettes, muguet, il vivait en ligne directe avec l'écosystème du canton, s'aventurant parfois en bande organisée jusqu'aux contreforts des Vosges, sur la piste des morilles, de la truite ou des brimbelles. Dans sa «baraque» j'étudiais les sciences naturelles live. Sans devoirs et avec les mains sales.

C'est ainsi qu'à 10-12 ans j'ai appris l'escargot durant les vacances de Pâques, propices à son ramassage. On sortait au premier rayon après l'averse, et le panier était vite rempli le long des talus. Des petits-gris ou des plus gros «genre bourgogne». Ils rejoignaient la vieille lessiveuse, recouverte d'un fin grillage qui les gardait prisonniers. Là, le gastéropode jeûnait à en baver sa dernière goutte avant de passer au chaudron. Une grande bassine d'eau bouillante où ils cuisaient entiers dans une odeur fétide. Il ne restait plus qu'à

sortir les bêtes de leur coquille, les rincer et les réserver pour un usage immédiat ou d'éventuelles conserves. Jusque-là c'était un boulot d'homme.
Place à la mémère Guite avec son hachoir à main, seule face à la planche en bois, équipée de rebords sur trois côtés pour éviter les fuites. C'était bien avant l'invention de la cassolette d'escargots en terre cuite, métal ou autres matériaux modernes. Elle les servait dans leur coquille avec le beurre réglementaire mélangé à l'ail et au persil dans des proportions couvertes par le secret défense. Assis en face d'elle, à cette table recouverte de toile cirée jaune, j'observais fasciné le persil s'émiettant dans le va-et-vient inexorable de la lame, obéissant à ma petite grand-mère. Ces gestes de cuisine sont gravés au plus profond de ma mémoire. Aujourd'hui encore, je hache avec le même outil. J'ai vite remarqué qu'elle préparait deux beurres d'escargot différents : un pour le commun et un autre « spécial pépère » avec une proportion d'ail nettement plus élevée. L'homme aimait les nourritures fortes en gueule : le munster coulant, le fromage blanc avec de l'échalote en abondance, les ragoûts aux sauces sombres et le melon noirci au poivre, en buvant une piquette tirée de sa propre treille et que lui seul pouvait avaler. Des pratiques en totale contradiction avec l'esprit de modération du « bifteck d'instituteur » et contre lesquelles ma mère me mettait en garde sous peine d'embarras gastrique. Ce furent mes premières escarmouches gastronomiques. Il y en aura bien d'autres…

Mes grands-parents maternels habitaient à une dizaine de kilomètres de Metz, au bord du plateau qui dominait la vallée industrielle désormais en friches. Un village-rue typique de la Lorraine, entièrement voué à l'agriculture et jalonné de tas de fumier dont le volume indiquait l'importance de la ferme. Ce sera le premier combat de mon pépère Georges, directeur d'école en retraite et maire de Servigny-lès-Sainte-Barbe, par devoir : faire disparaître les « cours à fumier » du devant de la scène. Il gagnera cette bataille mais perdra celle de l'adduction d'eau et du tout-à-l'égout. Trop cher « et pi on a tous des pouits ». Par respect pour le monde agricole je ne rapporterai pas les commentaires de mon aïeul au sortir du conseil municipal... Qu'il repose en paix, le tout-à-l'égout a fini par entrer dans la commune. Après avoir enseigné au gré des postes à travers le département, il s'était retiré dans ce village où Jeanne, son épouse, possédait une maison et un peu de terre. Ils y vivaient au rythme des saisons et de la traite des vaches, des moissons et des fenaisons, des mirabelles et des patates, de la messe du dimanche et de la fête au village. Ado, j'y passais l'essentiel de mes vacances scolaires, loin du regard de mes parents et sous la surveillance débonnaire du pépère Georges et de la mémère Jeanne. Libre comme l'air avec la seule contrainte d'être présent à l'heure du repas, pour lequel ma grand-mère avait l'obligeance de s'enquérir de mes désirs et à qui je répondais invariablement : « des patates qui attachent dans la cocotte ». Avec une salade du jardin, de la compote de quetsches et une part de « gâteau qui monte » (biscuit de Savoie), c'était le plus délicieux des soupers. Dans ce village d'une centaine d'habitants, tout le monde savait tout de tout le monde. De nombreuses familles étaient liées par cousinages ou fermages, d'autres divisées

par des querelles datant de plusieurs générations. Parmi eux, j'ai appris un peu de la terre, des bêtes et des gens.
C'était les années 1960 et sous mes yeux, le paysan se transformait en exploitant agricole, le cheval cédait la place au tracteur et l'engrais chimique remplaçait le fumier. La polyculture rurale allait disparaître au profit de la monoculture industrielle sous mes applaudissements. À 10 ans, j'étais fier comme Artaban de chevaucher un robuste percheron attelé à une charrette aux roues cerclées de fer, chargée de gerbes de blé récoltées à la moissonneuse-lieuse. Cinq ans plus tard, je roulais des mécaniques au volant d'un tracteur de marque Massey Ferguson que l'Albert me laissait conduire dans les champs pour ramasser les bottes de foin, désormais pressées à la machine. La main « sur les gaz », je participais à la mort de l'agriculture « manuelle ». On ne l'a pas regrettée au fond de ces campagnes qui vivaient les pieds dans la terre, se lavaient à l'eau froide et où l'étable n'était jamais loin de la cuisine. Les hommes avaient le visage creusé à 50 ans, les femmes s'épuisaient à s'occuper des bêtes et de la maison, mais la communauté partageait une terre et un destin, qu'il gèle à pierre fendre ou que l'orage gronde. Ici, j'ai compris que la nature n'était pas un danger et qu'on pouvait s'entendre. Il suffisait de faire cent mètres pour se retrouver en plein champ. Après c'était l'aventure, le long des talus, en rampant sous les barbelés, jusque dans les « Fonds de Quarante », une minuscule vallée où serpentait un ruisseau qui marquait la frontière avec la commune voisine de Noisseville, siège d'une bataille perdue par le maréchal Bazaine contre les Prussiens le 1er septembre 1870. Il en restait des milliers de cartouches

dispersées dans les sous-bois dont les garçons récupéraient la poudre pour frimer devant les filles. Lorsque le clocher sonnait 6 heures, c'était la cavalcade pour arriver à temps à table. Le village mangeait à midi et dînait à 7 heures. Pas question que la soupe refroidisse dans l'assiette du grand-père. « Tu sens la vache », me disait-il lorsque je rentrais, tout crotté de chez l'Albert et la Germaine. Ils approchaient la soixantaine, cultivaient encore une quinzaine d'hectares et élevaient une dizaine de vaches, deux chevaux, le cochon et la basse-cour. C'était pour moi la ferme idéale où je pouvais aller « feugner » (traîner en patois lorrain) à loisir et les accompagner dans les travaux des champs. Avec eux j'allais chercher les vaches, retourner le foin, dresser les gerbes de blé en chapeau, ramasser les œufs ou les patates et regarder, stupéfait, la fermière pisser debout dans les prés. Pour le « quatre heures » il y avait toujours du mauvais saucisson, de la Vache qui rit et un verre de piquette mouillée à l'eau. Je m'en régalais.

Le Totor (Victor), lui, ne mettait jamais d'eau dans son vin. Il le buvait dans des verres Duralex que la lumière du jour peinait à transpercer tant ils avaient servi. Avec son frère Édouard, tous deux vieux garçons, il partageait un logis où seul un esprit averti pouvait distinguer l'espace réservé aux bêtes de celui dévolu à l'homme. Chez eux ça sentait le bouc, la vieille pipe et la vaisselle de la semaine. C'est pour ça qu'on les aimait. Le Totor était le plus propre, car il devait se laver les mains deux fois par jour pour la traite et il avait un pif extraordinaire, rouge comme une betterave en perpétuel bourgeonnement. L'Édouard, regard malicieux sous son béret moulé à l'occiput, avait le visage buriné par la terre dont il avait pris la couleur. Parfois, le dimanche, il troquait le béret contre un casque, enfourchant sa moto de marque Terrot pour une destination inconnue dont il revenait à la nuit tombée. Au bruit de la pétarade, tout le village murmurait derrière les volets déjà clos : « V'là l'Édouard qui rentre ! Où qu'c'est qu'il a ben pu encore aller ? » Lorsqu'on voyait le Totor s'esbigner par la ruelle de la Catherine à l'heure de la messe dominicale, chacun savait où il allait. Dans les bois, relever ses collets. Et toujours de retour avant que les fidèles ne sortent de l'église pour ne pas être surpris avec la musette pleine. La vie au village, c'était les Deschiens grandeur nature.

Une fois l'an, elle prenait une dimension picaresque, le jour de la fête communale. À Noisseville, elle avait lieu à la fin de l'été au moment où les quetsches succédaient aux mirabelles. Si la Nini ne servait pas de tarte aux quetsches à cette occasion « c'est que l'été était en retard ». Elle vivait avec le René, un géant arborant une moustache à la Badinguet, buté comme le paysan qu'il était. Nous étions cousins, et pour la fête à Noisseville arrivaient de la Moselle et de la Meurthe-et-Moselle, le ban et l'arrière-ban de la famille. L'affaire valait le déplacement. Même le pépère Georges et la mémère Jeanne faisaient le voyage depuis Servigny distant de 4,5 kilomètres. Sitôt la messe expédiée, direction le bistrot pour eux et les cuisines pour elles. Ils prenaient un premier apéro à caractère « social » entre hommes du village. Byrrh, Guignolet, Suze, Cinzano, Martini, en causant du temps et de la couleur du jupon de la Marie. Ensuite, chacun regagnait son port d'attache où la table était dressée pour 20-30 personnes selon les années. Sitôt installé, on reprenait un petit apéro avec les femmes, généralement un vin cuit maison (« elles aiment ça »), en attendant les crudités : tomates, concombres, radis du jardin, salade russe, œuf mimosa et, luxe suprême, quelques crevettes, parfois un melon. Dans le même mouvement arrivaient les charcuteries : saucissons, terrine de lapin, fromage de tête et le fameux jambon du cochon de Noisseville, élevé à domicile, salé, fumé et séché selon des rites ancestraux. C'est ici que j'ai été touché par le virus du jambon de pays. Je n'ai jamais pu l'éliminer. Jusque-là on buvait du rosé. Avec le brochet ou le colin, le sylvaner était de mise en provenance de l'Alsace mitoyenne. Poisson (trop) cuit au court-bouillon, présenté entier avec la tête et les nageoires, persil frisé dans les ouïes, festons de mayonnaise et citron en quartiers. Son service en portions taillées à même le plat n'était pas des plus aisés, et la Nini appelait les cousines de la ville pour l'aider. À ce moment des agapes on marquait une pause avec une assiette de bouillon pour ceux qui souhaitaient faire chabrot. D'année en année, les amateurs se faisaient plus rares mais le René, verbe haut et allure martiale, s'en faisait un devoir. L'assiette rincée avec une lichée de rouge, place à la viande en provenance de la basse-cour ou de la chasse. Dinde farcie, poule au pot, civet de lapin, ragoût de sanglier, faisans rôtis, c'était selon les disponibilités du moment mais toujours avec une jardinière d'anthologie que l'on trouvait encore la force d'avaler. Le vin bouché tournait à un rythme soutenu jusqu'aux fromagex et aux desserts. Tartes aux quetsches et aux mirabelles, œufs à la neige parsemés de granulés chimiques de toutes les couleurs et le moka obligatoire, génoise fourrée de crème au beurre et au café avec un glaçage chocolat piqué de cerises et d'angélique confites. Il était 17 heures bien tassées lorsque l'assemblée déposait les armes, le café et la goutte achevant les derniers survivants. Le René allait ronfler une petite sieste, la Nini entamait la vaisselle et, le soir, on remettait le couvert avec la soupe, les vol-au-vent et les restes du midi « jusqu'à s'en faire péter la sous-ventrière ».

Presque un demi-siècle plus tard, j'évoque ces festins campagnards avec une indulgence nostalgique. Lorsqu'on a 15 ans et qu'il ne faut pas tacher la chemise du dimanche, ils relèvent plutôt du parcours du combattant. Passer à table était de l'ordre du devoir plus que du plaisir pour le fils d'instituteur(trice), élevé comme il convenait alors. Pas les coudes sur la table, on ne parle pas la bouche pleine et si tu ne finis pas ta viande, tu repasseras pour le dessert. Je durcis le trait, parce que ces contraintes partaient d'un bon sentiment – inspiré par les privations de la guerre et le souci d'assurer la croissance du gamin d'après-guerre – mais avaler le gras du jambon, c'était *too much* ! Garçon de petite faim et d'un naturel plus herbivore que carnivore, le repas m'est rapidement apparu comme un lieu de pouvoir où le goût du plus fort n'était pas forcément le mien. Autant j'aimais assister, voir participer à la confection du menu, autant j'étais parfois à la peine pour l'avaler. À la cantine ce fut le bagne. Demi-pensionnaire dans un lycée ordinaire des bords de Moselle, j'ai vécu les tronçons de saumonette rosâtre baignant dans l'épinard, les rognons dont l'odeur se répandait dans les couloirs deux heures avant le service, les yaourts à mi-chemin entre le petit-lait et le lait caillé. Ils furent la cause de ma première révolte de bouche, sanctionnée par deux heures de colle pour « refus répété de consommation ».

Sitôt sorti du bahut, je n'eus de cesse de manger à mon goût, préférant mille fois un sandwich ou un petit pâté lorrain à la maltraitance du resto U que j'ai plus fréquenté pour distribuer des tracts dénonçant l'impérialisme yankee que pour m'y restaurer. Le domicile familial restait le port d'attache de la bonne bouffe. Celle qui sentait bon la cocotte et dont la part d'amour tempérait la rigueur de ses lois. Elle comblait mon appétit mais comme tant d'autres à l'époque j'avais surtout faim de liberté. Mai 1968 m'a servi le plus beau des banquets et j'y ai croqué à pleines dents. Désormais, ma vie ne serait plus comme avant et il n'y avait qu'un endroit pour la vivre : Paris.

Racines *chroniques*

La goutte de mirabelle

En Lorraine, les mirabelles se divisent en trois catégories : celles pour la tarte, la confiture et le tonneau. Les premières sont les plus belles, joufflues, avec des pigments rouges, cueillies à point, « que quand on les ouvre le noyau tombe tout seul ». Celles qui passent à la bassine avec le sucre « cristal » sont plus que mûres, les chairs ramollies mais gorgées de suc. Les dernières sont impropres aux usages précédents, ramassées pour remplir la barrique. Cette hiérarchie, fruit de pratiques ancestrales, est reconnue à Metz comme à Nancy, ce qui n'est pas peu dire. Elle n'en est pas moins source de querelles mirabellières aux accents shakespeariens : To-nneau or not to-nneau ? *That is the question*.

J'ai ainsi vu ma grand-mère descendre subrepticement à la cave pour inspecter les « prunes » mises au tonneau par son homme et remonter avec deux poignées de magnifiques mirabelles sauvées de la distillation dans le creux de son tablier. « Pas étonnant qu'il m'en manque pour la tarte si tu prends tout pour la goutte » lançait-elle au coupable de ce détournement caractérisé. Il haussait les épaules en mau-

gréant : « C'est ça qui donne le goût du fruit. Tu ne peux pas savoir, la goutte t'en bois pas. »
L'Auguste qui habitait en face avec la Catherine en buvait, lui. Rescapé de 14-18 avec une jambe en moins et un pilon en plus, il observait scrupuleusement le rite de la goutte dans le café à la fin de son déjeuner qu'il concluait toujours sur ces fortes paroles : « Encore un que les boches n'auront pas ! » Dans ces villages mosellans où les troupes allemandes avaient fait le déplacement trois fois en soixante-quinze ans, on se souvenait des dégâts causés par l'occupant à l'eau-de-vie de mirabelle. N'en avait-on pas vu vider la goutte au fond du puits ? De telles agressions à l'ADN du Lorrain furent longues à oublier…
Ayant connu deux grands-pères bénéficiant du « privilège » de distiller 20 litres de goutte par an, je puis témoigner du rôle éminent que cet alcool de fruit joue dans la structure familiale. À chaque naissance, une bouteille était mise de côté pour être débouchée le jour du mariage, date à laquelle une autre était réservée pour le dernier jour et consommée lors du repas d'enterrement. On y noyait son chagrin à la mémoire du défunt. La mirabelle « maison » n'était pas toujours d'une qualité extraordinaire, dépendant du savoir-faire d'un bouilleur de cru local formé sur le tas. Rarement servie dans des verres à liqueur si ce n'est pour le « canard » des dames, la goutte se boit dans le reliquat de café, au fond de la tasse encore tiède. La bouteille est posée sur la table, avec comme seul habit une étiquette d'écolier collée au goulot, portant la date et le lieu du crime : Servigny-lès-Sainte-Barbe, 1949. Elle passe de main en main pour la première « lichette » qui permet à la mirabelle d'exhaler ses parfums dans la tiédeur du

café et d'adoucir son degré (45 ° facile). La seconde lichette, plus brutale, c'est pour rincer la tasse. Les plus propres rincent plusieurs fois. (*6 septembre 2008*)

Les pissenlits par mes racines

Pour arrondir sa maigre « goyotte », mon grand-père, cheminot retraité, cultivait son jardin et parcourait la nature été comme hiver à la recherche de « produits de cueillette » qu'il livrait par la porte de derrière aux aubergistes du cru. Ni factures ni chèque et un petit verre de côte au comptoir pour sceller la transaction. Fritures de goujons et d'ablettes, parfois un brochet ; jaunottes et mousserons, coulemelles et pieds bleus, trompettes de la mort et morilles (dont il oublia de léguer les emplacements à sa descendance) ; mirabelles en cageot ou en bouteille cachetée, dont les bénéfices lui permirent d'accéder au luxe de la motorisation : le Vélosolex. Jamais un incident sur la qualité des champignons ni des poissons, livrés vidés écaillés par les mains de la grand-mère perpétuellement inquiète que ce « marché noir » vienne aux oreilles de la maréchaussée. Elle ignorait qu'à l'occasion un petit kilo de girolles garantissait d'excellents rapports avec le brigadier-chef.
Sa grosse saison commençait au lendemain du Nouvel An avec les pissenlits qui ne manquaient pas aux alentours de Blainville-Damelevières. Dès la neige fondue et les premières éclaircies, il partait arpenter la prairie pour repérer les jeunes pousses et les recouvrir prestement d'un peu de terre afin que leur cœur jaunisse en grandissant à l'abri du

jour. Rescapé de Verdun, l'aïeul cueillait à la baïonnette, modèle 14-18 recyclé terroir. L'engin présentait un double avantage : il évitait de se baisser jusqu'à terre pour couper le pissenlit et, en cas de rencontre douteuse au coin du bois, il suffisait à décourager les mauvaises intentions. Jusqu'au printemps, ma grand-mère répondait invariablement à ceux qui cherchaient son homme : « Il est aux pissenlits. » À Pâques, il avait les paumes toutes noires, et le tas de fumier près des latrines avait doublé de volume. À cause des « pluches », car il proposait à sa clientèle des pissenlits « propres sur eux », nettoyés à mains nues au retour des champs, racines et mauvaises feuilles échouant à la décharge. Une fois lavés, ils étaient parés pour la salade aux lardons, inscrite au patrimoine de la cuisine lorraine.
Tout commençait par une visite à la remise où il taillait une tranche de poitrine fumée pendue au plafond, avec un couteau de poche qui racontait sa vie. Installé au coin de la cuisinière à charbon, il détaillait ensuite les lardons, mis à griller lentement à la poêle. Il en profitait pour confectionner une vinaigrette classique avec quelques échalotes grises au fond du saladier et y déposait les pissenlits sans les remuer. Les « chaillons » à point, il rajoutait un peu d'huile, montait le feu et, à la première fumée, versait le tout sur les pissenlits (en deux fois) avant de tourner vivement cette salade devenue tiède. Les soirs d'hiver, elle accompagnait la quiche ou les patates rôties en cocotte, servies avec du fromage blanc à la crème, aux fines herbes et aux échalotes. Après, mon grand-père allait ronfler du sommeil du juste. À faire trembler les minces cloisons de la baraque. (*9 février 2008*)

Ma madeleine à moi

Commercy n'est pas Combray et la légende de la madeleine y vieillit moins bien que *Du côté de chez Swann*. Oublions le temps où la soubrette Madeleine originaire de Commercy (Meuse) régalait l'exil du bon roi Stanislas avec ces petits gâteaux dorés en forme de coquillage qui prirent son prénom. C'était en 1755. La maison Grojean dépositaire du savoir-faire depuis 1928 a été rachetée par la Société des Biscuits Saint-Michel, elle-même contrôlée depuis 1995 par le groupe Bahlsen, géant européen de la biscuiterie industrielle. Un million de pièces jour, Royales, Duchesses ou Princesses, par ordre de qualité décroissant. Additifs et conservateurs pour les trois. Les boîtes ovales en lamelles de sapin ne changent rien à la dégradation régulière de ces madeleines-là, devenues vulgaires au palais.
J'en ai fait mon deuil depuis longtemps, trouvant refuge à une cinquantaine de kilomètres de là chez Chenel, unique fabricant de la Madeleine de Liverdun (Meurthe-et-Moselle) depuis les années 1920. Œufs, sucre, beurre, farine, poudre à lever et extrait de citron, du vrai travail d'artisan. La biscuiterie Chenel, avec une production quotidienne de 20 000 madeleines, n'a évidemment pas la surface commerciale des établissements Bahlsen. J'avais cependant réussi à monter une filière parisienne d'approvisionnement via *La Mère de Famille*, lorsque M. Neveu tenait cette admirable confiserie du faubourg Montmartre. Las, M. Neveu a vendu, et ses successeurs ont laissé tomber la Madeleine de Liverdun dont ils étaient les seuls distributeurs sur Paris.

Drame au foyer ! Comment vivre sans madeleine ? Sans cette compagne fidèle de tous les petits creux, toujours souriante et bien mise de sa personne. Déjà, j'entendais des murmures en cuisine. Un jour, j'ai surpris une réunion clandestine sur le sujet. Autour de la mousse au chocolat, leader incontesté de la révolte, il y avait les syndicats des compotes, des glaces et des sorbets, les poires au vin, les fraises au sucre, la crème caramel et même le café au lait caché derrière la salade de fruits. Tous dénonçaient une grave atteinte à leurs conditions de dégustation et réclamaient le maintien des avantages acquis pour la camarade madeleine. Je n'avais plus le choix. Il fallait produire.

Dans la madeleine, c'est presque le moule le plus important : une plaque en métal avec 6 ou 12 alvéoles striées au fond. Pour 24 madeleines, il suffit de casser 3 œufs entiers plus un jaune, de les blanchir avec 125 g de sucre en poudre, d'y ajouter 125 g de farine, 2 g de levure alsacienne et de finir avec les 100 g de beurre fondu pour donner du brillant à l'appareil. Après, c'est un peu selon son goût : zeste d'orange ou de citron, fleur d'oranger, une goutte de rhum, etc. Lorsque la pâte a reposé une bonne heure, il faut beurrer soigneusement chaque alvéole et la remplir aux deux tiers à la poche à douille ou avec une cuillère. Douze à quinze minutes à 170 °C – à chacun selon son four – et le miracle a lieu. Enfournées plates, les madeleines ont « cloqué » et sortent dorées avec une jolie bosse sur le dessus. Et pourquoi ça fait une bosse ? Parce qu'il y a de l'eau dans la pâte et, sous l'effet de la chaleur, elle cherche à s'évaporer par le milieu, ce qui provoque un gonflement. J'ai couru acheter des Commercy « aux œufs frais » pour comparer avec les miennes. La victoire fut aisée, et la paix sociale règne désormais parmi mes desserts. (*22 janvier 2005*)

Du saloir au pain d'épices

De l'avis général, Nicolas était un mec bien. Navigateurs, voyageurs, boulangers, prisonniers, tonneliers, parfumeurs, pharmaciens, jeunes gens à marier, tous ont un jour bénéficié de la bonté et des pouvoirs miraculeux de cet évêque de Myre (Turquie) mort en 343. La qualité de ses prestations lui a valu le titre de saint Nicolas, mais il est surtout honoré pour une horrible histoire de saloir.

Trois petits enfants partis glaner aux champs se sont perdus, le soir venu. Ils ont cogné à la porte d'un boucher pour implorer le gîte et le couvert. C'était un méchant homme, il les a tués, découpés et mis dans le sel pour faire du petit salé. Sept ans plus tard, saint Nicolas passant par là, voulut manger du petit salé. Le boucher mort de peur s'enfuit. Saint Nicolas s'assied sur le saloir et ressuscite les trois gamins.

Racontée en boucle aux enfants des écoles et du catéchisme, cette légende a beaucoup contribué à la réputation de Nicolas au détriment de l'honorable corporation des bouchers. Un tel scénario méritait un décor digne de ce héros, portant la mitre et serrant la crosse dans sa main gauche. On lui bâtit une basilique à Saint-Nicolas-de-Port (Meurthe-et-Moselle) pour y garder une de ses phalanges en relique. Pèlerins et badauds affluèrent et, depuis lors, dans la nuit du 5 au 6 décembre, saint Nicolas fait la tournée des foyers au nord d'une diagonale Mulhouse-Amiens. Aux enfants sages

et studieux, il laisse cadeaux et friandises dans les souliers. Aux garnements, le Père Fouettard qui l'accompagne administre une volée de verges. C'est l'avantage des légendes, on y distingue toujours les bons et les méchants.
Reste un mystère sur lequel les exégètes se taisent : pourquoi celui qui sauva la marmaille du petit salé s'est-il incarné dans un bonhomme en pain d'épices ? La question n'est pas vaine lorsqu'on sait la passion de saint Nicolas pour le petit salé. Le boucher lui proposa d'abord du veau, puis du jambon qu'il refusa avant d'exiger la viande du saloir. La chanson est formelle. Son désir était manifeste. Certains évoqueront un miracle dont l'évêque de Myre ne fut pas avare, même à titre posthume. Après l'histoire de l'eau changée en vin, le coup du sel devenu miel sent toutefois le réchauffé. La vérité est plus simple. Ce n'est pas saint Nicolas qui a choisi le pain d'épices, mais le pain d'épices qui l'a attrapé. Vraisemblablement arrivé d'Asie, ce mélange de farine, de miel et de levure est rapidement devenu une friandise de foire, prenant la forme que lui dictait le calendrier ou le motif des festivités. Bonshommes, chevaliers, cochons, cœurs, poissons, sapins, tout lui était bon et saint Nicolas encore meilleur. Produit de longue garde, généreux au palais et riche en énergie, le pain d'épices a besoin de mise en scène pour être aimé. Prétranché en blocs sous cellophane, il n'est guère glamour alors que glacé au sucre ou habillé en image d'Épinal, il donne tout de suite plus envie. Saint Nicolas, bien avant le moustachu qui vante le roquefort à la télé, n'a fait que prêter son âme et son corps au marketing. On en a mis au saloir pour moins que ça ! (*3 décembre 2005*)

Le gâteau de riz cuit trois fois

Blong ! Blong ! Blong ! Je l'entends encore résonner au creux de mon ventre. À chaque bouchée, il tombait comme le plomb, envoyé à fond de cale à glotte déployée. Quand il sortait du bloc opératoire, poussé sur un chariot à roulettes par deux forçats en tenue d'infirmier, le réfectoire se taisait, à mesure que le convoi progressait dans l'allée. Les lèvres serrées, l'estomac noué, des adolescents pubères affrontaient par tablées de douze la dure loi de la cantine : le mardi, c'était gâteau de riz. Un produit d'une densité exceptionnelle, pesant son poids, et qui, scellé aux pieds d'un gangster défunt, l'aurait retenu pour l'éternité au fond de l'Hudson River. L'étouffe-chrétien dans sa version la plus aboutie.
J'exagère à peine et chacun a croisé un tel entremets, capable d'entraîner le client sous la ligne de flottaison en fin de repas. Les restaurateurs le savent, préférant à leur carte le riz au lait et à tous les arômes, plus onctueux, plus acceptable aux palais, notamment féminins. Il en existe d'excellents mais c'est un dessert de dégonflé qui n'ose pas courir le risque de la troisième cuisson, celle qui en fera ce gâteau moelleux et parfumé, hélas maltraité par trop de plâtriers-pâtissiers.
C'est d'abord une question de riz. Le basmati est hors la loi, trop fin, trop délicat, ne supportant pas un long séjour au feu. Limite gâchis. Il faut du riz rond, solide, de Camargue ou, mieux encore, le spécial risotto. Ses tifosi vont crier au blasphème mais à l'expérience, le carnaroli s'est révélé le meilleur. Deux casseroles. Dans l'une un litre de lait cru entier est mis à bouillir avec une gousse de vanille fendue et raclée. Dans l'autre, de l'eau également portée à ébullition

pour y blanchir 5 minutes 200 g de riz rond. Rincé, égoutté, il est jeté dans le lait bouillant, 20-25 minutes à feu moutonnant. Le temps de préparer le caramel et d'en tapisser le plat en terre qui accueillera la préparation.

À la fin de cette seconde cuisson, vous voilà avec un riz au lait brut, encore un peu dur sous la dent. Versé dans une grande jatte, il faut le travailler. Cent grammes de sucre, deux gros œufs entiers, noix de beurre et, à l'abri des regards, une bonne cuillerée de crème fraîche. Bien mélangé et débarrassé de la gousse de vanille, l'appareil est prêt. Il reste à lui donner une identité.

Vous l'ignoriez, mais vous avez mis des raisins secs à tremper dans du rhum. Des gros dorés d'Herat et des petits noirs de Corinthe. Quelques abricots séchés coupés en quatre, une poignée de dattes, une autre de figues. Parées et détaillées en dés, elles rejoignent le pot commun avec un zeste d'orange râpé. Un tiers de fruits, deux tiers de riz et on enfourne le tout 30 minutes à feu moyen. C'est la troisième cuisson, jusqu'au moment où le caramel remonte « par les bords » du plat. Il suffira de l'étaler à la surface avec le dos de la cuillère pour dorer ce gâteau de riz aux accents du Levant. Servi tiède, il n'a laissé aucun survivant. (*28 mars 2009*)

Le sang de la terre

Ce n'est pas une call-girl de marché. Pas le genre à frimer de la fane ou de la cosse pour lever le client. Elle n'est pas fille des rues, mais de la terre. Celle d'en dessous. Pas celle des dessous. Celle qu'on ne voit pas. Cette république des sous-sols où les racines se donnent des couleurs dans le noir absolu. C'est là, parmi les lombrics, que la carotte devient jaune, le panais blanc et la betterave toute rouge. Autant dire que ces légumes-là doivent passer à la douche avant de sortir en ville. La betterave fait mieux : elle passe à la casserole. Deux heures, trois heures dans l'eau salée qui « bouillotte » gentiment sous le couvercle. D'un naturel sanguin, elle en sort cramoisie et gorgée de jus vermeil. Dès lors, quiconque l'approchera en portera les traces. Regardez dans quel état elle met l'endive qui perd son teint d'albâtre au moindre contact avec la crapaudine (la meilleure) ou la « rouge grosse hâtive » (la plus répandue). Idem pour la mâche qui entretient avec le cube de betterave une relation douteuse qui n'a que trop duré sur les tables branchouilles. À chaque fois, la verdure sort perdante, noyée dans les chairs sucrées de cette chénopodiacée lie-de-vin. Elle tache tant que la marchande l'attaque à la fourchette pour la glisser dans le sachet sans la toucher. Les gars du sous-vide ont vite compris qu'elle était une cliente pour leurs machines, et si elle manque d'air sous plastique, elle ne peut s'en prendre qu'à elle-même, car la ménagère y trouve son compte. Moi, j'ai toujours eu du mal et je préfère l'acheter en vrac. De taille moyenne, violacée, avec la peau qui se décolle facilement. Comme le nez du Totor, un vieux garçon rustique de mon enfance, dont l'appendice flamboyant éclairait la grand-rue les jours de brouillard. Un nez de betterave hors du commun, sans rival sur le canton de Vigy, aujourd'hui retourné à cette terre dont « le sang lui était monté au pif », disait-on au village.

Jadis, dans le secret des caves, le pouvoir colorant de ce végétal était bien connu des marchands de vin véreux qui, après avoir trop mouillé la cuve, rajoutaient une dose de concentré de betterave à leur rouge qui ne l'était plus assez. Dans son *Encyclopédie des herbes magiques,* Scott Cunningham rapporte une autre pratique superstitieuse selon laquelle « si un homme et une femme légèrement plus âgée que lui mangent la même betterave en se regardant dans les yeux, ils éprouveront une violente passion l'un pour l'autre ». Admirable pouvoir de séduction qui ferait du sang de la terre un élixir d'amour. Pour le vérifier, il vous suffira de tenter le gaspacho de betterave rouge façon William Ledeuil (*Ze Kitchen Galerie*, Paris 6e). Pour 4 personnes, 600 g de betterave rouge déjà cuite et recuite, épluchée en morceaux, 30 minutes encore à feu doux dans 1/2 litre de bouillon de volaille avec 2 bâtons de citronnelle, un oignon haché petit et 10 cl de vinaigre de riz (ou de cidre). Mettre le tout dans le mixeur en ajoutant 10 cl d'huile d'olive, sel et poivre. Passer au chinois, rectifier la consistance (c'est un gaspacho) et réserver au froid. À partager avec la personne de son choix. Les yeux dans les yeux. (*10 février 2007*)

Miss Brimbelle

J'avais deux grands-mères dont une était la reine des brimbelles. Pour celui qui n'a jamais fréquenté Épinal dans les Vosges, la Schlucht ou les Trois Épis, la brimbelle n'est qu'une myrtille. Grossière erreur. La brimbelle est LA myrtille. *Vaccinium myrtillus*, inconnue au marché où l'on vend

Vaccinium corymposum, sous le nom de myrtille alors qu'on devrait l'appeler bluet. Toutes deux appartiennent à la même famille des éricacées, mais elles ne sont pas du même sang.

La brimbelle de ma grand-mère est le fruit d'un arbrisseau de 20-30 cm qui pousse en touffes dans les forêts de sapins des Hautes Vosges. C'est une petite baie noir bleuâtre à la chair foncée, de quelques millimètres de diamètre. Elle se cueille à la main ou à la « riflette », un peigne à casier en bois qui permet de « râcler » les fruits mûrs sur les branches mais abîme la végétation. Cette myrtille-là ne se vendait pas. La famille « allait aux brimbelles », équipée de seaux et vêtue des pires habits, car *Vaccinium myrtillus* tache comme personne. On en rentrait violet des pieds à la bouche, content d'avoir échappé au « darou », une bête redoutable avec les pattes plus courtes d'un côté pour courir à flanc de coteau. Le lendemain était jour de confiture, les plus belles brimbelles étant réservées pour la tarte.

Vaccinium corymposum nous est arrivée des États-Unis au début des années 1970. Comme tout ce qui vient de là-bas c'est plus gros, plus grand, plus propre. Elle se présente en arbustes de 1,50 à 2 m et ses fruits sont des baies bleues globuleuses et pruineuses dépassant parfois le centimètre au tour de taille. Les Canadiens la cultivent depuis longtemps et lui ont gardé son vrai nom de bluet. Plantée en France depuis une vingtaine d'années, elle aime la moyenne montagne, résiste bien au gel et se cueille à la main. La brimbelle a le sang noir, le bluet a la chair claire.

Ces considérations botaniques ne sont pas sans incidences sur la culture locale. Mlle Élodie Munier, hélas mal connue du

public parisien, a ainsi été élue Miss Brimbelle 2005 par un honorable jury réuni sur la commune de Fraize, célèbre pour sa Foire aux Brimbelles le dernier dimanche de juillet. Or la vérité de la sauvage brimbelle des Vosges est qu'elle tourne de plus en plus au bluet cultivé. Ne devrait-on pas en conséquence reconvertir Miss Brimbelle en Miss Bluet ? J'ai consulté les mânes de ma petite grand-mère qui m'a fait dire : « Au lieu d'aller chercher des histoires, occupe-toi plutôt de la tarte. » Sans moufter, j'ai sorti la farine et le rouleau.
Il n'y a pas plus simple. Il suffit de verser les myrtilles équeutées, lavées et essuyées sur l'abaisse de pâte brisée, d'enfourner 25-30 minutes à 200 °C et de saupoudrer généreusement de sucre à la sortie du four. La myrtille cuite rendant beaucoup de jus, on peut émietter de la génoise ou des biscuits à la cuiller rassis sur l'abaisse. Ils feront éponge entre les baies au-dessus et la pâte en dessous. Grand-mère nappait avec de la gelée de groseille réchauffée dans une casserole sur le coin du feu. « Autrement, elle coule pas… » (*3 septembre 2005*)

Lapin en gelée

Grâce au lapin, j'ai compris très jeune que pour manger de la viande, il fallait accepter de tuer. À 10 ans, je connaissais le coup du lapin, prodigué par mon grand-père avec un manche de pioche, l'animal fermement tenu à bout de bras par les deux oreilles et gigotant dans le vide à la distance requise pour recevoir le gourdin fatal. Le gamin applaudissait l'expert qui, malgré l'âge, tapait juste. Puis il observait d'un œil attentif le coup de couteau dans le «gorgoillot» et le sang du lapin, tête en bas, qui s'écoulait dans la bassine. «Va le porter à la grand-mère sinon elle va me rouspéter.» Mission accomplie, je retrouvais l'animal crucifié sur la porte de «la chambre de derrière», les deux pattes avant accrochées aux clous plantés «à la bonne hauteur». Minute solennelle. Après de judicieuses entailles pour «décolleter» le bestiau, le grand-père, tirant d'un coup sec sur la peau, le déshabillait de la tête aux pieds en un tour de main. Le lapin écartelé, les chairs fumantes, les abats rutilants, la tête serrée dans un chiffon rougi devait rassir une nuit sur sa croix, voilé d'un linge de lin blanc. À cause des mouches. Sa pelisse, tendue sur une planche, séchait jusqu'au passage du «marchand de peaux de lapin» qui, avec le «marchand de tapis» et le «romanichel», constituaient des populations à haut risque, dont la présence sur le territoire cantonal était annoncée par des signaux de fumée de villages en hameaux. Le gamin n'en avait cure, ravi des trois sous récoltés en échange de sa peau de lapin, auprès de «l'homme qui sentait la bête».

Aux beaux jours, la grand-mère aimait faire «le lapin en gelée» qu'elle servait dans le compotier en faïence de Sarreguemines avec le bocal de cornichons réglementaire et une salade verte croquante aux fines herbes. Dans ce plat, présent parfois en «compotée» ou en «chiffonnade» aux cartes des restaurants, l'important c'est la gelée, la viande du lapin étant assez neutre. Elle doit être parfumée, agréable à l'œil et bien se tenir. Il y a l'option Maggi and Co, ambrée, solide et reniflant le madère. Je préfère la solution pied-de-veau. Fendu en deux, il blanchit 10 minutes tandis que la douzaine de pièces de lapin, dore vivement en cocotte. Il faut que ça attache un peu pour que le jus obtenu au déglaçage avec un verre de blanc sec soit bien foncé. La couleur de la gelée est là. On y pose le pied-de-veau égoutté, des branches d'estragon, un oignon clouté puis le lapin avant de couvrir à hauteur de bouillon. La cuisson couverte et très douce peut durer jusqu'à 90 minutes, l'idéal étant qu'à terme, les chairs du lapin se détachent facilement des os. Grand-mère laissait les morceaux entiers, je les désosse. Toute la garniture aromatique débarrassée, le jus est dégraissé puis filtré soigneusement au chinois. Une goutte de madère tant qu'il est chaud et deux feuilles de gélatine fondues dans une tasse d'infusion d'estragon refroidie rejoignent ce jus. Versé sur la viande salée et poivrée disposée dans un compotier, il devient gelée après 24 heures au réfrigérateur. Le lapin l'adore. Elle a le goût de l'herbe. (*16 avril 2005*)

En faire tout un bocal !

Le bocal de cornichons est au garde-manger ce que la borne kilométrique est à la Nationale 7 : un signe indiscutable, indiquant où l'on est et où l'on va. Avec lui on se sait en terre de conserves ménagères et de charcuteries à venir. Comme « on fait les confitures », il arrive un moment où « il va falloir faire les cornichons au vinaigre ». Ceux de l'industrie sont certes comestibles, mais leur principal intérêt reste le « remonte cornich' », cette épuisette en plastique qui permet de les extraire sans mouiller ses doigts. Rien n'empêche d'ailleurs d'en récupérer quelques-unes à des fins personnelles.

Le cornichon n'est pas un petit concombre qui deviendra gros mais une variété particulière qui se cueille entre 4 et 6 cm et se vend au marché entre 5 et 8 € (bio) le kilo. Pas de quoi ruiner la famille mais assez pour l'occuper un après-midi. Il suffit de poser une cagette de 5 kg sur la table de la terrasse, de convoquer tout le personnel disponible – si besoin en faisant des promesses qui ne seront pas tenues – et d'équiper chacun d'un bout de chiffon. La tâche est à la portée de toute personne des deux sexes âgée de 7 à 77 ans : frotter soigneusement chaque cornichon débarrassé de ses extrémités avec l'index enroulé dans l'étoffe, pour enlever ces petits poils qui hérissent sa peau. Travail lent et méticuleux qui doit être soigneusement exécuté et qui rebute certains, prêts à toutes les entourloupes pour y échapper. J'ai ainsi croisé un internaute qui suggère de les passer dans le tambour de la machine à laver, mode essorage. Jean-Pierre Coffe, pourtant si pointilleux, se satisfait de les malaxer en vrac dans du gros sel. Ma petite grand-mère, qui repose près de Lunéville, s'en est retournée dans sa tombe ! Le bocal de cornichons est, en effet, l'incarnation suprême de la fameuse « recette de grand-mère ». Chacun a la sienne, avec trucs et secrets qui ne changent pas grand-chose au fond mais ajoutent un brin de tendresse dans le vinaigre.

Donc, ma grand-mère à moi frottait les cornichons, les essuyait et les disposait dans une jatte en terre avec 200 g de gros sel par kilo de « petits verts ». Tout cela bien remué à forte paluche, un linge blanc par-dessus et au garde-manger pour la nuit. Elle n'allait pas se « gâter le porte-monnaie » avec de la fleur de sel ou autres denrées iodées inexistantes alors. Le cornichon dégorgeait au sel de la mine. Fort bien ma foi, à en juger par la sueur rendue le lendemain. Une fois rincés à l'eau vive, elle les séchait dans le torchon qui avait abrité leur repos, puis les rangeait dans des bocaux préalablement ébouillantés, rondelles de caoutchouc comprises. Petits oignons blancs, branches d'estragon juste cueillies, grains de poivre et feuille de laurier, telle était la garniture maison, avec le piment en option pour le « spécial grand-père ». Ma grand-mère appartenait à l'école qui porte le vinaigre d'alcool blanc à ébullition avant de le verser sur la préparation. Elle laissait ensuite tiédir avant de sceller les bocaux pour 30 jours minimum. Sur une moitié d'étiquette collée à la langue on pouvait lire : Cornichons, septembre 1959. Chaque année, ils étaient croquants. Autant dire qu'ils seront ainsi faits, jusqu'à la nuit des temps. (*2 septembre 2006*)

L'endive à cœur ouvert

C'est une vraie blonde à visage pâle, engendrée dans les alcôves du Nord. Pas une mèche de travers, taillée au fuseau et toujours propre sur elle comme au sortir du bain. Secrète, surgie de la nuit par enchantement, elle porte les feuilles serrées au corps et change de nom comme de chemise. Witloof ici, chicon ailleurs, pour tous elle est l'endive. Une créature de l'hiver, fruit des expériences d'un certain Bréziers, botaniste bruxellois, qui en 1850 enterra des pieds de chicorée sauvage dans sa cave.

Chauffée dans le noir à 18 °C, buttée jusqu'au cou et privée de photosynthèse, la racine en a fait toute une salade. À feuilles blanches, croquantes, avec cette pointe d'impertinence que confère l'amertume. La nouvelle a vite couru les marchés et, dès 1880, elle faisait l'endive au coin de la rue Rambuteau, affriolant les Halles de Paris à pleins cageots venus des Flandres par la Nationale 17. Un modèle d'intégration dans la république des mets qui lui accorda sans barguigner permis de séjour et carte de travail. Chaque foyer se fit un devoir de l'honorer, roulée dans le jambon avec sa copine béchamel maquillée au gruyère râpé. Une tradition du dimanche soir, après un copieux déjeuner des familles : « C'est léger, ça passe comme une lettre à la poste » disait la mère. « Rien que de la flotte, heureusement qu'y a la sauce » rétorquait l'aïeul. L'endive laissait couler, sans chercher noise.
Elle avait dû survivre à deux guerres avant de s'épanouir ici en délocalisant l'essentiel de ses cultures dans le Nord et la Picardie, devenus premiers producteurs de chicons loin devant la witloof belge ou batave. Naturalisée française, elle fit la coquette, sacrifiant son amertume aux canons de la chirurgie botanique et arpentant les champs sur des escarpins « hors sol ». Nourrie aux gélules, elle fréquente *Marie Claire*, lit son horoscope dans les fiches cuisine de *Elle* : 15 calories aux 100 grammes, vitamines multiples et transit intestinal garanti. C'est l'endive moderne, équipée Chantal Thomas pour dîner avec un banquier suisse. En plein janvier, elle sort sans rien sur la peau, juste une larme d'huile d'olive, 3 gouttes de citron et une pincée de ciboulette aux paupières. Les saladiers n'en reviennent pas. Un jour on la croise avec une noix fraîche, le lendemain avec un vieux

parmesan en costume copeaux. Bacon, croûtons, roquefort, œuf mollet, raisin sec, crevette... Elle accueille tout le monde au bar, limite club échangiste. Plusieurs fois je lui fis remarquer que la betterave rouge lui barbouillait le teint, qu'il valait mieux la laisser à la mâche. En vain. L'endive n'en fait qu'à sa tête. À l'arrivée des premières Saint-Jacques, on croit toujours qu'elle va se caser. À l'évidence, ces deux-là sont faites pour s'entendre. L'une sautée fissa recto verso, l'autre braisée lentement à flamme douce, chaque hiver elles jouent les feux de l'amour dans l'assiette, au grand bonheur des dames qui en oublient Georges Clooney. Enfin, jusqu'au printemps... (*10 décembre 2010*)

La tourte de ma grand-mère

Le week-end dernier je suis entré en tourte. Certains entrent en méditation, moi c'est la tourte. La tourte lorraine à la viande. Celle de ma grand-mère. La tourte ne se décide pas comme ça, dans la minute. Il faut la pâte, la viande, la marinade et le temps. La coutume indique que le veau et le porc s'y mêlent, taillés en dés de 2-3 cm et marinés au moins 12 heures dans le vin blanc, échalotes, queues de persil, laurier et un petit verre de cognac si le cœur vous en dit. J'ai longtemps observé la règle jusqu'au jour où le marcassin m'est venu à l'idée, et l'essayer, c'est l'adopter en période hivernale. Je croyais me rebeller contre la tradition, briser le tabou du sauvage dans la tourte ancestrale. Péché d'orgueil. Ma grand-mère la faisait jadis au lièvre, lorsque son homme avait tiré un capucin au coin du bois. Peut-être

était-ce dans ce même plateau à tarte, arrivé à Paris après une longue route. Vingt-huit centimètres de diamètre avec des bords hauts de 3,5 cm. Indispensable le haut bord! 700 g de viande, soit l'épaule d'un honnête marcassin désossée, suffisent à remplir le moule. Pour l'heure, la bête marine au frais dans une jatte en terre. Il n'est pas interdit de remuer les chairs à la cuiller de temps à autre en s'assurant qu'elles sont toujours recouvertes par la marinade.
Je conseillerais à celles et ceux qui ne veulent pas faire la pâte brisée de renoncer à la tourte lorraine. Elle ne mérite pas le congelé. Et puis 500 g de farine tamisée, 250 g de beurre ramolli, une pincée de sel et un verre d'eau ce n'est tout de même pas la mer à boire! La pâte est faite en 8 minutes chrono et on l'oublie au frigo jusqu'au lendemain.
C'est le jour J: le marcassin a mariné, la pâte a reposé et le temps est couvert. Sitôt les fourneaux allumés, il faut égoutter la viande, la débarrasser du persil ou de l'échalote qui s'accrochent, la presser soigneusement entre ses mains et l'étaler sur un linge ou du papier absorbant pour qu'elle perde le maximum du liquide imprégné durant la marinade. C'est le premier piège de la tourte: mal essorée, la viande va rendre l'eau à la cuisson et mouiller le fond de tarte qui devient ramollo au service. Saler et poivrer les morceaux qui «rassuient su'le torchon». Pendant ce temps rouler la pâte pas trop fine, la déposer sur le plateau en prenant soin qu'elle déborde de quelques centimètres tout autour et répéter l'opération pour le couvercle mis en attente. Il est temps de disposer la viande parfaitement épongée sur l'abaisse et d'attaquer la seconde épreuve de la tourte: mettre le couvercle et souder les bords. La sécurité conseille de les

humecter au pinceau avant de les pincer soigneusement avec le dos d'une fourchette pour dessiner une jolie circonférence cannelée. La soudure doit être parfaite. Aucune fuite ne sera tolérée. Un tour de rouleau pour enlever la pâte qui déborde en la coupant net sur l'arête du moule, et il ne reste plus qu'à tailler un cercle au centre pour la cheminée. Un badigeon de jaune d'œuf battu sur le couvercle et on enfourne 40-45 minutes, d'abord à four très chaud (15 minutes) puis à feu moyen. Dix minutes avant la fin de la cuisson, on verse délicatement la « migaine » (2 œufs battus en omelette avec 3 bonnes cuillerées à soupe de crème fraîche) dans la cheminée. La tourte peut reposer quelque temps dans le four éteint avant d'être servie toute dorée, accompagnée d'une jeune frisée croquante. Une crème de potimarron pour commencer, des poires au vin pour finir. Ma grand-mère repose en paix. (*4 décembre 2004*)

L'asperge, une heure plus tard

« Elles jouaient, dans leurs farces poétiques et grossières, comme une féerie de Shakespeare, à changer mon pot de chambre en un vase de parfum. » Ainsi écrivait Marcel Proust (*Du côté de chez Swann*) pour indiquer à ses lecteurs la caractéristique principale de l'asperge : elle parfume les urines. Dans l'heure qui suit, la brigade peut confondre sans rémission celles et ceux qui ont cédé à la blanche charnue d'Argenteuil ou à la verte andalouse à gros boutons. Dit comme ça, *Asparagus officinalis* prend tout de suite un tour libidineux. Il n'est pas négligeable. Sous ses airs de Grand

Duduche, traînant sur les marchés les mains dans les bottes, elle est, de l'avis général, en état d'érection permanente. C'est même pour ça qu'on l'aime et qu'elle se cueille avec délicatesse pour ne pas briser ce turion, objet de tant de gourmandises. Qu'elle vienne à mollir ou flétrir, ce sera soupe à la grimace. Rarement légume a disposé d'une telle garde-robe. De la lingerie fine en pagaille et en faïence. Plat, berceau, barbotine, majoliques du Staffordshire, assiettes, saucières, tout existe à l'effigie de l'asperge qui s'abandonne dans de la vaisselle de gourgandine, le corps au chaud sous un drap blanc. Fouillez dans les vieilles armoires ou les vide-greniers, vous dénicherez sûrement un magnifique objet biscornu qui servira une fois l'an et encombrera les placards pour toujours...

Elle adore qu'on s'occupe d'elle. A-t-on déjà vu une tige cuire en trois épisodes ? Neuf minutes pour le tiers du bas, 6 minutes pour celui du milieu et 3 minutes pour la pointe selon les spécialistes qui recommandent en outre de la lier en bottillons. À mes débuts dans le métier, je me suis essayé à la manœuvre, n'hésitant pas à percer d'une multitude de trous une boîte de conserve vide ; à la remplir d'asperges la tête en l'air et à la poser verticalement dans une casserole à haut bord où j'ajoutais toutes les 3 minutes, un tiers supplémentaire d'eau bouillante. Grotesque ! J'ai définitivement réglé le problème en les traitant à la vapeur, 12 à 15 minutes selon leur grosseur et la qualité de l'épluchage. Car il faut l'éplucher et dans les deux couleurs. De haut en bas, à l'aide d'un économe qui, à l'expérience, se révèle le meilleur commis. Les « fils » épargnés par une lame négligente sont toujours source d'embarras dans

l'assiette. Qu'on utilise ses doigts ou les couverts, éternel sujet de débat.
L'asperge aime susciter la polémique. Allez parler de la verte à ma tante d'Alsace qui ne jure que par la blanche à la sauce blanche. Il faut franchir les Pyrénées et les Alpes pour entrer dans le territoire de l'*Asparagus verde*, sous contrat avec l'huile d'olive. Là-bas, la terre est dure et difficile à butter pour préserver le turion de la photosynthèse. Elle pousse donc en plein air, moins regardante sur le sol, plus facile à récolter, avec un goût plus prononcé. Élevé dans la blanche, je confesse une faiblesse croissante pour la verte qui présente l'avantage de ne pas se limiter à l'entrée ou à la salade « composée ». Coupée en tronçons, gentiment sautée à cru et roulée dans la ciboulette, elle accepte alors de ne plus tenir le haut de l'affiche et se laisse croquer en garniture d'un médaillon de lotte rôti. Mais une heure plus tard, c'est toujours pareil... (*29 avril 2006*)

Les reines de la tarte

Mi-septembre, c'est la fête à Noisseville, un village près de Metz, en Moselle. Ce jour-là, la tarte changeait de couleur chez ma grand-mère. Durant le mois d'août, elle était jaune d'or, avec des taches de rousseur sur les joues, mais le second dimanche de septembre, elle passait au pourpre, limite violet foncé. Elle avait gardé la même pâte brisée, celle de la quiche. Seul le fruit était différent : la mirabelle passait le relais à la quetsche (prononcer quouèche) pour finir l'été. S'il n'y avait pas de tarte aux « quouèches » pour la fête à Noisseville «c'est que la saison était en retard» et si les mirabelliers n'avaient pas donné grand-chose, «c'est parce qu'il n'y avait plus de saisons». C'est une période clé dans le calendrier gourmand lorrain : le moment de se régaler des deux meilleures tartes du monde. Six à huit semaines maximum entre le début des mirabelles et la fin des quetsches.

Je sais, on trouve de la tarte aux mirabelles ou aux quetsches toute l'année en pâtisserie et dans les trop nombreux restaurants qui osent inscrire ce dessert à leur carte hors saison. Ces préparations à base de produits congelés ou appertisés, souvent affublées de crèmes ou gelées diverses n'ont qu'un lointain rapport avec l'original pourtant d'une simplicité biblique : de la pâte brisée et des fruits mûrs. Rien de plus, mais rien de moins.

Pas de ces mirabelles issues de territoires que jamais la Meurthe, la Moselle ou la Meuse n'ont fréquentés et qui arrivent avant l'heure sur les marchés, le teint jaunasse et la fesse dure. Encore moins de ces prunes obèses, sans goût ni loi, vendues pour de la quetsche par des brigands de verger. L'une et l'autre doivent être fruits du *Prunus domesticus* (famille des rosacées) et leur terroir est la Lorraine, avec une tolérance pour l'Alsace. La véritable mirabelle est une petite prune ronde d'un jaune doré avec parfois des pigments rouges sur sa face exposée au soleil. La chair est molle, craquante et juteuse, son calibre minimum est de 22 mm, son noyau se détache facilement et au nord du 48ᵉ parallèle, elle réussit à atteindre un taux de sucre entre 16 et 22%.

La quetsche de Lorraine est un fruit de forme ovoïde de 2-3 cm de diamètre et jusqu'à 5 cm de long, d'un pourpre violacé foncé, pruiné de bleu avec un noyau volumineux et une chair assez ferme. Elle se distingue facilement des autres prunes rouges parce qu'elle a « le cul pointu » comme on dit chez nous.

Après les avoir lavées, il faut toujours les dénoyauter pour vérifier qu'elles sont bien mûres et débusquer les petits asticots parfois cachés dans ses chairs. Il est rare que sur le volume nécessaire pour une tarte, on ne trouve pas quelques intrus... On ne jette pas les fruits en vrac sur l'abaisse – qui n'est pas la femme de l'abbé mais la pâte à tarte étalée au fond du plateau. Assez épaisse l'abaisse parce que ces prunes ont tendance à « rendre du jus ». Pour éviter les débordements, il convient de ranger les moitiés de mirabelles ou de quetsches dressées l'une contre l'autre à 75 degrés en cercles concentriques – du plus grand au plus petit – en partant du bord et en alternant le sens des cercles. Le premier dans le sens des aiguilles d'une montre, le second à l'inverse et ainsi de suite jusqu'au milieu. Je répète : un tour dans un sens, un tour dans l'autre, et toujours la peau et jamais la chair en contact direct avec la pâte. C'est la seule difficulté technique de cette recette, mais des prunes mal serrées peuvent ruiner la tarte. Il ne reste plus qu'à l'enfourner à 180 °C une trentaine de minutes selon l'humeur du four. Surtout ne pas sucrer avant et attendre la sortie pour saupoudrer la tarte encore toute chaude. C'est l'instant du verdict. Si la mirabelle ou la quetsche embaume toute la maisonnée, voire la cage d'escalier, la tarte est réussie. Si elle ne dégage rien, vous pourrez toujours dire que c'est la faute au marchand qui vous a vendu des fruits pas mûrs... (*4 septembre 2004*)

Le capucin de l'aïeul

Mon grand-père cheminot – celui qui allait aux pissenlits si vous avez suivi les épisodes précédents – était revenu de Verdun avec un souvenir et un dégoût. Le premier était incrusté dans sa chair : un éclat d'obus, scellé à jamais sous son omoplate gauche. À cette époque, la médecine de guerre ne s'attardait guère sur les détails. Un morceau de ferraille dans l'épaule d'un poilu ? Qu'il y reste, si ça ne s'infecte pas tant mieux, sinon tant pis ! Il avait bien cicatrisé et acquis à son corps défendant un baromètre infaillible : lorsque l'obus se réveillait, la pluie arrivait. Un soir d'été, le soleil ayant tapé dur sur les mirabelliers, il était assis en marcel sur le banc devant sa baraque lorsqu'il fit tâter au gamin que j'étais le métal sous sa peau. « C'est quoi ça grand-père ? – La guerre » m'a-t-il répondu. Un mot suffisait.
Des tranchées, il avait ramené une haine farouche des armes à feu et n'avait jamais pris de permis de chasse alors qu'il connaissait les sous-bois du canton mieux que personne. Ses amis chasseurs le savaient et l'invitaient à leurs parties où il était souvent meilleur rabatteur que leurs chiens. C'était un jour d'automne, quelque part entre Vigneulles et Barbonville (Meurthe-et-Moselle). Il avait plu, la terre collait aux croquenots dans le champ de betteraves où il marchait en éclaireur, devant les fines gâchettes. « Je l'ai vu dix mètres avant, dans la rangée d'à côté, aplati sous les feuilles des betteraves. Je croyais qu'il allait sortir et j'ai fait signe aux chasseurs mais j'avançais, j'avançais et il ne bougeait pas. Quand je suis arrivé sur lui, je me suis laissé tomber dessus. » C'est ainsi qu'à 72 ans, mon grand-père a attrapé son

premier lièvre. Vivant. Un capucin de 3 kg, exécuté et saigné sur-le-champ.
Le week-end suivant, la famille était conviée au récit et aux agapes. Chez ces gens-là, monsieur, le lièvre se mange en civet. Laissé à mûrir quelques jours dans sa peau avant d'être dépouillé pour calmer la grand-mère (« il m'empeste le garde-manger »), les morceaux avaient mariné le temps qu'il faut avant de passer à la gamelle. Je mentirais si j'en donnais la recette que j'ignore et si je disais que je l'ai aimé. C'était une nourriture d'homme et je n'en étais pas un. J'ai gardé le souvenir d'un parfum puissant qui, sitôt la porte franchie, m'avait attrapé par les naseaux. Ça sentait la bête dans la cocotte qui patientait au coin du feu. J'ai appris plus tard qu'il n'y avait que deux sortes de civets, le vrai dont la sauce est liée au sang et l'autre, qui ne l'est pas. Celui du grand-père l'était.
C'est la principale difficulté de ce plat si vous réussissez à vous procurer un lièvre de l'année. Sa cuisson est celle d'un ragoût ordinaire – singé ou non à la farine –, mouillé au vin rouge, bouquet garni, lardons, gousses d'ail, champignons et 1 heure à feu doux. Les morceaux cuits à point et réservés au chaud, la sauce décantée et à la consistance voulue, vient l'heure du sang, gardé au frais avec un filet de vinaigre. Détendu petit à petit avec un peu de sauce, il est ensuite versé dans la cocotte et remué au fouet jusqu'à la première ébullition. La liaison est faite. Passer au chinois et napper la bête. Bon courage pour trouver le sang d'un lièvre… (*17 octobre 2009*)

La choucroute arrive de l'Aube

Choucroute fraîche ! L'avis est placardé depuis la mi-septembre sur la devanture à portée de voix de la Gare de l'Est. Nous sommes chez Schmid, ambassadeur de « l'Alsace authentique » à Paris depuis 1904 et l'un des principaux gisements de choucroute dans la capitale. On ne pourrait rêver meilleur emplacement, à l'arrivée des trains en provenance de Strasbourg dont on imagine les wagons se déverser directement au 76, boulevard de Strasbourg. Je l'ai cru jusqu'à ce jour d'octobre où j'ai demandé l'origine de mes 2 kg de choucroute crue à la caisse. Silence, hésitation de l'homme en blouse blanche : « En fait, notre fournisseur est dans la Marne ou l'Aube. Si vous repassez lundi, le patron pourra vous en dire plus. » J'en fus tout retourné. Ma choucroute que j'aime et que je faisais l'effort de venir chercher dans cette maison emblématique de l'Alsace arrivait par camion toutes les semaines en palettes de 40 fûts de 15 kg en provenance de Blignicourt, près de Brienne-le-Château (Aube). Il ne fallut pas longtemps pour identifier la source exacte, merci Google : la choucrouterie André Laurent construite en 1945 dans le sud de la Champagne où son père Paul cultivait le chou à choucroute depuis 1905. Huit mille tonnes par an de choucroute crue, cuite, appertisée ou mise sous vide « dans une unité de production à la pointe de la modernité ». Une dame me confirma aimablement au téléphone que les établissements Schmid – « ceux qui sont à la Gare de l'Est » – faisaient partie de leurs clients fidèles.

Dans ce monde où les maquignons du réel nous pressent de « rêver » à tout bout de champ, mes rêves de chou quintal

alsacien, né jadis dans la vallée de l'Ehn, râpé puis placé en alternance avec des couches de sel dans des tonneaux depuis le Moyen Âge, s'envolaient au bout du quai, Gare de l'Est.
Restait cette choucroute native des confins de la Champagne « pouilleuse » qui m'a toujours donné entière satisfaction. Il faut l'acheter crue, surtout la nouvelle qui garde un côté légèrement sucré qu'elle perdra au fil des semaines de fermentation en devenant plus acide. Elle doit être lavée de plus en plus soigneusement à mesure que l'hiver progresse. La « nouvelle », à peine rincée, peut aller directement à la cocotte dont le fond a été tapissé de couennes. Le saindoux ou la graisse d'oie sont indispensables comme les baies de genièvre serrées dans une aumônière de gaze. Un riesling ou un sylvaner ordinaire et bien sec suffit à la mouiller. L'usage de grands vins pour la cuisson de la daube ou de la choucroute ne m'a jamais convaincu, et boire avec un plat un cru identique à celui qui l'a vu cuire m'a toujours semblé un exercice assez futile.
Sur le temps de cuisson, les avis divergent. Certains l'aiment encore croquante sous la dent alors que d'autres sont prêts à la faire mijoter et mijoter encore jusqu'à ce qu'elle devienne fondante, les plus extrémistes attendant qu'elle « attache » un peu pour la servir. En fait, tout est possible avec la même fournée à condition de prévoir large. On peut la servir une première fois *al dente* en accompagnement d'un poisson, le saumon s'il n'était pas aussi suspect ou, plus malin, une queue de lotte rôtie avec une sauce légèrement moutardée. Le lendemain, on remet le reste sur le feu avec le lard, les jarrets, la palette, les saucisses préalablement pochés dans un bouillon, et elle devient choucroute

avec quelques pommes de terre rajoutées à la fin. Avec un riesling de Zind-Humbrecht ou de Marc Kreydenweiss, on sera sûr que l'Alsace s'est invitée à table. (*22 octobre 2004*)

Les beignets de Mardi gras

Si ramasser une bugne ou récolter un beignet n'est jamais agréable, c'est parce qu'on range mal ses affaires. La bugne ne se met pas au coin de l'œil pas plus que le beignet ne se glisse sous l'essuie-glace. Ils se mangent tièdes, saupoudrés de sucre glace. Tout le reste n'est que contrefaçon argotique qui n'a pas connu la friture.
Vous la sentez, l'odeur de l'huile chaude qui lentement imprègne la maison? Ça grésille dans la bassine, ça trisse partout en fines gouttelettes et, soudain, elle se met à fumer. La friteuse est ainsi. Capricieuse en température, voleuse d'air pur, on ne peut jamais lui faire totalement confiance et il faut être sérieusement motivé pour y recourir. Je ne me connais que trois motifs: les frites, les petits poissons et les beignets de Mardi gras. Éplucher et couper les pommes de terre, laver et fariner la marée, la mise en place est plus succincte pour les deux premiers que pour les derniers.
Les beignets se divisent en deux catégories: avec ou sans levure de boulanger. Sans, c'est la formule classique des bugnes croustillantes qui font la fierté de Lyon, patrie du «bugnetier»: 250 g de farine, 3 œufs, le zeste d'un citron non traité, 50 g de sucre, 50 g de beurre ramolli, 2 cuillerées à soupe de rhum. On mélange le tout et le tour est joué. La boule de pâte passe en salle d'attente avant d'être roulée.

La levure de boulanger introduit le suspens dans la recette. A-t-elle été bien dissoute dans le lait tiède ? Faut-il mettre la pâte à proximité d'un radiateur ? Va-t-elle lever sous son linge blanc ? Autant de questions qui taraudent l'apprenti d'un naturel anxieux. Normalement, la boule doit avoir doublé de volume après 2 à 3 heures si des mains impatientes ne l'ont pas dérangée. Il faut alors « la prendre par les bords », la décoller délicatement des parois du saladier pour la façonner sur la planche farinée et constater qu'elle est quasiment revenue à sa taille initiale. Pas de panique ! Elle a intégré la « gonflette » et la restituera à la cuisson.

Place au plus agréable : étaler cette pâte sur une épaisseur de 2-3 mm (les bugnes sont plus fines) et découper des bandes de 5 cm de large pour y tailler des rectangles longs d'une dizaine de centimètres. Telle est la coutume, mais libre à chacun de choisir la forme de ses beignets, l'important étant de leur donner un petit coup de roulette au milieu. La mienne est en buis et vient de ma grand-mère. Même la Lloyd's refuse d'assurer un objet d'une telle valeur... À Lyon, on enfile parfois une extrémité de la pâte dans la fente du milieu pour faire un « nœud ».

Le passage à la friture est un moment bref mais intense. On travaille à l'écumoire dans une huile à 160-180 °C et par petites quantités, 5 ou 6 pièces à la fois sinon le bain refroidit. Quelques minutes recto verso, les beignets ont gonflé et peuvent reposer dorés sur le papier absorbant. Une giboulée de sucre glace et les voilà bons à croquer, encore tièdes, lorsqu'ils sont les meilleurs. On dit qu'ils se conservent plusieurs jours mais je n'ai pas eu le loisir de le vérifier. Le soir même tout avait disparu... (*18 février 2006*)

Jeudi, c'est patates farcies

La patate farcie est à l'hiver ce que la tomate est à l'été : le partenaire idéal pour accommoder les restes du rôti dominical. Cette patate-là n'appartient pas au genre des petits farcis, taillés comme des miniatures, fourrés à la poche à douille de mousses et purées diverses puis rangés en mosaïque dans le plat provençal. Elle est plus proche de la menuiserie ménagère que de l'artisanat d'art, ce qui ne dispense pas d'un certain tour de main et d'un choix judicieux des ingrédients.
Oublions la petite ratte biscornue au profit d'une charlotte dodue ou d'une belle de Fontenay de taille « moyenne grosse » (150-170 g), harmonieusement tournée de sa personne. Sitôt la pluche terminée, se pose le problème fondamental de la patate farcie : trouver le juste équilibre entre le légume et la viande qui vont se jouer une partie à deux dans la cocotte. Les partisans du 50-50 coupent la pomme de terre dans le sens de la longueur en deux moitiés et creusent chacune pour accueillir un volume de farce, grosso modo équivalent à la pulpe. Cette méthode présente l'avantage de réaliser deux farcies avec une seule épluchée.
Je préfère la formule deux tiers patate, un tiers viande, moins économe mais plus confortable. Au lieu de diviser la pomme de terre en deux parts égales, j'enlève le tiers supérieur, réservé pour soupe ou purée, afin de tailler un berceau plus profond pour y serrer le hachis qui a toujours tendance à se débiner. Ne pas oublier de saler avant de garnir.
L'art de la farce relève du domaine de la vie privée et chacun n'en fait qu'à sa tête. La mienne en a exclu définitivement la chair à saucisse, résultat d'improbables mani-

pulations charcutières commises à l'abri des regards. Pour réussir les patates farcies, il faut des restes de rôti (veau, porc) ou de pot-au-feu, passés au hachoir à main avec persil et oignons frais et, si possible, mouillés d'un peu de jus de viande. Je ne connais pas appareil plus honnête, franc de goût et de texture, pour fourrer en deux coups de cuillère patate ou tomate. Si la seconde préfère la cuisson au four, l'autre a besoin de la cocotte en fonte pour donner le meilleur d'elle-même. Alignées côte-côte dans l'huile chaude, démarrées à feu vif pour saisir les chairs, elles vont mijoter à flamme plus douce et colorer lentement du cul pour former une croûte dorée et croquante. Le couvercle de la cocotte reste entrouvert, donnant de l'écho au grésillement de la patate qui jamais ne doit attacher au risque de noircir et de prendre goût de brûlé. C'est toute la difficulté de cette cuisson à l'unilatérale qui va durer une bonne heure sous surveillance renforcée. Chez moi, c'était un plat du jeudi quand ma mère, ne faisant pas classe, avait le temps de garder un œil sur le fourneau. Sitôt posé sur la table, le plat était soumis à un examen minutieux de la part des convives, à la recherche des patates « les mieux grillées dessous ». J'en ai connu un qui dans son assiette grattait soigneusement la chair du tubercule et sa farce pour les manger séparément avant de déguster la croûte avec ses doigts, telle une gaufrette de pomme de terre.

Toutes les considérations précédentes sont évidemment nulles et non avenues si vous ne disposez pas d'une honnête scarole ou frisée en accompagnement. (*16 décembre 2006*)

La poire, la bonne et le curé

En dépit des efforts du concile Vatican II, j'ai longtemps cru que la poire dite curé était celle qui poussait dans le jardin du curé. J'en étais d'autant plus persuadé qu'avec quelques galopins de mon enfance nous mettions un point d'honneur à en chaparder dans la cour du presbytère au nez et à la barbe – au sens propre – de Pélagie, la bonne du curé, gardienne vigilante de sa table et de son alcôve. Pure méchanceté de garnement, car ces petites poires vertes, dures comme du bois, s'avéraient impropres à la consommation. Elles étaient trop « fières » (acides) et finissaient, à peine mordues, sur le tas de fumier.
Pourquoi diantre Pélagie veillait-elle avec autant d'attention sur ces fruits du Seigneur ? J'eus la réponse au hasard d'une remarque qu'elle fit un jour en quittant la boulangerie au galop : « Faut que j'y aille, j'ai les poires sur le feu. » Ainsi, la bonne du curé cuisait les poires du curé… De telles révélations frappent l'esprit de l'adolescent pubère à l'imagination fertile et au goût naissant. J'en informai aussitôt ma grand-mère, fidèle pratiquante au point de se casser le col du fémur aux marches de l'église. Ce fut le grand-père, pilier de l'école laïque et républicaine, qui répondit, goguenard : « Demande-lui si elle les cuit au vin de messe ! » Courroux de la paroissienne mais désarroi du garçon, encore mal équipé idéologiquement, face à la poire, la bonne et le curé.
Tout ce petit monde repose aujourd'hui en paix dans le cimetière du village qui partage désormais un vicaire itinérant avec les clochers d'alentour. Dommage collatéral de la crise des vocations, la bonne du curé a disparu avec le pres-

bytère. Seuls ont subsisté la poire et le gamin qui, en grandissant, a découvert que depuis 1760, la «curé» est homologuée comme une variété de poire à cuire, fruit d'un arbre rustique et fertile, reconnaissable à cette ligne fauve qui parcourt sa peau de haut en bas. Toutefois, les spécialistes admettant que cette marque n'est pas toujours présente, j'ai décidé que toutes les petites vertes et dures, justes bonnes à passer à la casserole, s'appelleraient poires de curé.
On peut les rencontrer au hasard des marchés paysans, mal fagotées et mal calibrées, cédées au coin de l'étal pour quelques euros le kilo. Il faut des doigts de couturier pour les déshabiller entières en préservant le pédoncule, bien dégagé derrière les oreilles. «Poire mangée sans vin étant quasi pire que venin», selon le dicton, verser pour 8 pièces une bouteille de rouge corsé dans la casserole, ajouter 150 g de sucre, un zeste de citron, 2 clous de girofle, une dizaine de grains de poivre noir, une gousse de vanille fendue en deux et porter quelques minutes à ébullition. Le sirop au vin et aux épices peut accueillir les fruits qui vont cuire doucement durant une petite heure jusqu'à devenir rouge translucide. Réservées sur le plat de service, les poires de curé seront enfin nappées du jus réduit et filtré. Avec quelques pets de nonnes, c'est divin. (*15 septembre 2007*)

Moules à gaufre

Aux abords du Nouvel An, quand ma grand-mère faisait des gaufres, toute la rue le savait. Il suffisait de guetter la cheminée qui crachait comme jamais. On allait lui souhaiter la bonne année et, en échange, on mangeait les gaufres encore chaudes au sortir de la forge. C'était au temps de la cuisinière à bois qui, ce jour-là, menait un feu d'enfer. Le grand-père, cheminot retraité, avait toujours dans un coin du hangar quelques traverses hors d'usage récupérées le long des voies, un « privilège » que la sarkozie ne manquerait pas de dénoncer et d'abolir. Elles brûlaient plus fort que tout, car elles avaient été traitées à la créosote, un produit toxique extrait de la houille, qui les protégeait des intempéries. Et ronfle la cheminée ! On enlevait deux ou trois rondelles de fonte sur le dessus de la cuisinière pour y encastrer le gaufrier près de la braise. Ces fers à gaufres fabriqués chez le forgeron étaient constitués de deux tiges longues en ciseaux au bout desquelles deux plaques rectangulaires formaient le moule, l'une avec rebord et l'autre sans, faisant office de couvercle.

Ma petite grand-mère mettait le « fer à chauffer », qu'elle graissait en frottant une couenne de lard gras non salé, avant de verser une louche de pâte épaisse pour recouvrir les alvéoles du moule, semblables à des rayons de miel (*gafrum* en latin d'où le nom de gaufre). L'affaire était rondement menée et les gaufres sortaient, légères, craquantes en surface et moelleuses à l'intérieur, saupoudrées de sucre glace. À peine posées sur la volette, qu'elles étaient avalées ! Si, par malheur, le feu venait à faiblir, le cheminot, médaillé de 14-18, était rappelé à l'ordre. « Il y a des jours, on était plus tranquille à Verdun » grommelait le Poilu en allant scier une autre traverse.

Ne comptez pas sur la recette de la grand-mère pour la pâte. Elle travaillait au pif. Il faudra attendre la génération suivante pour passer de la tradition orale à l'écrit. Dans le même temps, les moules en fonte à résistances électriques ont remplacé ceux en fer qui font maintenant les fiers sur les brocantes. Celui de ma mère date des années 1950, en provenance des Éts Miermont alors en activité sur la commune de Dieulouard (Meurthe-et-Moselle). Inutile de préciser qu'il est nickel comme au premier jour mais malheureusement dépourvu de thermostat. Il faut le connaître... C'est la pâte qui m'intéressait, celle de la vraie gaufre lorraine. Un grand saladier, une cuillère en bois, 150 g de beurre à peine fondu mélangé à un verre de sucre en poudre, puis dans cet ordre on ajoute 4 jaunes d'œufs, 150 g de farine (pas d'un coup !) et un verre de crème fraîche. Bien mélanger le tout et incorporer délicatement les blancs battus en neige et un zeste d'orange râpé. Un temps de repos et c'est prêt. Un coup de pinceau trempé dans l'huile pour graisser le moule, une petite louche de pâte et 2-3 minutes de chaque côté selon la chaleur de la fonte. Et la voici, toute chaude, dorée, croustillante, à croquer sur-le-champ. Quand je pense aux margoulins qui réchauffent des gaufres congelées sur les Grands Boulevards ! (*31 janvier 2009*)

La quetsche d'Alsace, seule contre tous

Elle a les fesses pointues et du talc sur sa peau. Les uns la gaulent, d'autres la cueillent. Sur la pâte brisée, elle rivalise avec les meilleures. À l'alambic elle fait des merveilles, cependant lorsque vous verrez son nom à l'étalage, méfiez-vous :

cette prune n'est peut-être pas la quetsche que l'on vous dit. Celle-ci appartient au genre *Prunus domestica*, son épiderme bleu violacé est recouvert de pruine, une fine pellicule blanche qui la protège des maladies. De forme ovoïde, longue de 3 à 4 cm à la chair jaune ambrée à maturité, elle seule mérite le nom de quetsche d'Alsace, cultivée dans la région d'Obernai et dans le Sundgau. Ce fruit délicieux qui succède à la mirabelle est aujourd'hui victime de multiples agressions qui peuvent, à terme, menacer sa production.

La première vient d'outre-Rhin et des pays de l'Est qui déversent sur le marché des tonnes de prunes bleues, plus grosses, plus rondes et moins délicates, vendues sous le nom de quetsches. Ortenauer, Ersinger et Buller sont les variétés les plus courantes à rendement plus élevé et dont la période de maturité (10 juillet-30 septembre) est plus longue que celle de la quetsche d'Alsace disponible seulement fin août-début septembre. Et de *zwetsche* (prune en allemand) à quetsche, il n'y a qu'un pas, rapidement franchi sur les étiquettes, d'autant que les fruits importés sont le plus souvent meilleur marché.

À cette rivalité commerciale et sémantique se sont ajoutés les aléas de la vie et du climat. Quinze ans après la tempête de juillet 1984, celle de décembre 1999 a couché 60 à 80 % du verger familial réduisant la production à 6 000 tonnes les bonnes années (moins de 2 000 tonnes en 2008). Les quetschiers occupent à peine 700 hectares alors que du Second Empire aux années 1960, l'Alsace a compté un million d'arbres. Chaque famille en avait quelques-uns pour la tarte, la confiture et surtout le « schnaps », cette eau-de-vie

de prune distillée par les bouilleurs de cru pour ceux qui bénéficiaient du fameux « privilège » : 10 litres d'alcool pur exonéré de taxes.
Depuis 1959 celui-ci n'est plus héréditaire, seules les personnes possédant un verger peuvent distiller et paient 7,50 € par litre d'alcool pur jusqu'à 10 litres et 14,50 € au-delà. Ces mesures ont naturellement diminué l'attrait des quetschiers au pays du « schnaps ».
Les vergers souvent situés en bordure des villages ont dû faire face à la pression immobilière. Entre l'hectare de quetsches qui rapporte des prunes et le même hectare classé en zone constructible, le calcul a été vite fait par nombre de particuliers. À l'avantage du promoteur et du développement urbain, au détriment des cultures traditionnelles.
Pour surmonter ces difficultés, les responsables de la filière ont tenté d'obtenir une AOC. Refus de l'INAO, car « quetsche d'Alsace » est enregistrée comme « variété » depuis 1965 et l'AOC ne peut s'appliquer à une variété. CQFD. Il n'y a pas de quoi faire un pâté mais, à coup sûr, une bonne tarte à la vraie quetsche d'Alsace. Elle vous en sera reconnaissante. (*5 septembre 2009*)

Un petit quart crémeux

Autant l'avouer d'entrée, je suis né dans la mousse. À Champigneulles, patrie de la Reine des bières « brassée à l'eau de source de Bellefontaines » et appréciée en son temps dans toute la Lorraine. La bière c'est d'abord de l'eau. Il en

faut une quantité phénoménale pour ces brasseries qui, depuis le Moyen Âge, ont fleuri en Lotharingie, nourries aux sources et rivières des Vosges, une région à forte pluviosité quoi qu'en dise mon cousin d'Épinal. À la rentrée des classes en septembre, certains oubliaient l'école pour aller cueillir le houblon et gagner quelques sous à carambar. Ma première bière s'appelait Amos, brassée aux Sablons dans la banlieue de Metz et livrée par le voisin de mon grand-père. Au volant de son camion à ridelles, il quittait chaque jour le domicile à 7 heures et rentrait à 1,5 g, voir 2 g le vendredi, jour du « boisson ». C'était avant l'alcootest.
La bière m'a tout de suite plu, sa couleur dorée, sa mousse qui fait des moustaches et ce pétillement au palais qui la rend si désaltérante. Face à la soif – hormis l'eau – je ne connais pas meilleur remède qu'un demi bien tiré, ni tiède ni glacé, avec juste deux doigts de col pour énerver les babines. Ni bière de collection ou cervoise de monastère, simplement une honnête pression, à l'orge fermentée et à l'eau claire avec un soupçon de houblon, comme il s'en fabriquait alors dans la moindre bourgade : Champigneulles, Charmes, Tantonville, Xertigny, Basse Yutz, Saint-Nicolas-de-Port, Vézelise et tant d'autres.
Je suis entré en brasserie en même temps qu'à l'université. L'*Excelsior* se trouvait sur le chemin de l'amphi et j'ai beaucoup étudié sur les banquettes de l'*Excel*, la plus belle brasserie du monde. Passé la porte tournante, on y était reçu sous les boiseries de Majorelle, les vitraux de Grüber et les luminaires de Daum. La crème de l'École de Nancy rassemblée pour faire écrin à la « Première », la meilleure bière des brasseries de Vézelise, alors propriété des frères Moreau.

Elle se buvait à la pelletée servie par le P'tit Claude, un garçon au cheveu gominé Pento et sous la surveillance d'un directeur à cravate, taillé comme une barrique bordelaise. La caissière enregistrait entre deux vases de Gallé, les étudiants jacassaient de partout dans une tabagie d'enfer.
La Première était la reine de l'*Excel*, sauf au moment de la bière de mars, une boisson éphémère annonçant le printemps. Ses amateurs la dégustaient dans un « petit quart crémeux », soit la moitié d'un demi avec autant de mousse que de liquide. Cette bière produite en quantité limitée était uniquement servie à la pression entre le 1er et le 31 mars. Moins alcoolisée (entre 4,5° et 5,5°), sa couleur ambrée oscillait entre le blond orangé et le cuivre doré. L'orge utilisée appartenait obligatoirement aux variétés de printemps récoltées entre le 14 juillet et le 15 août. La tradition se perpétue en France sous le nom de bière de printemps. À l'*Excel*, on l'appelle toujours bière de mars, désormais en provenance de chez Grimbergen. À 3,50 € le demi. Il n'y a plus de « petit quart crémeux ». (*22 mars 2008*)

2
Paris

Je suis entré dans Paris par les Halles. Les pavillons Baltard étaient déjà moribonds, orphelins du ventre de Zola déporté à Rungis au nom du progrès et de l'aménagement urbain. Seul subsistait le dernier carré, voué à la viande et aux abats. Le noyau dur des forts des Halles, grandes gueules et tenues sanglantes, à l'ouvrage dès l'aube sur le carré Saint-Eustache. J'étais alors hébergé à titre provisoire dans le bas de la rue Saint-Martin – à la verticale de Benoît – et chaque matin je croisais ce petit monde pour gagner mon école de journalisme, rue du Louvre. Évoluer au sortir du lit parmi les tombereaux de têtes de cochon est une excellente introduction à la vie parisienne et donne une saveur particulière au petit-déj'. Passé les premiers émois, un matin, j'ai osé pénétrer dans un des bistrots fréquentés par les viandards.

« Un petit crème s'il vous plaît.

– Avec une petite cuillère ? » m'a susurré le moustachu derrière le bar.

Les deux costauds maculés de sang qui m'avaient accordé quelques centimètres au comptoir ont gloussé. Ils étaient à la rillette et au blanc sec.

« Allez je plaisante, il a bien le droit de se lever tard, le garçon. » (Il était 8 h 30.) Le loufiat était de bonne humeur. « T'es pas du quartier toi, c'est la première fois que je te vois ? »
Je lui ai raconté mon histoire, que j'étais étudiant au bout de la rue, que je venais de débarquer à Paris, que je cherchais une piaule, etc.
« Et d'où tu viens ?
– De Nancy. »
Nancy... Nancy... Mon voisin, qui venait de se rincer les rillettes d'un gorgeon de blanc, l'a répété plusieurs fois à voix basse avant de poser son verre sur le zinc. Marquant un temps d'arrêt, il s'est alors écrié : « La mirabelle ! Nancy, c'est la mirabelle ! » Après, c'est parti sur des histoires de régiment dont j'ai oublié le numéro, des bitures de bidasses... Peu importe que ce matin-là je sois arrivé en retard à l'école, je venais de passer avec succès mon permis de comptoir parisien. J'y avais gagné ma place. Je ne l'ai jamais cédée.

Pas simple d'apprivoiser cette ville pour le garçon de Lorraine (ou d'ailleurs), arrivant bourse plate et des rêves plein les yeux. Je l'ai pourtant aimée dès que j'ai posé le pied sur le quai de la gare de l'Est. Sous la semelle de mes clarks, j'ai senti la vie. Celle d'une créature différente, inconnue, dont au fil des ans je saurai prendre le pouls rien qu'en marchant sur ses trottoirs. Paris, il faut la désirer pour la comprendre. Beaucoup prennent un billet aller, nombreux sont ceux qui composteront fissa le ticket retour. C'est une pute et une princesse, et il faut faire avec les deux. À table aussi.

J'avais le choix entre le resto ou la cantine maison, l'option resto-U étant écartée en vertu du principe de précaution et le fast-food n'ayant pas encore envahi la capitale. De la cuisine je n'avais qu'une vision familiale, confectionnée avec les instruments du bord : Cocotte-Minute ou en fonte, plats pyrex, moulins à légumes, plateaux à tarte, etc. J'en savais la fonction mais de là à réaliser une quiche, il y avait un monde. Celui de la délocalisation des goûts, des recettes et des savoir-faire dont j'ai pris rapidement la mesure grâce au petit pâté à la viande de Stohrer, maison de renom sise au bas de la rue Montorgueil (Paris 2e). Débarquant de la place Stanislas avec mon pâté lorrain à la boutonnière et mon certificat de terroir en poche, je n'eus de cesse de connaître son homologue parisien, espérant retrouver cette migaine natale qui enrobe les dés de porc et de veau, marinés dans le vin blanc et l'échalote, cuits dans un feuilletage doré à l'œuf. Vu de l'extérieur, c'était tout comme. Au-dedans ce fut le coup du boudin. Un cylindre de jambon et de poitrine de porc hachés, tassé comme un baluchon et sec comme un coup de trique, sans l'ombre d'une migaine. Dont acte. La cuisine régionale voyage mal et mieux vaut la consommer sur ses terres.

Je retournais régulièrement sur les miennes dont je rentrais chargé de pots de confitures, de tourte à réchauffer, de terrine de lapin, de macarons, de bergamotes, de madeleines, parfois d'un litre de mirabelle soustrait à la réserve familiale. Ce n'était qu'emplâtres sur une jambe de bois. Je devais « compter sur mes propres forces » comme disait le président Mao, fort écouté à l'époque. Les jeunes filles d'alors répondaient aux abonnées absentes à l'heure du rata ou de la lessive. En pleine révolution féministe, les activités ménagères représentaient un secteur stratégique dans la bataille pour la libération de l'oppression machiste. « Occupe-toi de tes chaussettes et moi de mes petites culottes », telle était la ligne juste. Elles n'avaient pas tort. Il fallut négocier le partage des tâches et c'est ainsi que m'échut celle de faire les courses et la cuisine. « Tu aimes ça », m'a-t-elle dit. Et je suis parti à la découverte du plus beau marché de France : celui de Paris.

Montorgueil-Rambuteau fut mon premier terrain de manœuvre. Les Halles respiraient encore et de nombreux grossistes exerçaient toujours leur activité. Les marchandes des quatre-saisons subsistaient, trimballant deux endives et trois patates sur leur carriole, pesant au doigt et à l'œil et fourrant les billets sous le tablier. Elles vendaient les radis avec du sentiment. Je les aimais, et leur inéluctable disparition m'a fendu le cœur. Le jeune provincial s'émerveillait devant l'abondance des mets et des produits, la richesse des étalages et l'éventail des tentations gourmandes proposées à même le pavé. Le samedi, j'allais regarder les vitrines comestibles plutôt que le cinémascope, et j'ai beaucoup léché celle de Battendier, charcutier-traiteur, voisin du *Pied de Cochon*. Foie gras, truffes, gibier (en saison), annonçait la maison. La parade des pâtés, terrines, galantines et autres variations charcutières occupait toute la devanture. Jamais je n'avais vu tant de jambons, de foie gras, de perdreaux ou de faisans ainsi présentés dans les apparats du luxe et de la bombance. Je n'avais pas les moyens d'entrer. Je m'en régalais quand même. Avec les yeux.

J'étais alors plus familier du sandwich – avec supplément cornichon – mais tout bistrot s'honorait d'afficher le plat du jour maison auquel je cédais à la première occasion. Par nature, le plat du jour est discipliné et respectueux du calendrier coulé dans le bronze : saucisson chaud le lundi, tête de veau le mardi, petit salé le mercredi, andouillette le jeudi, jarret aux lentilles le vendredi et boudin pommes vapeur le samedi pour reprendre celui du Rubis, toujours en vigueur au marché Saint-Honoré. Je me suis senti parisien le jour où je me suis attablé seul, face à un petit salé et un pichet de beaujolais, dans un rade au pied de Saint-Eustache. La révélation qu'on vient de trouver sa place et son plat. Autour ça mange, ça boit, ça cause, la serveuse est sympa et soudain, on se rend compte qu'on fait partie du casting, qu'on est entré dans le film. Par la porte de service. Celle de la cuisine populaire qui régale sans cravate et ne pète pas dans la soie.

L'autre, j'ai vite appris à la connaître. Allez savoir pourquoi, un soir de fortune, attirés par les feux de Saint-Germain-des-Prés. « Allons donc chez *Lipp* ! » Nous étions en costumes d'époque, cheveux longs pour moi, au henné pour elle, blouson et pattes d'ef pour les deux, avec une jolie feuille de cannabis en badge. Le maître d'hôtel nous a examinés des pieds à la tête et n'a dit qu'un mot : « Complet. » J'ai fait remarquer que des tables étaient libres, il m'a répondu qu'elles étaient « réservées ». Mensonges et compagnie. Cinq minutes plus tard, de ma plus belle voix, j'appelais la *Brasserie Lipp* depuis la cabine d'en face, demandant poliment s'il était possible de réserver deux couverts au nom de M. Dagon. « Mais bien sûr, M. Dagon. À tout de suite. » Nous avons traversé le boulevard dans l'autre sens pour tomber sur le même garçon qui, face aux époux Dagon, a frisé l'apoplexie. « Foutez-moi le camp où j'appelle les flics. Bande de petits cons ! » Nous sommes partis en courant sur un splendide doigt d'honneur. Mon p'tit Géné, ici c'est pas pour toi. Le message fut reçu cinq sur cinq. Je ne suis jamais retourné chez *Lipp* où l'on va d'ailleurs plus pour être vu que pour se nourrir.

Je n'étais pourtant pas débutant dans l'univers de la restauration, le guide *Michelin* étant un compagnon fidèle des voyages en famille. Certes, nous fréquentions les fourchettes plutôt que les étoiles, mais puisqu'il fallait « bien se tenir à table » jusqu'à la fin du repas, j'avais choisi très tôt de m'intéresser à l'intrigue au lieu de la subir et d'en souffrir. Carte, menu, maître d'hôtel, sommelier, verres à vin et à eau, les couverts bien rangés dans l'assiette lorsqu'elle est terminée, je savais faire. Il fallait simplement s'adapter aux us et coutumes de ces « Parigots têtes de veau » : service à la tête du client, tauliers de caractère, additions salées et grand danger sur la bouteille du patron. Dans ce monde de brutes au cœur tendre, j'ai vite trouvé quelques repaires, aimables au ventre et à la bourse. Rue Bachaumont, madame Pauline Larcier présidait aux destinées des *Crus de Bourgogne* où son petit-fils lui a succédé. Originaire d'Altiani (Haute-Corse), elle servait le foie gras et le homard les moins chers de Paris. Journalistes et représentants s'y donnaient rendez-vous autour d'un coq au brouilly et de quelques flacons de beaujolais. Le chignon pas toujours d'équerre, un fichu sur

les épaules en hiver, Mme Pauline en imposait derrière son comptoir astiqué. Tout le monde filait droit, le personnel comme les clients. La coutume voulait qu'on paie à la caisse où elle faisait elle-même l'addition.
« Qu'est-ce t'as pris ?
– Deux homards, deux coqs, un baba et des cerises à l'eau de vie.
– Ben tu t'es pas emmerdé. Et t'as bu de l'eau ?
– Non, on a pris le brouilly. Il était bon.
– Manquerait plus que tu te plaignes. »
Elle griffonnait quelques hiéroglyphes sur un bloc, faisait semblant de compter et décrétait : « Allez, donne-moi un billet de cent. » Puis, se tournant vers le garçon : « Sers-leur une petite liqueur. » Merci Mme Pauline, répondait l'écho. Le cadre encravaté qui passait derrière avait mangé moins mais paierait plus et sans liqueur. C'était ainsi. Paix à son âme.
Grâce au Père Bourdeau, cheveux blancs et moustache, impeccable dans son costume tendance sous-bois, j'ai connu ma première andouillette AAAAA de chez Duval, vendue à prix étudiant dans son *Gourmet en L'Isle* (Saint-Louis). Il avait un côté surveillant général dans sa façon de diriger le service, et celui qui laissait des frites au coin de l'assiette méritait quasiment la retenue. J'ai gagné son indulgence en débrouillant une histoire avec des Américains qui lui répétaient : « *Tip included ? Tip included ?* » Quand je lui ai expliqué qu'ils voulaient savoir si le service était compris, il a haussé les épaules en grommelant : « Ils n'ont qu'à lire la carte, c'est écrit dessus. » En face de chez lui, *Berthillon*, seul glacier au monde fermé en juillet-août, était aux portes de la gloire.

Le Duc de Richelieu, en haut de la rue du même nom, fut également un excellent partenaire de travail, ouvert jusqu'à plus soif. À midi, ce bistrot accueillait, sur deux rangées de banquettes, boursiers et journalistes au cri de « Monseigneur, prenez place » ! D'une cuisine grande comme un placard sortait une honnête tambouille : escalope crème-champignons, côte de bœuf pour deux, avec le baba au rhum le plus imbibé de Paris. Tous les crus du Beaujolais étaient présents à l'appel – le patron y possédant quelques arpents – et la sortie du beaujolais nouveau constituait le point d'orgue d'une année entièrement dévouée au gamay noir à jus blanc. À la sortie des spectacles, le public changeait. Pas la carte. Théâtreux, saltimbanques et oiseaux de nuit se partageaient les mêmes plats du jour qu'à midi. Jusqu'à tard, très tard...

Fin 1974, je suis entré à *Libération*. J'y suis resté jusqu'en 1995 avec une parenthèse de 1981 à 1985. J'y ai vécu les plus belles années de ma vie de journaliste. Plusieurs se sont essayés à raconter la naissance et le succès de ce journal, privilégiant rapports de force, querelles idéologiques ou rivalités personnelles mais négligeant l'essentiel : *Libé* c'était le bordel le plus total où tout était possible. À tel point que de nombreux visiteurs s'interrogeaient en partant : « Dis-moi, le journal, il paraît demain ? » La probabilité semblait faible aux yeux de l'étranger qui venait d'assister médusé à ce barnum quotidien dont sortait le pire comme le meilleur, imprimé avec des fautes et des notes de clavistes sur du papier qui tache les doigts.

Libération n'était pas né pour la gaudriole. Il se voulait au cœur des luttes et aux côtés des travailleurs sous la surveillance de quelques commissaires politiques d'opérette, bien vite remerciés. Les plaisirs de la table ne figuraient pas à l'ordre du jour, la gastronomie étant naturellement considérée comme une pratique bourgeoise, *Fauchon* ou *La Tour d'Argent* comme des symboles de la réaction et des cibles légitimes pour le prolétariat révolutionnaire. L'essentiel de la rédaction était issu de la mouvance maoïste dont l'organe, *La Cause du Peuple*, s'était illustré lors de l'affaire de Bruay-en-Artois. Après le viol et le meurtre de la jeune Brigitte Dewevre, les militants s'étaient transportés sur les lieux du crime, participant activement à la recherche du coupable. Ce ne pouvait être que le notaire Leroy, un bourgeois qui mangeait «800 g de viande par jour». Cet indice révélateur n'avait pas échappé à la sagacité de Serge July et Philippe Gavi – tous deux actifs sur le front des luttes – et qui l'ont révélé dans la presse du peuple. Le notaire sera bien sûr innocenté mais ils trimballeront longtemps cette casserole aux yeux de toute une génération de camarades. Le livre rouge s'appelait *Mao*, pas *Michelin*.

Dans la foulée de mai 1968, certains ont ressenti l'appel de la campagne et de la vie en communauté parmi les poules et les chèvres. *Libération* n'appartenait pas à ce courant, préférant le combat politique au travail de la terre. Lorsqu'on allait au Larzac ce n'était pas pour goûter le roquefort, c'était pour chasser l'armée du causse. *Actuel* était le porte-voix de la tendance baba cool. Musique et pétard, délires et voyages, éoliennes et Freak Brothers. À vrai dire, je me sentais souvent plus proche de l'impasse Lebouis (*Actuel*) que de la rue de Lorraine (*Libé*), mais *Libération* possédait l'incomparable avantage d'être un quotidien, le lieu exact du métier de journaliste : raconter chaque jour dans un journal les nouvelles du jour. J'avais ça dans la tête depuis gamin. La faute à deux individus. Le premier est un certain Pierre Lamblin, auteur de romans pour jeunes dans la collection Rouge et Or dont le héros Jacques Rogy, journaliste au « Clairon » menait des enquêtes palpitantes avec René son pote chauffeur. J'ai lu et relu tous les volumes. Il fut mon premier héros. Le second fut Jules Vallès, fondateur de l'éphémère *Cri du peuple*, le journal de la Commune de Paris, qui fut pour moi un excellent motif d'études universitaires alliant les désirs du moment : le journalisme et la révolution. À *Libé*, je passais aux travaux pratiques. Au journal, nous avions tous la tête dans le guidon et nous mangions comme nous vivions. N'importe comment et à fond les manettes. Les abords du métro Laumière ne brillaient pas par la qualité de leurs tables. Crudités, steak frites et crème caramel étaient inscrits à l'ordinaire. Les soirs de galas nous visitions les brasseries : *Le Terminus Nord*, *Le Balzar*, *La Chope d'Alsace*, *La Coupole* et quelques autres où l'on s'empaillait jusqu'à point d'heure. Parmi le personnel, le niveau de conscience gastronomique était nettement moins élevé que sur le plan politique. J'ai gardé le souvenir d'un splendide buisson d'écrevisses monté avec mes petites mains pour l'anniversaire de Béatrice réunissant les copains de *Libé,* et qui fut écroulé avec deux doigts par Serge, se servant le premier en prenant l'écrevisse du dessous au lieu de celle d'en haut. Une catastrophe que je n'ai toujours pas digérée.

Durant plusieurs années j'ai vécu en nomade – sans chez moi et donc sans cuisine – passant la moitié du temps en

reportage et claquant l'argent du loyer dont j'étais dispensé au restaurant. Je les ai fréquentées jusqu'à la nausée toutes ces tables des Halles ouvertes tard la nuit où l'on se faisait un raccord de coke rien qu'en raclant le couvercle des WC. C'était avant la découverte du balsamique et du basmati, à la grande époque du saumur-champigny devenu la coqueluche de toutes les cartes. La raviole de Romans entamait une carrière internationale, le tiramisu ne s'était pas encore évadé des pizzerias et le magret de canard trônait en majesté. Les filles mangeaient des endives braisées.
À courir les trains et les avions, j'ai découvert le monde merveilleux des notes de frais et des nuits à l'Hôtel des Voyageurs (face à la gare). Manger seul au restaurant ne m'a jamais pesé, et *Le Canard enchaîné* est un excellent partenaire de table. Sans être distrait par la conversation du collègue ou le décolleté de la créature, on porte plus d'attention à l'assiette et au service, souvent proportionnel à la qualité de la commande. Le dîneur qui mange à la carte avec une bouteille de vin est généralement mieux traité que celui qui se contente du menu à 18,50 avec une carafe d'eau. À plus forte raison s'il fait preuve de curiosité pour ce qu'on lui sert. Des relations peuvent se nouer comme ce soir dans cette ville des bords de Loire où j'étais venu enquêter sur la mort d'un clochard aimé de toute la population. Dînant seul à l'auberge locale, je fais remarquer au garçon que le reblochon n'est guère engageant sur son plateau de fromages.
«Vous aimez le reblochon ? La patronne est savoyarde et elle vient justement d'en ramener une cargaison. Ils ne sont pas encore déballés, je vais vous en trouver un.»

Et le reblochon est arrivé, crémeux à souhait, suivi par la patronne toute en sourires et froufrous. Nous en avons partagé un à deux, elle m'en a conté la genèse et expliqué la différence entre le lait d'alpage et celui d'étable avant de soudain me demander : « Vous aimez Raymond Devos ?
– Oui, pourquoi ?
– Il est en tournée ce soir au théâtre. J'ai des invitations. Allez je vous emmène, on devrait voir la fin du spectacle. »
Celui-ci venait juste de se terminer mais la dame m'entraîna séance tenante dans la loge de la vedette qui la reçut à bras ouverts. Grâce au reblochon, j'ai vu Devos en peignoir éponge blanc. Monumental.
Le repas solitaire de l'envoyé spécial sur son lieu de travail ne réserve pas toujours d'aussi agréables surprises, mais il m'a permis de mettre au point le protocole d'évaluation du restaurant de tous les jours. Je le confesse, je commets souvent le délit de faciès, la devanture d'un établissement en disant parfois plus que la carte. Néons et plastique sont plutôt oiseaux de mauvais augure, ce qui ne veut pas dire que les rideaux à carreaux rouges et les plats de terroir annoncés en caractères gras soient forcément gages de bonne qualité. À l'intérieur, rien de plus simple pour se faire une opinion sur la maison : œuf dur mayonnaise, frites et crème caramel. La règle de trois qui permet de savoir en un clin d'œil d'où vient la mayonnaise et quel âge a l'œuf, si les frites sont congelées et si la crème a été fabriquée à la chaîne ou arrosée de caramel a posteriori. À ces plats-tests quasiment disponibles partout, j'ajoute volontiers la salade de tomates qui révèle les relations du tenancier avec les saisons, la vinaigrette et la fraîcheur des produits. La rondelle

d'hiver farineuse, la sauce en bouteille, la feuille de laitue avachie constituent des infractions caractérisées, hélas rarement sanctionnées.

C'est ainsi que je suis devenu un usager averti et régulier des restaurants parisiens, que peu à peu j'y ai trouvé mes cantines en rapport avec mes goûts et mes moyens et que, bon an mal an, j'ai appris à savoir où manger correctement en me promenant dans notre beau pays. Une fois la frontière passée, c'est autre chose. J'allais le découvrir.

Paris
chroniques

J'entretiens des relations avec mon boucher

Je n'aime pas être servi le premier à la boucherie. Il me plaît au contraire de patienter derrière quelques clients, le temps de radiographier l'étal, d'imaginer quel sort je pourrai réserver aux morceaux offerts, de retrouver cette odeur si particulière de la sciure par terre et du sang frais imprégné dans le billot. Je ne vais pas chez un boucher, je rends visite à mon boucher.

Il officie aux abords du marché Saint-Honoré où son père tenait échoppe avant lui. Mon boucher a attendu l'an 2001 pour fermer pour la première fois en août. Avec lui j'ai traversé la crise de la vache folle, l'estomac serein et l'inconscient tranquille. Avant cette soudaine soif de traçabilité imposée par l'encéphalopathie spongiforme, il me disait déjà ce que mon bœuf avait mangé. Son menu et sa carte d'identité étaient épinglés au-dessus du comptoir. Il vend du bœuf de Coutancié élevé uniquement avec du fourrage et des céréales dans une ferme du Périgord vert.

Installée confortablement dans des logettes, la bête est massée deux fois par jour et reçoit sa dose de bière quotidienne tel le bœuf de Kobe. N'y voyez là aucun snobisme mais l'assurance de trouver une viande propre, discrètement persillée, au grain fin, à l'aspect juteux et d'un rouge franc. Le prix s'en ressent à la hausse mais cette affaire est secondaire : depuis longtemps, je préfère peu mais bon à beaucoup et médiocre. Et puis, le bœuf ne contient pas que du filet à 45 € le kg : le *Larousse gastronomique* y recense 42 morceaux, et toute la différence entre un boucher et un marchand de viande se vérifie là.

Il y a ceux qui connaissent la géographie du bœuf, du museau à la queue, et ceux qui ne vendent que les quartiers arrière, les plus chers, les plus demandés, les plus faciles à cuire. Mon boucher achète son bœuf à la carcasse et son anatomie n'a plus de secrets pour lui. « Il faut comprendre un morceau. », aime-t-il expliquer au commis, perplexe, les armes à la main face à un train de côtes. Le client qui saura profiter de la leçon sortira de chez lui avec la vraie et la fausse araignées « pliées » dans le même papier.

L'araignée appartient à l'aristocratie de la bidoche : il en existe deux par quartier – la vraie et la fausse –, quelques centaines de grammes d'une viande striée de fibres blanches en forme de toile d'araignée de part et d'autre de la hanche bovine. Une chair juteuse qui nécessite d'être soigneusement parée par le boucher mais qui, au final, n'est guère présentable sauf au palais. Elle fait partie de ces morceaux rares, tels la poire ou le merlan, qui valent signe de reconnaissance. En vous les vendant, le boucher vous décerne le brevet implicite de consommateur éclairé. Un marchand de viande du Gard m'a un jour traité de Parisien parce que je lui mentionnais la présence d'une vraie et d'une fausse araignées sur le même quartier. De toute façon, plus on descend au sud, plus ils coupent la bête comme des sauvages. Quand j'ai conté l'aventure à mon boucher, il a confirmé et il est allé chercher immédiatement un gigot en chambre froide. « La prochaine fois que vous le reverrez, dites-lui qu'il y en a deux aussi sur le mouton. » Et il me les a montrées séance tenante, minuscules de part et d'autre de l'os, à l'articulation.

Chez mon boucher, les morceaux précieux ne sont jamais en devanture. Il faut les remarquer à l'intérieur, en bas du présentoir réfrigéré, disposés sur un plat, sans mention particulière. Il faut les lui réclamer et, pour les obtenir, il faut entretenir des relations avec son boucher.

C'est une affaire de longue haleine qui se construit lentement par petites touches et visites régulières. On n'entre pas dans une boucherie tout sourire, avec son CV en bandoulière pour lui claquer dans le dos en annonçant : « Voilà je suis nouveau dans le quartier et vous allez me servir comme un roi ! » Le petit commerçant à la familiarité spontanée n'existe que dans l'esprit des attaché(e)s de presse. Il faut procéder avec modestie, en faisant preuve de curiosité polie et d'un désir de savoir sincère.

J'ai lié connaissance avec le mien grâce aux grillades d'agneau. Elles étaient jolies à l'étal, abondamment parsemées de persil et de baies roses à un prix fort modeste. On rencontre rarement ce morceau aux contours irréguliers, épais seulement de quelques millimètres et qui nécessite un long travail de dépouillage de la part de l'artisan. « Elles viennent de

quelle partie de la bête ?» Empoignant une carcasse en attente de découpe, il m'a immédiatement tracé à la pointe de la lame un périmètre sur les bas flancs de l'animal. Cette fine tranche de chair, délicieuse grillée à flamme vive ou sur un feu de sarments, se trouve en effet entre la peau et les os près de la poitrine et du haut de côtes. Peu de bouchers vont la chercher pour la vendre séparément, et lorsque je lui fis part de mon étonnement, j'ai su à son regard que la glace était brisée. Nous allions nous entendre. La preuve, il m'en a gardé deux sans que je lui demande avant de partir en vacances. Il s'inquiétait de me savoir trois semaines sans grillades.
La côte d'agneau est un excellent moyen pour tester son boucher. Avec ou sans manche, première, seconde ou découverte, un vrai professionnel doit demander toutes ces précisions au client. S'il débarrasse l'extrémité de l'os de toute chair, permettant ainsi au mangeur de l'attraper avec les doigts une fois cuite pour mordre à pleines dents dans la noisette, vous saurez que vous n'avez pas affaire à un bûcheron. Celui qui jette les morceaux en tas sur la balance et pèse bon poids avec les parures. Le mien, après avoir dénudé les manches et gratté l'os d'un petit coup de couteau pointu, dispose soigneusement les pièces côte à côte sur le papier par rangées de trois et les emballe en rectangle. Une œuvre d'art qu'on hésite à démonter de retour à la maison…
Avec le veau nous entrons en terrain dangereux. L'hormone guette et pas seulement à la frontière belge. Quiconque a vu son escalope «extra-fine» réduire de moitié à la cuisson en laissant une espèce de mousse baveuse au fond de la poêle sait que parfois, «sous la mère» il doit s'en passer de drôles… Chez mon boucher, la collection de plaques

pendues aux crochets atteste de la provenance et de la qualité. Frappées en lettres d'or ou d'argent sur fond rouge, vert ou bleu, elles pendaient jadis au cou de l'animal sur la foire de Brive-la-Gaillarde ou d'Objat. En achetant un veau fermier primé, on reçoit la plaque avec la bête. Lorsque mon boucher m'a livré sur le ton de la confidence que son père en avait pris quelques-unes pour les accrocher dans sa maison de campagne, j'ai su que nous étions en confiance. Jamais il n'y aura de problème de tendron entre nous.

Pour acheter des paupiettes toutes ficelées ou des tripes qui ne demandent qu'à être réchauffées, une totale confiance est indispensable. Dès qu'on touche à la farce ou aux abats, trop d'établissements méritent le carton jaune avec ces tomates «farcies» d'une boule de chair à la composition indéterminée ou ces foies de veau en provenance d'une bête et d'un pays nordiques difficiles à déterminer précisément. Lors d'une visite surprise à Rungis voici quelques années, nous avions pu vérifier *de visu* que trop de carcasses de viandes portants comme tout numéro 00000 étaient à la vente en dépit des réglementations. Idem pour des abats emballés sous vide dont le pays d'origine restait souvent un mystère... Depuis, tout en étant conscient des difficultés rencontrées par la corporation des tripiers, je n'achète plus mon foie de veau que chez mon boucher.

C'est lui qui m'a donné le secret du paleron. Cette pièce de bœuf, veinée d'un trait de nerf gélatineux, se vend à prix fort modeste et convient admirablement aux plats mijotés dont le plus fameux reste le bœuf-carottes. Le paleron supporte facilement ses trois heures de cocotte à feu doux avant de s'abandonner les chairs.

« Vous ne l'avez jamais goûté en steak ? » me demande-t-il un jour. « Vous vous moquez ! » Pour me prouver qu'il n'en était rien, il a tranché illico deux steaks dans le paleron. « Offerts par la maison. Vous les faites cuire comme un steak et on en reparle après. » J'ai fait comme il m'avait dit. Il avait raison. La viande était parfaitement tendre, plus que celle de bien des steaks vendus au double du paleron. Un boucher expliquant qu'un morceau bon marché peut avantageusement remplacer un morceau plus cher ne se rencontre pas si souvent et mérite assurément l'estime de la clientèle.
Et lorsqu'un jour de janvier, il a sorti quatre œufs d'un bocal où ils côtoyaient depuis une semaine une belle poignée de truffes noires pour me les offrir en cadeau de Nouvel An, j'ai couru, fier comme un paon, me faire l'omelette du boucher. (*27-28 juin 2004*)

Le cochon et le goupillon

Du *Pied de Cochon* à Saint-Eustache, il n'y a que la rue du Jour à traverser. Il faisait nuit ce dimanche de novembre, lorsque les artisans du cochon s'assemblèrent en cette église sous la bannière des Chevaliers de saint Antoine, patron des charcutiers. On y célébrait à orgue déployé la deux cent unième messe du Souvenir des charcutiers-traiteurs et traiteurs à la mémoire des gens du métier disparus dans l'année et depuis les origines. Une manifestation hautement symbolique sur les lieux mêmes des anciennes Halles de Paris où la tête de cochon fut l'une des dernières à déménager à Rungis. Derrière le clergé qui ouvre la procession dans les vapeurs d'encens, marchent deux couples d'apprentis portant en majesté diverses œuvres de charcuterie sur des plateaux. Les Meilleurs Ouvriers de France (MOF) dans la catégorie les suivent en grand habit de cuisine avec toque et cordon tricolore autour du cou. Veste et nœud papillon blanc, cape bleu de France, les membres de la confrérie des Chevaliers de saint Antoine ferment le ban. Le grand orgue se déchaîne, les chanteurs de Saint-Eustache donnent de la voix, moment solennel que celui de la rencontre annuelle entre le cochon et le goupillon.

Cette année-là, la cérémonie avait un peu perdu de sa magnificence avec la disparition de la tête de cochon soutenue par deux hommes de l'art qui ouvrait parfois la procession. On lui avait préféré le fromage de tête, sans aucun doute d'excellente facture mais de moindre prestance que sa matière première. Pour quelle raison, au risque d'indisposer saint Antoine, traditionnellement représenté avec un cochon qui lui broute les pieds ? Était-ce une élégance à l'égard des membres de la communauté hallal présents dans l'assemblée ? Une parano de communicant soucieux de ne pas réduire l'image de la corporation à un scalp porcin ? La volonté d'éviter tout geste ostentatoire à l'égard du parti végétarien ? Renseignement pris auprès des plus hautes instances – M. Hilaire Bégat, président du Comité du souvenir – il apparaît que le choix des pièces sélectionnées pour la parade est du ressort exclusif des MOF et que la tête y prend place selon leur bon vouloir. Peut-être à l'avenir faudrait-il mentionner dans le programme si la procession est avec ou sans tête pour ne pas décevoir le public porcinophile…

Dans son prêche, le père Gilbert Caffin rappela aux représentants de la charcuterie française – «qui est un peu comme une paroisse» – qu'ils ont la chance d'exercer un beau métier mais qu'ils doivent rester intransigeants sur la qualité. «Pour l'obtenir, il ne faut pas frelater, il ne faut pas cacher la médiocrité derrière le tape-à-l'œil» a lancé le vicaire de Saint-Eustache aux professionnels du jésus (de Lyon) et de l'andouillette. Après l'office, le clergé pu vérifier la qualité des produits proposés au buffet dressé derrière l'autel. Fromage de tête, pâté de foie, terrines et galantines, jambons et saucissons arrosés de vins de Loire et du Beaujolais, se montrèrent dignes de la nef qui les accueillait. *Ite missa est.* (*5 décembre 2009*)

Banco sur la cave de l'Hôtel de Ville

Le 10 juillet 2006, la Mairie de Paris a décidé de vendre aux enchères 4680 flacons de la cave de l'Hôtel de Ville. La capitale du pays qui s'honore d'être à la fois patrie du vin et du bien manger possède en son cellier les meilleurs crus du vignoble, et son conseil ne sait qu'en faire. Faut-il les boire? Avec qui? Est-ce correct? Sera-ce compris? Qu'en dira-t-on? On mesure mal le stress de l'élu propriétaire de quelques caisses de Krug au caveau municipal. Quelle est la ligne juste face à la Romanée-Conti? Coincés entre les ligues de vertu et le politiquement correct les représentants du peuple de Paris sont restés gorge sèche. Alors, prenant prétexte d'un rapport de l'inspection générale, ils ont botté en touche, confiant les meilleurs flacons au commissaire-priseur et n'en gardant qu'une poignée pour la vitrine.

Cette cave de prestige, riche de 350 références a été bâtie grâce à l'argent des contribuables par Bernard Bled, secrétaire général sous Chirac-Tiberi. Elle est un symbole de la grande époque des frais de bouche et des vices de forme. L'équipe Delanoë, pétrie d'honnêteté républicaine et de probité citoyenne, décida de rompre avec ces usages, et l'électeur lui en est reconnaissant. En 2000, il s'est bu sous Tiberi 28821 bouteilles à la mairie contre 15193 en 2004, pour un nombre constant de réceptions (500). À peine une centaine de grandes étiquettes ont été sacrifiées en quatre ans à l'Hôtel de Ville. Pourquoi ? « Parce qu'on ne peut décemment pas mettre sur la table une bouteille qui coûte plus de 1500 € » selon un adjoint au maire (PS). Ainsi va la folie des hommes qui, durant des siècles, ont taillé la vigne et pressé le raisin pour en tirer un délicieux nectar qu'aujourd'hui ils n'osent plus boire, car ils ont confondu la cave avec le coffre-fort. Il est désolant que la mairie ait elle aussi préféré le cash au liquide et le marteau au tire-bouchon.
Cette vente lui a rapporté 961031 €, la Romanée-Conti 86 à 5000 € pièce, le Petrus 88 à 2500 €, le 89 à 4000 €. En moyenne, les 793 lots sont partis à plus du double de leur estimation, brisant les cotes les plus folles au point que les habitués de ce genre de rencontre quittaient la salle en maugréant que c'était « n'importe quoi ». Tout cela, à cause d'une étiquette dorée, en forme d'écusson, collée au col de chaque flacon et certifiant qu'il provenait de l'Hôtel de Ville de Paris.
L'essentiel a été emporté par des acheteurs internationaux (anglo-saxons, russes ou asiatiques) à destination d'un marché spéculatif, si l'on oublie cet homme qui avait cassé son

porte-monnaie « pour acheter le vin de Chirac alors que je n'ai jamais voté pour lui ».
Le jeune Chinois rencontré à l'issue des débats repartait avec plus de 150 lots pour une société basée à Pékin. « Mon patron m'avait demandé d'acquérir principalement les premiers crus de bordeaux qui sont très cotés en Chine. » Son budget était apparemment illimité et il était incapable de dire exactement combien il avait dépensé.
Tel fut le destin des vins de la Mairie de Paris : ils n'étaient pas faits pour être bus. Ni par ceux qui les ont achetés et qui ont été virés aux élections, ni par leurs successeurs paralysés devant Petrus, ni par les Parisiens qui les ont payés mais n'avaient pas les moyens de se les offrir. Une partie du butin municipal devrait être affectée à la lutte contre l'alcoolisme à la demande des Verts. Serait-il incorrect de suggérer que Paris consacre une somme égale à défendre l'idée que le vin n'est pas qu'un objet de collection ou de pochtron, mais aussi une culture, un patrimoine et un plaisir ? (*4 novembre 2006*)

Un thé de faux jeton

Les commémorations du quarantième anniversaire de mai 1968 ont suscité les habituelles rétrospectives, numéros spéciaux et autres soirées télé « en souvenir de ». Ceux qui, à l'époque, avaient gardé la chambre débattent avec ceux qui jouaient alors au cerceau, les pères causent de la chose à livre ouvert avec leurs enfants. Laisse passer, me disais-je, c'est le syndrome de progéniture. Cool, zen, exomymyl ! Après tout, cette cavalcade de souvenirs et d'images n'était que la rançon de la gloire, même pesante. Nous avions déjà connu une sérieuse alerte voici dix ans, et le pire est à craindre pour le cinquantenaire. En attendant l'enterrement du dernier poilu des barricades dont l'éloge funèbre sera prononcé par Djamel Debbouz dans la cour de la Sorbonne. Le cuir tanné au ramdam médiatique, j'encaissais sans broncher le récit dramatique du traumatisme (pas le crânien) des CRS traités de SS. Le Copé jacassait face à Dany, qui jacassait avec July. L'ex-maire de Neuilly dont le casier marital chargé lui eut en ces temps-là interdit les portes du palais, dénonçait mai 1968 et jouissait sans entraves de la libération des mœurs qu'icelui entraîna. Je me taisais, méditant Napoléon : « Dans la révolution, il y a deux sortes de gens : ceux qui la font et ceux qui en profitent. »

Et l'inévitable se produisit : le Thé Mai 68 Fauchon, « un thé au parfum de révolution » dans un coffret métallique aux airs de pavé. Le communiqué précisait : « La boîte collector reprend les slogans de l'époque tels que "L'imagination au pouvoir", "Coup pour coup", "La poésie est dans la rue" et "Il est interdit d'interdire". Prix public conseillé 15 € les 100 grammes. »

Je suis un enfant de Mai 1968. Pur jus, cousu main, élevé au marxisme tendance Groucho. Si je vous racontais comme c'était bien, vous ne me croiriez pas. Alors le thé de Fauchon au parfum de révolution, ça énerve énormément. Et là, piqûre de rappel. Cool, zen, exomymyl, ne commence pas à délirer sur la veulerie de cette société de consommation, l'abjecte récupération des idées pour la thune, la laideur absolue de ce luxe ostentatoire. Pourquoi pas la lutte

des classes, tant que t'y es? C'est du passé, aujourd'hui il n'y a plus que des riches et des pauvres, et en travaillant plus le pauvre peut acheter 100 g de thé révolutionnaire comme les riches. Tu saisis la nuance camarade?
Je me suis souvenu du 8 mai 1970 lorsqu'un commando mao (dont certains courent toujours) avait mené un raid de «récupération prolétarienne» chez Fauchon – «temple du luxe bourgeois» – et redistribué le butin dans les bidonvilles de Nanterre. Selon des témoins directs, la présence de viande de porc dans la charcuterie avait provoqué quelques réticences parmi les heureux bénéficiaires, peu familiers par ailleurs de la consommation du foie gras. Contradictions secondaires, ont expliqué les camarades. L'histoire retiendra qu'ils avaient lavé par avance l'insulte du Thé Mai 68 de Fauchon. Un thé de faux jeton. (*8 décembre 2007*)

L'art des pluches

Ramener les légumes du jardin directement à la cuisine, sentir la laitue encore humide de la rosée du matin, arracher la jeune carotte aux fanes vigoureuses et avoir les mains pleines de glaise, citadins, ces plaisirs vous sont définitivement interdits. Vous avez préféré le métro à la terre, mais vous disposez d'un excellent divan pour votre transfert amoureux des champs à la ville : le marché. La cueillette s'y effectue également en espèces, sans se salir les ongles cette fois et avec le sourire de la marchande en prime. Le lieu idéal pour sublimer ses désirs potagers.

S'il est aisé de remplir son cabas de légumes de première fraîcheur, ceux-ci ne sont pas prêts pour autant à passer à la casserole et il convient de les mettre en tenue de cuisine. L'artisan de ce costume travaille avec son couteau favori, selon des rites propres à chaque modèle. Une scarole ne se déshabille pas comme un potiron et la sape du radis est fondamentalement différente de celle du poireau. Le vocabulaire des pluches n'a d'ailleurs rien à envier à celui de la couture. Peler et éplucher, monder ou émonder, parer, dérober, tailler, ébarber, tourner, épépiner, creuser, émincer, gratter, équeuter, effiler, écosser, autant de verbes qualifiant ce qu'il faut bien appeler, l'art des pluches.
Je lui trouve des vertus apaisantes dignes d'une séance de relaxation. Une sorte de yoga végétal et urbain, offrant un voyage virtuel vers cette terre nourricière d'outre-périphérique. Qu'il trouve un peu de glaise, ou mieux encore, un limaçon égaré dans la frisée et le voilà exultant, criant à la cantonade : mes légumes sont sales, ils poussent dans la terre. Profitez-en, le maraîchage de plein champ se réduit inexorablement au profit du hors-sol.
Seul, face à la montagne d'épinards réduite à quelques cuillerées après cuisson, l'éplucheur comprend mieux la vanité de l'abondance. Le pourcentage de perte sur la matière première reste d'ailleurs la hantise de l'économat pour qui la richesse d'un foyer se mesure à l'épaisseur des épluchures de pommes de terre. Parlons-en de celle-ci, mère de la corvée de patates, instrument de torture favori du caporal-chef. C'est un des rares légumes qui pousse l'homme à la cruauté, le forçant à enlever les « yeux » d'un méchant coup de lame. Loin de la douceur avec laquelle

le joli navet primeur se laisse dérober la peau en un long ruban que seule la maladresse peut rompre.
Ils ne l'avoueront jamais, les fruits et légumes aiment se faire dépouiller. Le sourire d'une cosse de petits pois lorsque sous l'ongle habile elle révèle ses graines. La fierté des asperges, alignées luisantes, pointes dressées et rasées de près, libres de la botte pour passer à la vapeur. L'élégance de l'orange pelée à vif, offrant ses segments à la rosace d'agrumes et l'ineffable allure de l'endive face au couteau parce qu'elle sait qu'elle le mérite bien.
D'aucuns diront que la fraternité n'est pas toujours de mise entre l'homme et l'oignon ou l'échalote. Que le poivron renâcle à livrer ses derniers pépins, qu'il en coûte aux mains de s'attaquer aux salsifis et que le potimarron n'abandonne pas sa chair facilement. Pensez aux tourments et aux transports qu'ils ont dû subir avant de geindre. Ils ont un bon fond à tel point que certains mettent un point d'honneur à vous régaler de leurs pluches. Soupe aux fanes de radis, de navets ou aux cosses de petits pois, zestes de citrons confits, pépins de pastèque grillés et même beignets aux barbes de poireaux. Sortis de la terre, lavés et taillés au goût de chacun, ils n'ont de cesse d'y retourner. On jetait jadis leurs épluchures sur le tas de fumier qui, un jour, irait se répandre dans les champs. Science et conscience ont aujourd'hui convaincu l'homme des bienfaits du compost. Le stade ultime de l'art des pluches. (*20 mai 2005*)

Un amour de Cocotte

C'était le printemps sur le marché Maubert, mais la mère Machin avait gardé son fichu sur les épaules. « Le matin ça reste encore frais. » Elle achevait de peser des petits pois. À sa façon. Avec un poids dans chaque main.
« 25 F (elle n'a jamais appris l'euro) pour toi ma belle. T'as une cocotte au moins pour les faire ?
– Enfin, madame Machin, bien sûr que j'ai une Cocotte-Minute. »
Et la belle tourna les talons. Offusquée et cul pincé.
La mère Machin resta un moment silencieuse, suivant du regard la silhouette « bain moussant » qui se perdait parmi les chalands, puis elle laissa tomber, visiblement affectée : « Elle va me les faire sous pression, mes petits pois. » Si je me laissais aller, je vous dirais qu'elle en avait les larmes aux yeux.
L'autocuiseur en inox de la créature face à la cocotte en fonte de la mère Machin. SEB contre Le Creuset. Le poids des métaux, le choc des cultures. Les deux engins s'affrontent dans les rayons avec un très net avantage pour la siffleuse, celle qui cuit au sprint et siffle à l'arrivée. La mijoteuse, celle qui prend son temps, arrive loin derrière, mais les connaisseurs la préfèrent.
La Cocotte-Minute cuit sous scellés et sous pression, dans le secret le plus absolu jusqu'à la fin du temps réglementaire. Aucun contact avec l'extérieur. Pas question de surveiller, de regarder sous le couvercle, de goûter ou de rectifier. Par principe, les communications sont coupées. Tu visses, je cuis. Je lâche la vapeur, tu dévisses. Tu manges et je remballe. La conversation reste limitée avec cette machine

à soupape, rutilante comme un piston dont le principal mérite est de soulager la ménagère de moins de 50 ans à l'emploi du temps surchargé.
La cocotte en fonte – nominée au concours des objets à emporter sur une île déserte – appartient à un monde où l'on cuit sans souffler au cul de la marmite. Et quand on passe du temps ensemble, on apprend à se connaître. Forcément. Ronde ou ovale, orange ou noire, émaillée ou brute, elle pèse son poids. En plus elle cause, réclamant sa dose de beurre ou d'huile d'olive, exigeant le feu à sa convenance, n'hésitant pas à protester en cas de défaillance. La fumée monte, le fond noircit, le tendron attache, la cocotte pique sa colère. Vous n'avez pas su la prendre.
Elle aime démarrer à feu vif, pour se mettre à température, chauffer l'huile ou la graisse de canard pour saisir la viande, martyriser le quasi, sauter la ratte et le grelot. Alors la cocotte rissole de plaisir, crépite de partout. Elle crie son désir de rôtir. Il est temps de poser le couvercle en prenant soin de laisser une ouverture de quelques centimètres. La clameur s'assourdira, l'écho se fera de plus en plus lointain à mesure que le feu baisse. Elle chante.
Les morceaux sont dorés à point, les réserver sur une assiette et jeter à la place les oignons en quartiers. La cocotte aime bien avoir un fond d'oignons revenus dans l'huile de cuisson. Ça « bronze » la fonte pour la phase suivante. Les oignons blondis débarrassés avec la viande, toute la matière grasse éliminée, voici la cocotte vide, seule avec ses sucs, prête pour le déglaçage.
C'est un geste de cuisine magique. En versant un liquide froid dans la cocotte on provoque une ébullition soudaine

qui dissout les sucs attachés au fond. Avec du vin blanc, du bouillon, du fond blanc ou simplement de l'eau, le résultat est le même : en quelques secondes un jus est né. La cocotte est son berceau.
Commence alors le temps du mijotage lorsque tous les ingrédients ont regagné la fonte, chacun ayant trouvé sa place entre l'os, le bouquet garni et les oignons. Mouillés à hauteur, le sauté ou le navarin, la blanquette ou le coq au vin peuvent entrer à feu doux dans l'âge adulte : celui des réductions lentes, des arômes fondus et des chairs attendries. La cocotte ronronne, fait la chatte au coin du radiateur.
Il faut toujours « garder un œil sur la cocotte ». Ne jamais hésiter à lui soulever le couvercle pour vérifier la qualité de la cuisson, retourner régulièrement les morceaux, tremper un quignon de pain et rectifier si besoin. Le jus est un gosse de la rue, prêt à toutes les incartades. On le quitte mijotant, sage comme une image, et on le récupère une demi-heure plus tard, réduit à quelques centilitres, proche du caramel. Vite un verre d'eau, de vin blanc, de bouillon pour éviter que « ça n'attache ». Un second déglaçage d'urgence qui aura le mérite de corser le jus.
La pintade braisée ou la potée rendues à juste cuisson, la cocotte n'a pas terminé son service pour autant. Elle sait accueillir les restes, l'espace d'une nuit, refroidissant lentement pour réchauffer avec la même sagesse le lendemain. Certains plats appellent une première cuisson la veille du repas où ils seront servis « réchauffés ». Les avis sont partagés sur les bienfaits de cette coutume, mais le lever d'une choucroute après une nuit de cocotte est toujours un grand moment d'émotion. Les soupirs du chou réveillé par les pieds,

les effluves de poitrine fumée, les premières vapeurs échappées du couvercle sont autant de moments privilégiés dans la vie de l'amateur de cocotte.
Sa convivialité n'est plus à démontrer. Les meilleurs chefs n'hésitent plus à la servir sur table : « légumes en cocotte, en beaux morceaux, cuisinés au lard paysan, jus de rôti » chez Alain Ducasse, l'inénarrable « poulet de Janzé au foin » dans sa cocotte lutée chez Alain Passard, les tendrons et autres jarrets de veau présentés en petite cocotte individuelle chez William Ledeuil, jadis aux *Bookinistes,* etc.
Sans devenir un objet de parade, la cocotte en fonte a gagné un certain statut social : on ose l'offrir en cadeau d'anniversaire. C'est un message de fidélité, de celle qui fait revenir à une table où l'on sait retrouver sa cocotte. Et plus, si affinités.
Il existe dans Paris un gisement de cocottes. Chez Dehillerin, magasin emblématique du matériel de cuisine situé en bordure des anciennes Halles depuis 1820. Le rez-de-chaussée accueille la cavalcade cosmopolite des cuisiniers du dimanche à la recherche de l'outil à creuser des boules dans le melon. Le personnel en blouse réglementaire y traite l'Anglo-Saxon de passage comme il convient : en VO et en dollars.
Les cocottes sont au sous-sol, en bas de l'escalier de bois, face à l'entrée. La maison vous laisse seul avec elles, alignées sur les étagères, par couleurs, diamètres et marques de fabrique. Un annuaire des prix est accroché sous plastique au montant de l'escalier. À vous de décider : la « Cousances doufeu ovale cerise » ou la « ronde Le Creuset », celle à couvercle plat ou celle à couvercle creux pouvant contenir de l'eau pour rafraîchir la cuisson. Le choix n'est pas immense. Il n'a nul besoin de l'être. En l'état actuel de la science,

la cocotte en fonte semble être arrivée à son point optimal. Éprouvée par de multiples générations et d'innombrables recettes, elle a su faire avec tous les feux au cours des âges. Bois, charbon, gaz, plaque électrique, halogène ou induction, la cocotte en fonte prend tout. Elle a toujours eu un bon fond. D'où cette question de fond qui agite les cuisines depuis des siècles : faut-il laver le cul des cocottes ?
Chez moi, on disait toujours qu'il suffisait de regarder le cul des cocottes pour savoir chez qui on était. Une cocotte « on l'a pour la vie » et il faut « l'entretenir », parole de ménagère ! L'hédoniste, plus laxiste sur le Scotch-Brite, a tendance à considérer les traces laissées au cul de la cocotte comme autant de marques de complicité, de preuves de mijotages réussis et de potées historiques. Pour lui, la cocotte est propre dedans et culottée dehors.
Afin d'éviter toute polémique, il est conseillé d'utiliser des cocottes grises en fonte brute plutôt que celles, plus modernes, en fonte émaillée orange qui trahissent l'âge de la coupable sans rémission.
Vous comprendrez que la fréquentation assidue d'une telle cocotte suscite des sentiments. La mienne s'appelle Louise, et je l'aime. (*18-19 juillet 2004*)

La bécasse de 8 h 47 min

En France, si l'on veut manger de la bécasse – le meilleur des gibiers à plumes à mon goût – il n'y a que deux solutions : la chasser soi-même ou avoir un ami chasseur au grand cœur qui vous en offrira une pièce. Le décret du

25 novembre 1977 interdit en effet « le colportage, la mise en vente, la vente ou l'achat qu'ils soient vivants ou morts, des spécimens – bécasse des bois (*Scolopox rusticala*) » et la bécasse ne figure pas dans la liste des oiseaux pouvant faire l'objet d'un commerce dans l'arrêté ministériel du 20 décembre 1983. Autrement dit, tout restaurateur qui la mettrait à sa carte s'expose à de graves ennuis, et déguster un oiseau au long bec dans la capitale relève de l'exploit. Non pas que l'espèce soit en voie d'extinction – dans le Sud-Ouest on la tire à volonté et la Bretagne en regorge – mais plutôt parce que la succulence de sa chair pourrait engendrer un engouement néfaste au cheptel.

C'est donc dans le plus grand secret que j'ai pris contact avec la filière bécasse : l'ami d'un ami ayant un copain dans le Sud, qui peut-être pourrait en faire « monter » une à Paris via un passeur sûr. Après quinze jours de suspens, l'oiseau finalement arriva, plumé mais pas vidé. Selon les amateurs, l'intérieur de la bestiole est le plus intéressant à tel point que jadis on aimait la laisser faisander « suspendue par les pattes dans un endroit frais et sec afin que la poche contenant les viscères repose sur le diaphragme et, n'étant pas pressée par leur poids, ne risque pas de se rompre » (in *L'Art de parler la bouche pleine*, Jean-Marie Amat, Jean-Didier Vincent, éd. La Presqu'île, 1996).

Le chef auquel j'ai demandé de me donner une leçon de bécasse n'appartient plus à cette école et m'a fait promettre de taire son nom. « Viens à 8 heures du matin, avant le service, on sera plus tranquille ! » Il a commencé par enlever les deux yeux, le gésier et je ne sais plus quoi par le cou. « C'est ce qui donne parfois un goût de poisson. » Pas besoin de

la brider, il suffit de planter son long bec dans le croupion pour coincer les deux cuisses. Une fine barde de jambon et direct à la sauteuse pour dorer les trois faces avec quelques gousses d'ail et un brin de thym frais, puis le tout est enfourné 12 à 15 minutes (selon la grosseur) à 200°C. Jusque-là c'est comme pour le pigeon.
Avant de reposer au sortir du four, la bécasse est vidée à la cuillère de ses abats, soigneusement recueillis et remis dans la sauteuse avec le jambon et les échalotes hachées menu, une bonne rondelle de foie gras et une giclée d'armagnac. Le temps de lier cette mixture sur le feu, de faire griller deux tranches de pain de campagne et tout est prêt pour la rôtie : une tartine de plaisir, au goût de gibier et aux relents de sous-bois. Un demi-oiseau sur chaque rôtie et un verre de saint-julien à la santé de Courteline. Il était exactement 8 h 47 min La bécasse se lève tôt ! (*26 avril 2008*)

Délices de fougères

Le 1er Mai, les Français vont dans les bois cueillir le muguet. Les Japonais préfèrent aller y chercher les crosses de fougères qui sont pour eux un délice printanier. On ne les trouve qu'entre la fin avril et la mi-mai lorsque, le bourgeon à peine éclos, l'embryon de feuille encore enroulé sur lui-même entame sa croissance, seul en haut d'une tige droite d'une quinzaine de centimètres aisément repérable. On les appelle crosse d'évêque ou tête de violon.
Hara Hidetoshi qui vit à Paris depuis 1965 connaît les espaces verts d'Île-de-France mieux que la plupart des indigènes.

Peu de Parisiens savent en effet trouver du wasabi, du gobo (bardane) ou du mitsuba (céleri sauvage) au bois de Boulogne. Il m'a emmené en forêt d'Ermenonville chercher des fougères. Nul besoin de s'enfoncer profondément dans les bois, elles sont abondantes en lisière, jaillissant comme des baguettes de la litière de feuillages séchés. Deux variétés étaient disponibles : *Osmunda japonica* à la crosse parfaite et *Pteridium aquilinum* qui présente deux petits bras verts de part et d'autre du bourgeon central. Les deux sont comestibles mais périlleuses.

Mon guide japonais a insisté à plusieurs reprises : il ne faut absolument pas manger les crosses de fougères crues. Elles contiennent une toxine naturelle non identifiée qui peut provoquer des intoxications. Pour l'éliminer, il les saupoudre de cendre de bois, les recouvre d'eau bouillante et les laisse tremper minimum une heure mais de préférence toute une nuit. Abondamment lavées, elles devront cuire 12 à 15 minutes quelle que soit la recette. Hara m'en a préparé trois.

Le premier plat, *zenmai no agemaki*, est un rouleau de tofu frit fourré aux crosses de fougères (*Osmunda japonica*). Le rectangle de tofu est déplié en deux, saupoudré d'un peu de fécule et roulé autour d'un boudin de verdure de sous-bois soigneusement égoutté. Deux cure-dents tiennent l'ensemble qui va cuire un quart d'heure dans un fond de dashi (bouillon d'algue kombu, shiitake et bonite séchée), de sauce soja avec un peu de mirin (saké sucré). Très intéressant avec l'amertume rappelant le goût de l'asperge sauvage.

Le second, *tchawan mushi*, est un flan salé renversé. Dans un petit bol asiatique tapissé de papier film, Hara dispose quelques crosses et recouvre d'un appareil constitué d'un volume d'œuf battu en omelette pour deux volumes de dashi. Il est mis à la vapeur jusqu'à coagulation totale. Démoulé sur une soucoupe, c'est d'une extraordinaire légèreté, et j'aurais bien vu des pointes d'asperges vertes en lieu et place de la fougère.

Le dernier, *warabi itamé*, est un sauté de *Pteridium aquilinum* à la saucisse de Francfort coupée en rondelles, bouillies et mises à la cocotte avec le légume, de l'ail râpé, dashi et sauce soja. Surprise, le goût des haricots verts mijotés au fond blanc avec des lardons qui auraient ici opportunément remplacé la Francfort ! La saison finie, il faudra attendre un an pour goûter à ces délices. Merci, M. Hara Hidetoshi. (*17 mai 2008*)

Un plat de haute précision

« Le hareng pommes à l'huile, faut pas confondre avec le maquereau au vin blanc. C'est pas pareil. » Seule une fréquentation assidue des comptoirs où l'on pense permet de recueillir de telles vérités, empreintes de sagesse bistrotière (1/3 de Ricard, 2/3 d'eau). Le hareng n'est pas sujet de conversation aux tables de bridge. Il est plein d'arêtes, sent fort, ne vaut pas grand-chose et se vautre dans le gras avec des patates. Un plat de basse extraction, tiré de la mer et sorti de la terre à la force des bras. Il a les ongles sales, les mains crevassées et l'haleine forte. C'est un régal.

Pilier de brasserie notoire, capable des pires dépravations au hasard de la moleskine, le hareng pommes à l'huile doit être

mené d'une main ferme et aguerrie. Maîtrise des températures et de la découpe, pratique du salage et du fumage, choix des accessoires, c'est un exercice de haute précision. Les filets se trouvent facilement chez le poissonnier. De couleur brune, roulés en ballotins dans un papier transparent au format d'une andouillette. Je m'en satisfaisais jusqu'à la rencontre des harengs doux des établissements J.C. David à Boulogne-sur-Mer. Quatre filets sous vide (200 g) épais, moelleux, délicatement salés, à peine fumés, rien que du hareng et du sel sans additifs. La maison fabrique à l'ancienne dans des fours chauffés au bois de chêne. Jamais je n'en avais goûté de meilleurs, au point d'hésiter à les mettre à la marinade.
Certains sont hostiles à l'huile d'arachide préférant celle de tournesol, d'autres préconisent moitié olive-moitié arachide, toujours avec oignon, carottes, herbes et condiments. Les carottes se taillent en très fines lamelles, comme des chips. L'oignon se coupe en rondelles épaisses de 2 mm, parallèlement à l'équateur. D'un simple coup de pouce, elles se sépareront en cercles concentriques qui tapisseront le fond de la terrine avec les carottes. Une couche de filets de hareng, puis une autre de carottes-oignons et ainsi de suite jusqu'à épuisement des munitions. Feuilles de laurier, brindilles de thym, grains de poivre et de coriandre et on couvre à hauteur avec l'huile choisie. Réserver minimum 24 heures au frais à couvert, en oubliant le réfrigérateur où l'huile fige…
Place aux pommes de terre, cuites à l'anglaise avec leur peau. J'ai un faible pour la roseval à robe rouge mais la charlotte ou la ratte vont bien aussi. Seule partie physique de la recette : éplucher des patates chaudes. Les délicats s'y

essaient à la pointe de la fourchette, les plus endurants du bout des doigts. Il faut les trancher large (4-5 mm) pour éviter qu'elles ne s'effritent. Une goutte de sauvignon pour donner un peu d'acidité puis napper généreusement avec l'huile de la marinade. En plus des rondelles d'oignon et de carotte, j'ajoute quelques pluches de cerfeuil. Saler, poivrer et mélanger en douceur avant de poser les filets sur ces pommes à l'huile qui doivent être tièdes et de bonne tenue alors que le hareng s'alanguit à température ambiante. Il choisira une blonde (bière) comme témoin. (*17 janvier 2009*)

La Cagouille

La cuisson d'un poisson en « croûte de sel » est un classique qui fait toujours son petit effet lorsqu'on brise celle-ci devant les convives. L'effet produit sur le bar ou la dorade est plus discutable. Le gros sel, naturellement « avide d'eau », va « pomper » celle du poisson à mesure que la température du four s'élève et, au final, sa chair risque de se trouver desséchée. Gérard Allemandou l'a compris, aussi préfère-t-il fabriquer une « pâte de sel », mélange de sel gros et fin, de farine, d'eau et de blancs d'œufs, parfumée au thym-laurier-romarin, dans laquelle il emballe hermétiquement le poisson choisi avant de l'enfourner. C'est un des nombreux trucs que ce cuisinier autodidacte, fondateur de *La Cagouille*, révèle dans un livre formidable qu'il convient de mettre entre toutes les mains.
Ne l'appelez jamais « chef ». Le mot est insupportable pour cet homme qui a fêté ses 20 ans en 1968. « Nous n'avions

pas que des bonnes idées, mais au moins nous en avions», rappelle-t-il en introduction. L'ancien élève de Sup de Co n'avait pas celle d'ouvrir un restaurant, mais lassé par «trop de travail vécu sans passion, trop de mots sans engagement, trop de certitudes sans rêves ni chimères», il a pourtant quitté la com' pour se mettre aux fourneaux, animé par «cette furieuse envie de voir ailleurs ce qui se passe». Et que se passait-il alors dans les cuisines? On y cuisait trop le poisson devenu l'unique objet de sa passion. Chacun a en effet connu ces Saint-Jacques si longtemps gratinées dans leur coquille, ces colins pochés des heures au court-bouillon, ces filets de sole raidis à la poêle sous un feu d'enfer. C'était au temps où la marée prenait l'omnibus pour gagner l'intérieur des terres et où les sauces avaient pour principale fonction d'effacer le poids du temps sur les produits de la pêche. Inspiré par les frères Minchelli (ex-restaurant *Le Duc*), il y met brutalement fin à *La Cagouille* en rétrécissant les cuissons, en oubliant le fumet et en servant le plus frais de chez frais. Son raisonnement est simple: le poisson étant principalement constitué d'eau, plus on le chauffe, plus il en perd et plus il en perd, plus il durcit. Élémentaire mon cher commis! Voilà pourquoi il faut bannir la flamme violente et traiter ces chairs lentement entre 65 et 90 °C «pour donner au produit le goût qu'il doit avoir quand il est cuit». Car tous les poissons ont leur goût et, à la manière d'un peintre naïf, Gérard Allemandou aime revenir aux couleurs primaires. Nous en avons fait l'expérience commune avec trois poissons blancs cuits à l'identique, vierges de tout assaisonnement et anonymes dans l'assiette. J'ai bien sûr pris le mulet pour du bar et je n'avais pas la moindre idée du troisième: le maigre. Cet animal ne fraie que dans la Gironde, la baie du Lévrier ou le delta du Nil et, au moment des amours, il faut écouter l'eau, car le maigre se reproduit en chantant... Un tel caractère mériterait plus d'attention de la part des poissonniers comme des cuisiniers. Celui-ci était exquis, même brut de décoffrage comme il nous fut servi. J'ai fréquenté bien des bars indignes de ce maigre. Dans son livre, le patron de *La Cagouille* en présente une recette avec des olives de Lucques, fort aisée à réaliser comme toutes les autres. Elles sont accompagnées d'un portrait de l'animal et d'aquarelles de Serge Benbouche qui donnent à cet ouvrage la fraîcheur d'un vivier. Comme Alain Chapel pour qui la cuisine était plus que des recettes, Gérard Allemandou livre au fil des pages une certaine idée du poisson et de sa cuisine, sans esbroufe ni tralala gastro, plus soucieuse de l'être que du paraître et à la portée du commun des gâte-sauces que nous sommes. En prime, on y apprend pourquoi le merlan est aussi un coiffeur ! (*27 novembre 2004*)

SOS tripiers

Les abats sont une affaire perso. Ainsi, jamais je ne me serais fait attraper par la patrouille à Varennes-en-Argonne comme Louis XVI. Outre mes convictions républicaines, je déteste le pied de cochon – fût-il à la Sainte-Ménehould comme celui qui retarda le roi. Le croquant gélatineux qui caractérise ces parties de l'animal m'est insupportable au palais alors que nombre de mes amis en sont friands. Même problème avec la tête de veau dont le « cuir » me fait fuir au point que j'ai dû inviter un amateur confirmé pour tester celle du *Pré Cadet* (Paris 9e), voisin des *Folies-Bergère*. «Chez les unes on lève la jambe, chez l'autre on mange les glandes», si l'on en croit un élégant du quartier. Pour mon ami, la tête fut excellente et volumineuse à souhait. Il en oublia de dîner. J'aurais pu goûter la langue ou la cervelle qui ne me déplaisent point, j'ai préféré le rognon à la moutarde, cuit entier et émincé pour le service. Impeccable, à la goutte. Ris et foie du même bovin étaient également à la carte, en provenance d'un des derniers maîtres tripiers de Paris, Maurice Vadorin (Paris 15e), fournisseur de tables réputées. Voilà un métier qui devrait être prochainement inscrit au patrimoine de l'humanité et qui, aux alentours des années 2050-2060, se visitera comme l'antique, survivant grâce aux quelques deniers alloués à l'entretien des lieux de mémoire...

Le pronostic est pessimiste pour la profession en charge des entrailles animalières. Ils se sentent seuls, abandonnés par un public pris de panique à la moindre alerte sanitaire au *JT* de 20 heures. Face à la tripe, le mangeur moderne est devenu couard. Imagine-t-on chez nous le traditionnel *asbé sawda nayyé* servi au Liban en guise de petit-déjeuner ? Le foie cru d'un agneau de «première qualité» tout juste égorgé, découpé en petits cubes alors que le soleil se lève sur le Chouf. Avec de l'ail pilé, des oignons frais, coriandre, menthe et un peu de gras prélevé sur la queue de la bête, le plus goûteux. Moelle de mouton, rognons frits, amourettes, autant de gâteries levantines inconnues sous nos latitudes.

On distingue les abats blancs qui ont été échaudés ou blanchis (tête, pieds) des abats rouges (langue, foie, rognon, cervelle, ris) vendus crus sans aucune préparation. La fraîcheur et la provenance doivent être impeccables. Un rognon ou un foie doit être brillant sur l'étal, et il est recommandé de les cuisiner sitôt achetés. Sautées, braisées, au court-bouillon, ces chairs se distinguent plus par leur texture que par leur goût. Elles ont besoin d'un Monsieur Loyal pour être appréciées. Ainsi, le rognon ne recule pas devant la moutarde et s'enflamme volontiers pour le madère. Gribiche et ravigote sont les éternelles duègnes de la tête de veau ou de la langue. Câpres, cornichons, échalotes, fines herbes, épices sont réquisitionnés. Le foie de veau poêlé ne déteste pas se faire déglacer les sucs au vinaigre (pas forcément balsamique) et le pied de porc ou d'agneau, coupé tout petit, peut faire toute une salade avec des langoustines ou du calamar. À chacun de trouver son abat favori pour l'honorer régulièrement et participer au maintien de la valeureuse corporation des tripiers. (*22 avril 2006*)

Dîner au Bois

C'est un luxe réservé aux fidèles de Paris au mois d'août : aller au Pré pour dîner au Bois. Pas pour un pique-nique sur l'herbe avec sauciflard et rosé dans des verres plastique. Non. Le Pré est *Catelan*, 3 macarons Michelin, et le bois de Boulogne, de renommée internationale. Un restaurant centenaire dont les murs portent témoignage : salle à manger Belle Époque, plafonds signés Caran d'Ache, cheminée en marbre à l'intérieur. Dehors, ce ne sont que parterres fleuris, bosquets et verdures autour d'une des plus agréables terrasses de la capitale. Ce soir-là, soumis aux caprices de la météo aoûtienne, le directeur de salle Jean-Jacques Chauveau avait pris la lourde décision de boucler cette terrasse, ridiculisant mes prévisions météo aux yeux de mes invitées. La cuisine de Frédéric Anton se dégustait « indoor ». Ce chef est le résultat d'un remarquable croisement entre un produit des Vosges et un du Poitou. Natif de l'Est, il voulait être ébéniste et devint cuisinier en seconde option. L'important pour lui était de travailler la matière brute, de la transformer avec les mains. Après le CAP, il a couru les brigades jusqu'à sa rencontre avec « Poitevin la Fidélité », le compagnon Joël Robuchon dont il sera sept ans le second chez *Jamin* à l'avenue Raymond-Poincaré. À ses côtés Frédéric a appris la simplicité, l'efficacité, la perfection, le travail, l'ordre et la discipline. L'aboutissement logique d'un tel parcours s'écrit en trois lettres : MOF, Meilleur Ouvrier de France (2000). Il en a rêvé ado, il l'annonce pleine page en ouverture de sa carte d'adulte.

La cuisine dite de MOF est souvent l'objet de galéjades, raillée pour son train de sénateur et ses volailles demi-deuil servies à des poules de palace. Le MOF est à la table française ce que la garde suisse est au Vatican : le gardien du temple. Patrimoine et tradition. Recettes mijotées au feu de bois, dressées à l'équerre et servies en uniforme. Frédéric Anton appartient à cette école classique qui préfère le savoir-faire au faire savoir.

La langoustine croustillante ou l'étrille avec sa fine gelée de caviar sont des leçons de MOF. Un travail d'une extrême précision où l'improvisation est exclue. On ne peut s'empêcher d'évoquer la gelée de caviar qui accompagnait jadis la crème de chou-fleur chez Robuchon. À sa table de l'avenue Bugeaud, il nous avait récemment régalé de langoustines en pâte filo, ma foi fort proches de celles du *Pré Catelan*. Frédéric Anton serait-il un clone de Joël Robuchon ? J'entends déjà le chef au crâne rasé rugir derrière le passe et brandir ses trois os à moelle, fourrés, parfumés et mijotés comme preuve de son émancipation définitive de la tutelle robuchonienne. Il a raison, mais ce n'est pas une tare d'être comparé au remarquable technicien que fut Joël le poitevin. Turbot cuit au plat recouvert d'un « pesto de cresson », saint-pierre meunière aux amandes fraîches : tout est juste, simple et conjugué au plus-que-parfait. Il y manque seulement cette pointe d'émotion, ce goût du risque qui rend un plat inoubliable, telle cette betterave en fines lamelles parfumées à la muscade sur laquelle il fait fondre quelques copeaux de vieux comté. Elle a éclairé notre repas, comme le geste d'un MOF moderne. Forcément moderne. (*10 septembre 2005*)

La paella de Pepita

Dans la paella, le plus important c'est le feu. Pepita – paix à son âme – le répétait chaque année. Tout le monde sait que paella n'est pas le nom d'un plat mais celui du plat dans lequel elle cuit : une grande poêle épaisse et profonde avec deux poignées en vis-à-vis et dont le diamètre dépend du nombre de convives. Compter 60 cm pour une vingtaine de bouches, la recette n'étant pas taillée pour un dîner de couple aux chandelles. Pour chauffer uniformément une telle surface, Pepita savait bien que le feu de bois était la meilleure des façons. Allumé dès 11 heures du matin dans le jardin de Fontenay-sous-Bois, il fournissait un tas de braises suffisant et à la chaleur requise lorsque les hostilités démarraient sur le coup de midi. La paella valenciana de Pepita se mangeait dehors en été et à l'heure espagnole. Elle obéissait à des consignes strictes, la première étant qu'on mettait le riz à cuire seulement quand le dernier invité était arrivé, et la seconde, qu'il n'entrait ni moules, ni calamars, ni crevettes ou autres petits pois et poivrons dans cette préparation-là. C'était une affaire de viande, de haricots et de riz. Le poulet et le lapin coupés en gros morceaux passaient les premiers à la casserole dans ce qu'il fallait d'huile d'olive. Avec quelques bribes d'échine de porc. Pourquoi ? Parce que c'était comme ça. Les chairs ayant doré durant une petite demi-heure, venait le temps des haricots de trois variétés : les uns verts et plats taillés en biseau, les autres jaunes comme du beurre et les derniers en grains énormes, frais, secs ou en conserve selon les disponibilités. À Valence on les appelle respectivement *ferraùra*, *tavella* et *garròfon*. Pepita les faisait revenir quelques minutes avant d'ajouter deux tomates épluchées, épépinées et hachées menu. Le tout, bien mélangé, était couvert d'eau chaude et assaisonné pour réaliser le *caldo* (bouillon) : paprika, piment doux en poudre, safran et « Spigol », un redoutable colorant industriel qui apporte « le soleil de la Méditerranée ». À ce moment-là, généralement le feu faiblissait et il fallait ranimer la braise de toute urgence pour assurer un tranquille mijotage jusqu'à ce que le niveau d'eau descende à hauteur du « second rivet », celui qui fixe les poignées du plat. *Sic*.

Il était temps d'ajouter le riz en ayant soufflé dessus « pour enlever l'amidon ». Pourquoi ? Parce que c'était comme ça ! Du riz rond espagnol (Bayo) « *con gran capacidad de absorcion* », disposé en talus sur le diamètre puis répandu harmonieusement sur toute la surface : 10 minutes à feu vif, puis 10 minutes à feu doux. Sans oublier la branche de romarin et les langoustines – coquetterie de Pepita – posées entières et cuites à l'étouffée sous le torchon humide qui recouvrait la paella dans sa phase ultime. Jusqu'à l'absorption complète du *caldo* par le riz qui devait alors attacher légèrement au fond du plat. Une œuvre magistrale dont Pepita n'était jamais contente, pour mieux nous inviter à la paella de l'année suivante qui serait meilleure... (*4 juillet 2009*)

Le Baratin au Michelin

Événement considérable que l'entrée du *Baratin* au *Michelin* 2009. Dans l'immédiat, les loyers devraient connaître une hausse significative à proximité de la rue Jouye-Rouve (Paris 20e), siège de ce bistrot épatant que chacun rêve d'avoir en bas de chez lui. Enfin un motif sérieux pour emménager rue de Belleville. Pression de la demande sur l'offre, je ne vous explique pas... L'inscription du *Baratin* (avec une fourchette) à la dernière ligne du répertoire parisien du *Michelin* s'accompagne d'un commentaire d'une rare violence : « Une ardoise alléchante, des prix sages, un choix de beaux vins. On comprend le succès de ce petit bistrot de quartier d'où l'on sort ravi et avec une seule envie : y revenir. » Les familiers de la prose Bibendum

(« cuisine classique revisitée aux accents de terroirs dans un cadre moderne au ton pastel ») mesureront l'audace du propos. Non seulement « ravi », le *Michelin* n'a plus qu'une idée en tête : revenir dans ce petit bistrot de quartier. La ligne rouge est franchie. L'émotion, le plaisir, voire le parti pris ont fait irruption dans les pages du guide de référence où aucun trois étoiles n'a droit au « revenez-y ». Une révolution, vous dis-je !

D'autant plus que le *Baratin* représente à peu près le degré zéro de l'esthétique *Michelin* : façade quasi clando sans menu affiché, banquettes dépareillées, service poli à la tête du client, chat câlin et vue sur le rideau baissé d'en face, la SARL MatBat, bâtiments tous corps d'état (*sic*). Pourtant le directeur général Jean-Luc Naret en personne est venu dîner ici cet automne et nous savons de source sûre qu'en partant « ravi », il a déclaré au personnel : « Vous serez dans le prochain *Michelin.* » Preuve que le dossier *Baratin* a été traité au plus haut niveau, et bravo à Raquel la cuisinière et Philippe le caviste, car faire venir Jean-Luc Naret dans le XXe, c'était pas gagné d'avance !

Il est vrai qu'ils bénéficiaient de solides arguments tant dans le verre que dans l'assiette. Celles que propose Raquel sont parmi les plus vivantes de Paris, sans cesse en mouvement du déjeuner au dîner, sautant des artichauts violets à la betterave rouge, de la joue à la queue de bœuf ou du maquereau au turbot dans des effluves à nuls autres pareils. Elle a la « cuisine infuse », au sens de l'infusion, du fumet, du bouillon qui mouille nombre de ses préparations, fruit d'une alchimie perso mêlant à l'instinct herbes et épices. Comme dans ce ragoût de petites queues de lotte à la tomate où une pointe de piment mexicain vient rappeler ses origines sud-américaines. Liberté de ton, simplicité des apprêts et qualité des produits, tel est le brelan gagnant de Raquel que Philippe transforme en carré d'as d'un seul coup de tire-bouchon. Tous les as du vin naturel sont en cave ou au bar lorsqu'ils passent à Paris. Peu figurent à l'ardoise mais, sur les conseils du caviste, on trouve toujours bouteille à son pied, et même le *Michelin* a homologué la sagesse des tarifs (16 € à déjeuner) en lui accordant son Bib gourmand. En revanche, les places vont être chères… (*14 mars 2009*)

Questions de fonds

J'ai toujours été surpris en lisant la carte de *Chartier*, restaurant populaire du Faubourg-Montmartre, d'y trouver sanglier grand veneur, entrecôte bordelaise ou lapin chasseur à des prix défiant toute concurrence. Pour une poignée de monnaie, ces plats invitent le client dans l'univers réservé des sauces dont Curnonsky disait qu'elles sont « la parure et l'honneur de la cuisine française » et dont les recettes sont gravées dans le marbre. Comment font-ils pour les réaliser si bon marché ?
Pour le savoir, il suffit de descendre la rue Montmartre qui croise la rue Tiquetonne où se trouve un établissement au nom évocateur : G. Detou. Il y a effectivement de tout dans cette boutique : poudres, aromates, gélifiants, colorants, produits pâtissiers, bref tout l'artifice caché de la restauration dont les fonds de sauce, déshydratés ou concentrés. Fond blanc de volaille, fond brun clair, jus de canard, jus de

veau lié, jus de rôti de bœuf, jus de poulet rôti, la panoplie de base du gâte-sauce est disponible en étagère. Quarante grammes de poudre dans 1 litre d'eau bouillante ou toute la boîte dans 15 litres, après 3 minutes de cuisson et pour la modique somme de 11 €, voici votre bassine de fond blanc de volaille, « saveur renforcée ». Consultez le site « meilleurduchef.com » et vous trouverez tout. Sans la liste des ingrédients, hélas. La bête qui donne son nom à la mixture compte pour moins du tiers de la composition. Sirop de glucose, extraits de toutes sortes, matières grasses hydrogénées, lécithine de soja, E 310, E 320, E 150c, j'en passe, et des meilleures. Ces fonds dans lesquels excellent les grandes marques (Nestlé, Knorr, Liebig), constituent l'ordinaire des sauces servies en ville. Dans la restauration collective ils sont quasiment la règle. G. Detou n'est qu'un négociant de quartier, vestige des Halles d'antan, mais à Rungis le commerce de la sauce en poudre est florissant. On connaissait les farines animales à usage bovin, depuis des années les farines animales à usage humain prospèrent en silence dans nos assiettes. Résultat : les sauces ont un mauvais fond comme les « cuisiniers » qui les servent.
Ils invoqueront à juste titre des circonstances atténuantes en raison de l'arrêté du ministère de l'Agriculture du 26 juin 1974. Il interdit de congeler les fonds et oblige à jeter chaque soir la marmite de fond blanc qu'il faudra recommencer le lendemain. On conçoit le gâchis et la perte de temps pour les commis alors qu'un fond n'est qu'un bouillon aromatisé d'os, de carcasses ou de parures diverses qui se conserve sans problème, filtré et dégraissé, plusieurs jours au coin du feu. Les braves ignorent les textes mais la

plupart préfèrent le confort de la poudre, encouragés par une « hygiène » de mauvais goût. Vous n'êtes pas tenu d'y obéir à la maison et je vous encourage vivement à mettre au pot une queue de bœuf ou de veau avec os et garniture aromatique dans plusieurs litres d'eau. Ébullition, écumage, feu de velours, dégraissage, chinois, barquettes de 25-50 cl et congélo. Vous voilà paré pour le mois. Vos blanquettes mouillées, vos sautés déglacés et vos légumes mijotés avec ce bouillon-là prendront alors un autre goût. Celui d'avoir été cuisinés sur fonds propres. (*15 octobre 2005*)

Viva la ebullicion !

C'est la faute aux étalages ! À force de passer devant des montagnes de fraises dressées rue Montorgueil, j'ai fini par craquer. Limite trahison, car le dossier de la fraise espagnole vendue en hiver je le connais. Me Vergès lui-même hésiterait à le plaider ! Indéfendable ! Mais vous m'en mettrez un petit kilo. De la camarosa en provenance d'Huelva (Andalousie). Dès février, on la trouve un peu partout en vrac ou dans des minicagettes de 2 kg. Une sacrée cliente que cette fraise-là, née à l'université de Davis (Californie) et cultivée entre Séville et l'Atlantique. Elle se présente généralement énorme, en habit rouge à col blanc, avec le pédoncule frisé pour faire frais. J'en ai pesé jusqu'à 42 g l'unité. Des monstres précoces, taillés pour réussir dans la vie, résistants au transport et toujours propres en devanture. Pour comprendre la camarosa, il faut l'éplucher. Quand on lui coupe sa tête blanche qui a oublié de mûrir, le couteau

fait le même bruit que s'il entrait dans une granny-smith. Du solide, qui peut tomber sur le carrelage sans prendre un « cognon ».
À l'intérieur, la camarosa est rose et creuse. Plus elle est grosse du dehors, plus elle est vide du dedans. C'est la marque du génie californien : faire gros et creux à la fois. Cette fraise n'est rouge qu'en surface, arborant un crépi rubicond sur une chair filandreuse et rosâtre, fauchée en pleine jeunesse. Cela reste entre nous, mais la camarosa est poilue. Lorsqu'elle atterrit sur l'évier, mal rasée après un long parcours, on caresse une barbe de trois jours. C'est la grossièreté faite fraise.
N'empêche, elle est là, roulant des biscottos dans l'égouttoir, l'air de dire : tu ne m'aimes pas, mais maintenant tu m'as dans le bec. Crue, je la déconseille. Ce fruit n'a pas été conçu pour être mangé ainsi. Au contraire de la Tagada, minuscule objet chimique qui prend la bouche en un tour de langue, la camarosa est une obèse égarée au rayon fraises dont elle a oublié le goût au vestiaire. Même sucrée et citronnée, il lui faut des jours pour se détendre les muscles et pleurer un pâle sirop au fond du saladier. Que faire ?
Une seule solution. Celle que criaient les camarades espagnols face aux canons franquistes : « *Viva la ebullicion !* » Il faut cuire la camarosa. La compote est son destin et la marmelade son seul salut. À la casserole, sans aucune hésitation. Avec un demi-verre d'eau pour démarrer et du sucre en abondance sur chaque quartier. Dès la première *ebullicion*, à guetter attentivement, car la fraise aime s'évader sur la gazinière, on baisse la flamme. En un quart d'heure et trois coups d'écumoire pour la mousse, le tour est joué.

Quelques minutes avant la fin, j'ajoute un peu de cassonade pour apporter un supplément d'âme à ces fruits rouges qui en manquent tant. Un petit verre de liqueur de fraise versé sur la compote brûlante peut également améliorer sa « crédibilité » auprès des adultes. Pour les enfants, la madeleine est obligatoire et l'alliance entre la compote de fraises espagnoles et les madeleines maison est un éternel ticket gagnant le dimanche à l'heure du dessert. (*2 avril 2005*)

La croûte et la mie

Le sandwich est incontestablement sujet de la Couronne, bien né de surcroît, puisque de l'avis unanime des historiens, John Montagu (1718-1792), quatrième comte de Sandwich, Premier Lord de l'Amirauté et joueur invétéré en est l'inventeur. Pas de la recette, mais du nom donné à ces deux morceaux de pain de mie fourrés d'une tranche de viande. Ce jour de 1760, le comte de Sandwich jouait au club. Le comte avait faim mais il ne voulait pas quitter le tapis. Il lui fallait manger sur son « lieu de travail », vite et proprement pour ne pas graisser les cartes. Le personnel s'exécuta, lui servant cet « en-cas », homologué « sandwich » par l'*Oxford English Dictionnary* quelques années plus tard. On notera qu'il fut inspiré par le désir de ne pas perdre de temps afin de gagner de l'argent au jeu. Pour rester désagréable, précisons que le comte de Sandwich est décrit comme « notoirement corrompu » dans le *Dictionnaire bibliographique* de Chambers, un ouvrage de référence selon lequel « l'incompétence » du susnommé Lord de l'Amirauté « contribua à la défaite britannique lors de la guerre d'Indépendance américaine ». Autant d'indices qui auraient dû susciter méfiance et circonspection à l'égard de ce patronyme rendu comestible. Que nenni !

La mode s'en répandit dans la bonne société d'outre-Manche où le buffet de sandwichs au concombre fit fureur à l'heure du thé. *Absolutely delicious* ! Il traversa le Channel sans mollir (il l'est de naissance) pour régaler les demoiselles de Combray et plonger le jeune Proust dans la perplexité : « C'est qu'avec les sandwiches au chester et à la salade, nourriture ignorante et nouvelle, je n'avais rien à dire » alors que « les gâteaux étaient instruits, les tartes étaient bavardes ». (*À la recherche du temps perdu*, tome I.) Ah ! Marcel, que voilà des mots justes ! Quelle conversation attendre en effet d'un triangle de mie molle du cul et du goût ? Il cause au palais comme une pâtée pour nouveau-né ou vieillard édenté. Une denrée prémâchée nécessitant un minimum d'effort mandibulaire pour envoyer à fond de cale une certaine idée du pain. Sans croûte, sans quignon, sans alvéoles. Uniformément blanc ou brun. Toutes les garnitures et les *dressings* du monde n'y changeront rien, un sandwich c'est d'abord du pain, et celui-ci n'est que médiocrité industrielle, *toasted or not toasted*.

Notre sandwich, s'il porte le même nom, ne descend pas de la même souche. Il est fils du casse-croûte et de la tartine, taillé dans la miche croustillante, avec le saucisson, le pâté et le fromage comme compagnons de route. Aux champs ou sur le chantier, les travailleurs devaient se sustenter loin du foyer. Ils stoppaient leurs activités le temps d'une pause roborative alors que le comte, pris par le jeu, continuait la sienne, la bouche pleine. Les uns partageaient la gamelle et la chopine, l'autre poursuivait sa passion solitaire. N'étant pas du même sang, leurs sandwichs ne pouvaient être du même pain. C'est la version boulangère de la lutte des classes : la croûte populo face à la mie aristo.

Le succès de la baguette parisienne à partir des années 1950 a définitivement consacré le sandwich à la française. Celui qui croque sous la dent, le fameux jambon-beurrre-cornichons. J'ai calculé. En comptant l'unité à 25 cm, si je mettais bout à bout tous les exemplaires déjà avalés, j'aurais pratiquement descendu les Champs-Élysées. Actuellement, je me trouve à la hauteur de Ledoyen et je devrais atteindre la Concorde aux alentours de 2012-2015. Le mien, c'est le BBC : « baguette-bayonne (ou assimilé)-cornichons ». Sans beurre. Un choix fondé sur une pratique assidue et qui m'autorise à témoigner de la dégradation de la qualité des sandwichs à partir des années 1960-1970. Pourquoi sans beurre ? Parce qu'il y en a marre qu'il soit tartiné avec le même couteau qui a étalé la rillette ou le pâté précédent. Pourquoi du jambon de pays ? Parce que le jambon blanc n'est jamais bon. Mouillé, sans gras, tout juste sorti du plastique. À la médiocrité de la charcuterie ou du fromage s'est ajoutée celle du pain ramollo, à peine décongelé. Avec en prime l'amabilité légendaire du bistrotier à l'égard de celui qui occupe une table avec son jambon-beurre à 3,50 € accompagné d'un demi à 2 € alors que s'il avait pris le plat du jour et un pichet de vin du patron, il aurait triplé la note. Ces mauvaises manières ont fait le lit du fast-food, servi avec le sourire dans une ambiance « jeune » et d'un rapport quantité/prix imbattable. Si l'on oublie le succès d'estime remporté par le hot-dog, le hamburger constitue la première atteinte sérieuse à l'intégrité territoriale du sandwich tricolore. Perpétrée en langue anglaise, l'agression a bénéficié de graves complicités dans la population locale, émoustillée par le marketing made in USA. En 2008, il s'est consommé chaque jour en France une moyenne de 250 000 hamburgers contre 2,2 millions de jambon-beurre.

Au moment où le public commence à prendre conscience des effets de cette « néfaste food » yankee sur sa santé, un second envahisseur anglo-saxon débarque sur nos côtes : « the english sandwich ». Celui du comte, remis au look et au goût du jour mais avec le même objectif : ravitailler en plein vol sur le lieu de travail. Il est entré dans Paris via Marks & Spencer et s'y est répandu comme une traînée de poudre à l'heure du déjeuner. Triangulaire, vêtu de plastique et affublé de noms exotiques, il a travaillé sa mie depuis le XVIIIe siècle. Toujours molle, la voici complète, aux quatre céréales, aux flocons d'avoine, au blé malté, au levain, au sésame, au seigle… On se croirait à la halle aux grains ! L'intérieur est du même tonneau : jambon, speck, bacon, pastrami, poulet, dinde, thon, saumon, crevette, mozzarella, emmental, mimolette… On trouve tout dans le sandwich anglais qui a parfaitement intégré les contraintes de l'architecture contemporaine : vu le prix du m^2 au sol, on construit en hauteur, par empilement. En bouche, toujours cette mâche spongieuse dans laquelle l'observateur attentif identifie parfois les saveurs annoncées sur l'étiquette. Peu importe, le sandwich anglais n'est pas affaire de goût mais de comportement. Celui de ces clones en costume-cravate qui jaillissent à 12 h 42 des bureaux de la City ou de la Défense pour y retourner à 12 h 58 équipés d'un joli sac papier à deux anses avec un BLT (bacon-laitue-tomate) et sa boisson gazeuse à l'intérieur. Ils pourraient se l'accrocher aux oreilles et déguster ainsi leur picotin au pain de mie, à l'image de ces bêtes de somme croulant sous la tâche, victimes de la pire forme d'asservissement au travail : celle qui ne laisse pas le temps de manger. (*19 août 2006*)

Terrasses

La première terrasse de la capitale serait apparue boulevard du Temple en 1705 ou 1750. Les historiens se disputent sur la date et les Parisiens s'en disputent les places. L'attrait du grand public pour ces chaises et tables alignées en plein air m'a toujours laissé perplexe. Qu'on aime goûter les premiers rayons du soleil printanier en sirotant un verre dehors, quoi de plus normal. Qu'au soir d'une chaude journée estivale la famille dresse la table sous le marronnier devant la maison, voilà encore une bonne idée. Mais que du printemps à l'automne, les citadins se battent pour s'installer en terrasse et les tauliers pour annexer le moindre bout de trottoir, paraît beaucoup plus discutable. Quel bénéfice pour l'honnête homme à prendre un pot au milieu des pots d'échappement, à hurler pour se faire entendre de son voisin dans le vacarme urbain, à héler dix fois le garçon avant qu'il le remarque, à se coltiner le syndicat des mendiants des rues ou des vendeurs de fleurs parfumées au patchouli, à se faire faucher le portable par un ovni en roller ou à subir des musiques improbables ? Tout cela à des tarifs souvent prohibitifs, toujours supérieurs à ceux pratiqués à l'intérieur. L'augmentation du prix de l'expresso entre le comptoir et la terrasse est un classique des concours d'entrée dans les écoles de commerce : sachant que le petit noir part à 1,20 € et qu'il arrive à 3,80 € après avoir parcouru une distance de 13,50 m ; sachant que la foulée moyenne d'un serveur est de 68 cm, combien le café prend-il de valeur ajoutée à chaque pas ? Réponse : beaucoup trop.

Chacun le sait et pourtant même les plus radins s'y précipitent. Désir d'exposition, besoin de fumer, plaisir de mater les passants ? Il est vrai que l'étalage de produits carnés à différents stades de cuisson sur la place du Trocadéro ou de la Bastille un dimanche de juillet est riche d'enseignements sur la faune urbaine. Une occasion unique de faire le point sur les tendances en matière de débardeurs, tatouages ou lunettes de soleil. À l'inverse, le Ricard ou le pétard permettent à l'observateur attablé sur le trottoir d'envisager le trafic piétonnier sous un autre angle. Suivez le regard d'un mec au passage d'une créature et vous comprendrez. Bref, il y aurait quelques raisons « objectives » de boire un verre en terrasse… Y manger est une autre histoire.

Si le lieu n'est pas ombragé, un déjeuner sous le cagnard est un enfer soumis à l'axe soleil-parasol-seau à glace. Que l'un des trois sorte de l'alignement et c'est cata à table. Ne jamais écarter, notamment en bord de mer, l'éventualité d'une bourrasque subite, emportant la voilure et le casse-croûte avec. Se nourrir en « plein air » implique d'y côtoyer la faune locale : grosse mouche bourdonnant autour de la charcuterie, guêpe accro au melon-porto, moustiques s'invitant à ce charmant dîner en tête-à-tête. Je jure sur l'honneur avoir assisté au raid victorieux d'une corneille mahousse sur un club-sandwich en bordure de piscine à New Delhi. Dehors on mange souvent tiède, le frais se réchauffant durant le transport alors que le chaud refroidit, et maintenir le vin à température aimable relève de l'exploit. Ce ne sont que quelques-uns des déboires de la vie en terrasse et je sais que vous les ignorerez dès qu'une table se libérera sous vos yeux. Est-ce bien raisonnable ? (*24 juin 2006*)

3
Monde

Reporter – petit ou grand peu importe – j'ai passé mon temps à courir le monde et, de retour à la maison, je n'avais qu'une envie : repartir, les reportages constituant d'excellents repérages pour des séjours plus longs et plus ludiques. Que l'on voyage par plaisir ou par devoir, se nourrir à l'étranger n'est pas si aisé pour celui qui accorde quelque attention à son alimentation. Privé de ses repères traditionnels – pain, vin, fromage – le Gaulois se trouve fort désemparé face au *mutton biriani* indien ou au *mole poblano* mexicain. Il hésite, partagé entre l'attrait de la découverte et le risque intestinal. Les plus audacieux vont jusqu'à fréquenter les échoppes de rue pour « manger comme les gens du pays ». Les rares fois où je m'y suis essayé, j'ai payé comptant. Il n'y a en effet aucune raison pour que la bouffe de trottoir si médiocre chez nous soit meilleure ailleurs (à l'exception du Japon selon des témoignages concordants). La cuisine des autres se découvre comme celle de chez soi, au hasard des marchés et des restaurants, des invitations et des événements, des saisons et des gens.

Ma première émotion gustative en terre étrangère fut la coriandre fraîche en juillet 1968. Juste quelques pluches sur une salade marocaine coupée en petits dés, avec l'huile d'olive et le citron confit comme gardes du corps. Une saveur inconnue légèrement piquante, vaguement anisée, qui donnait à ce plat une fraîcheur bienvenue sous le soleil de Tanger. Du persil marocain, m'a-t-on expliqué. J'avais le cartable complètement vide en matière d'épices et les voir alignées en pyramides multicolores dans le souk fut un choc pour le garçon élevé au nord de la Loire que l'huile d'olive n'avait pas encore franchie. Des herbes, je ne connaissais que le persil frisé, l'estragon, la ciboulette, le cerfeuil et celles de Provence. À la maison, oignon, échalote et ail étaient utilisés avec parcimonie et le poivre encore plus. Quant au piment, jamais il n'a pénétré au domicile familial. Le couscous n'était pas encore devenu le plat préféré des Français. Les bouchers-charcutiers ne vendaient pas de merguez. C'était la fin des sixties, et le premier tajine m'a transporté dans un autre monde. Kefta, chiche-kebab, brochettes de chameau, sardines grillées et l'inévitable thé à la menthe, tout était neuf, tout était bon à mon palais encore pubère. Autre cuisine, autres manières. On mangeait avec une main et on se torchait avec l'autre. Il fallait s'y faire. Hassan II régnait sans partage sur le Maroc mais on y était accueilli avec une extrême gentillesse. L'islam était tolérant avec ces jeunes infidèles à cheveux longs qui marchaient sur les traces de Burroughs ou de Ginsberg, s'initiant au kif et au maniement du sibsi, ce long tuyau de bois emmanché d'un minuscule fourneau en terre cuite, où l'on fume l'herbe séchée. Comme disaient les freaks américains qui se gavaient déjà de vitamines au petit-déjeuner : « *People are very friendly.* » J'ai appris les plaisirs du marchandage durant des heures, voire des jours, en buvant un nombre incalculable de verres de thé pour gagner deux dirhams sur des babouches trop grandes. Les épopées en bus, les punaises dans les matelas, les appels à la prière, j'étais ailleurs et j'aimais ça. Ici, la nourriture était comme les gens. Simple, colorée, bon marché et disponible partout à tout moment. Même au milieu de la campagne la plus paumée, quelqu'un sortait toujours de derrière un arbre avec une pastèque ou des galettes. J'étais séduit par la civilisation arabe et n'avais qu'une envie : y croquer à pleines dents.

Bienvenue au Liban, dont les camps de réfugiés palestiniens exerçaient un fort pouvoir d'attraction sur les porteurs de keffieh du Quartier latin. Tout le monde soutenait leur juste lutte pour le retour dans cette Palestine, confisquée par l'ennemi sioniste. Visiter le fedayin n'interdisant pas de se nourrir, j'ai eu la chance de manger chez l'habitant grâce à des liens noués avec la diaspora libanaise à Paris. Les bonnes familles de Beyrouth disposaient du personnel nécessaire pour cette cuisine faite avec les mains des femmes qui roulent le boulgour et hachent le persil à longueur de journée. Près de Baabda, dans la montagne chrétienne, j'ai connu le mezzé. Le vrai. Avec l'arak, cet alcool de raisin distillé avec des grains d'anis qui se trouble à la moindre goutte d'eau. Le mezzé c'est le congrès permanent des soucoupes et des raviers contenant tous les délices du monde. Viandes ou légumes, crus ou cuits, hachés ou entiers, chauds ou froids, feuilletés ou farcis, c'est la parade du marché défilant au son des herbes, des épices et des graines.

Pour la première fois, j'ai aimé les pois chiches, et le houmous reste un de mes favoris avec le taboulé. Au Liban il était tout vert, persil et menthe hachés, oignons blancs et tomates en dés, boulgour, assaisonné à l'huile d'olive et au citron. La quintessence de la fraîcheur méditerranéenne roulée dans une feuille de laitue romaine comme ils disent à Beyrouth. Rentré en France, je n'en ai vu que de pâles copies, des salades de blé concassé au teint blafard, avec de rares pigments rouges et verts. Foul, falafel, labne, kebbé, kebab sont entrés dans ma mémoire par la bonne bouche alors qu'au soleil couchant on regardait les pigeons tourner au-dessus de la ville où la fusillade éclatait par intermittence. Le Liban se déchirait et le thym ne pousserait plus à Tall el-Zaatar (la colline du thym) après l'assaut sanglant des milices chrétiennes contre ce camp palestinien. J'en ai gardé le goût mélangé de la kalachnikov et de l'arak, et une passion vigilante pour ce mezzé qui me lance chaque été un appel déchirant auquel je cède volontiers. Au bout du monde, là où l'honnête homme ne trouve rien de comestible, sachez qu'il y a toujours un restaurant à l'enseigne du cèdre pour faire office de bouée de sauvetage.

Il m'a sauvé plus d'une fois de la malbouffe, à commencer chez nos voisins anglais dont je me suis épris très tôt. Je ne connais pas en effet de pays exotique plus proche de chez nous que le royaume des Windsor. Voici plus de trente ans que j'y ai mes habitudes à Londres, au *Portobello Hotel*. Depuis les premières émeutes au carnaval de Notting Hill où les bobbies ramassaient leurs casques comme Obélix ceux des Romains devant les reporters français hilares face à l'amateurisme des flics anglais. Depuis ils se sont mis au niveau. À chaque visite c'est le même scénario. Au breakfast, alors que d'ordinaire je me contente d'un petit crème, ici je fais l'effort des *eggs and bacon*, des toasts, de la marmelade d'orange et du meilleur thé (sans lait quand même). J'en sors d'excellente humeur. À mesure que la journée avance, la situation va se dégrader. Au lunch, c'est la bousculade au pub face au gang des soupes et des sandwichs, des saucisses et des *pies*, des *mash potatoes* et des légumes bouillis, des crumbles et de la *jelly*. Rien ne me fait envie et je me console avec une pinte de bitter tiède. Elle est bonne ainsi. Depuis novembre 2005, les pubs ont le droit d'ouvrir sans interruption, mais auparavant combien de fois, pris d'une soudaine soif, je suis arrivé trop tard au *Duke of Wellington* ou trop tôt au *Pig and Whistle*. À l'heure du dîner, je suis énervé mais j'ai un petit creux. Inutile de compter sur la gastronomie locale, alors je vais traîner chez les autres : japonais, libanais, italiens, indiens, parfois français (à l'encontre de mes principes à l'étranger). J'en sors rarement ivre de bonheur. J'ai même fait la queue devant le *Hard Rock Café* pour un hamburger. Franchement, je n'ai pas souvenir d'un repas exceptionnel en Grande-Bretagne même chez les meilleurs (*Marco Pierre White*, *Le Gavroche*, *Tante Claire*) où c'était certes très bon mais de forte inspiration classique et française. Le sympathique Jamie Oliver n'est pas au niveau d'un macaron Michelin en son *Fifteen Restaurant*. Les Anglais ne savent faire ni les salades qu'ils confondent avec un « dressing-room », ni les sauces, et leur fameux *gravy* est vraiment grave. Quant au *fish and chips*, jamais je n'ai pu en finir un ! Arrogance typique du *Froggy* diront ceux qui pensent que Londres est la capitale gastronomique du monde parce que dans ses lointains faubourgs, un chef moléculaire – Heston Blumenthal – a été sacré «*best in the world*» par un magazine sponsorisé par San Pellegrino. Il est vrai que depuis une dizaine d'années, la qualité s'est améliorée dans la capitale britannique avec l'apparition d'une nouvelle cuisine de pub plus alerte, débarrassée des oripeaux du passé pour mieux en revisiter ses recettes. Bref, de la cuisine de bistrot moderne. Pas de quoi en faire un plat ! Elle s'est accompagnée d'un foisonnement de restaurants aux goûts cosmopolites – si l'on peut encore employer ce terme sans être soupçonné de racisme – adeptes de cette *fusion food*, née en Australie, territoire de langue anglaise mis en valeur par les forçats de sa gracieuse majesté. Une joyeuse mixture de yuzu et de gingembre, de basmati et d'avocat, de tapas et d'antipasti, de wok, de tandoori et de cuisson vapeur servie par une jeunesse exubérante et polyglotte. Le look, le buzz et la *waiting list* font le succès de ces établissements qui ferment aussi vite qu'ils ouvrent. La gastronomie britannique est une gastronomie de marketing dans un royaume où la ménagère passe moins de 30 minutes par jour *in the kitchen* et où des hordes de traders en costume-cravate sortent à midi des bureaux de la City, pour acheter leur picotin chez des dealers de sandwichs qu'ils pourraient ruiner d'un simple clic sur leur ordinateur. *Take away*, fast-food, *ready made* sont les fondements d'une culture alimentaire qui n'a plus de temps à perdre au fourneau.

La différence entre Wall Street et la City, c'est que là-bas les portions sont plus grosses. Lorsque l'hiver 1978, j'ai

débarqué dans un établissement de Canal Street (New York), l'assiette de crudités m'a laissé pantois. Il y avait devant moi des hors-d'œuvre pour quatre personnes. Les Américains ont un rapport quantitatif et chronométrique à l'alimentation. Beaucoup et vite, c'est ainsi qu'ils vivent et grossissent. Je n'ai jamais pénétré dans un MacDo, l'enseigne me coupant illico l'appétit. Mon seul et unique coca-cola, je l'ai bu avec la DEA (les stups américains) à Culiacan, province de Sinaloa, Mexique. Nous avions arrosé aux pesticides des plantations illicites de cannabis – non sans quelques dommages collatéraux pour les arpents de tomates voisins – et de retour à la base, par une chaleur à assoiffer le chameau, seul coca était disponible au mess. Le journaliste qu'ils avaient eu la courtoisie d'emmener avec eux en opération l'a avalé comme un médicament dont il avait le goût. J'ai arrêté le traitement sur-le-champ.
À Washington, j'ai pourtant fait un repas mémorable au *Watergate Restaurant* où officiait alors le regretté Jean-Louis Palladin. Certes, le chef était français, transfuge de Condom, mais il ne nous avait servi que des produits locaux. Foie gras, homard, petits crabes, pigeon, fruits, légumes, tout était made in USA. C'était excellent, et les campagnes pour l'interdiction du foie gras n'avaient pas commencé. Les herbes venaient du ranch d'un ancien du Pentagone qui s'était juré de fournir le meilleur restaurant de la capitale avec son potager. Sans doute fallait-il y voir les prémices de ce « retour à la terre » qui, deux décennies plus tard, fera le succès des *farmers markets*. Ces marchés paysans, communs sous nos climats, sont révolutionnaires dans ce pays qui se nourrit à 90 % aux pipelines de la grande distribution.

Au début des années 1980, j'ai eu la chance de dîner chez *Panisse*, le premier restaurant d'Alice Waters à Berkeley. Cette jeune cuisinière de retour à San Francisco après un long séjour en France où elle avait découvert le goût des choses, fut la première à réhabiliter les légumes et les produits frais, à cultiver des potagers bio (*organic*), à renforcer les liens entre les producteurs et les consommateurs. Vingt-cinq ans plus tard, avec l'aide de Slow Food dont elle est une militante de la première heure, Alice est une voix écoutée sur les problèmes de l'alimentation et elle n'est pas tout à fait étrangère à la présence d'un *organic garden* à la Maison Blanche. Ces notes positives – plus de l'ordre du symbole même si la consommation de produits bio grimpe en flèche – ne doivent pas faire oublier la médiocrité de l'ordinaire américain qui obéit à un principe : la quantité plus que la qualité. Sorti des grandes métropoles dont l'abondante presse gastronomique ne manque pas de vanter les excellentes adresses, c'est fast-food et bouffe à la chaîne pour tout le monde. Hamburger, frites, glaces, sodas et bière restent la base du régime indigène, de l'Alabama à l'Oregon. Ce n'est pas le mien.

Je suis beaucoup plus à l'aise au sud du Rio Grande même si l'impérialisme alimentaire gringo y fait des ravages. Le Mexique est ainsi devenu le plus grand consommateur de soda au monde et dépend désormais du grand frère du Nord pour la farine de maïs indispensable à la tortilla. Si je me sens bien à table en Amérique du Sud – je dois l'avouer – c'est grâce à des gars comme Colomb, Cortés ou Pizarro. Tous ces conquistadores qui ont massacré les indigènes et pillé leurs richesses, amenant avec eux le bon Dieu et ses curés mais également leurs manières de tables et leurs façons de les garnir. Elles ont laissé des traces inaltérables. La gastronomie qui s'est créée au fil du temps à Puebla ou Santiago, à Lima ou Panamá est d'essence hispanique. Elle a dans son sang l'huile d'olive et le chorizo, le pimiento et l'oignon blanc, le calamar et la chuleta. C'est la cuisine de la *Casa Anita* qui m'a régalé à Cadaqués (Catalogne) où durant des années je prenais mes quartiers au printemps. *Jamon con guisantes*, *ensalada catalana*, *tortilla española*, *arroz a la cubana*, *gambas a la plancha*, *zarzuela de mariscos*, *crema catalana*, *melocotón en almibar* et *vino tinto de la casa*, chez Anita on mangeait comme à la maison. Tous ces plats résonnent comme des mots d'amour à mon estomac. Du *cafe con leche* du matin à la dernière San Miguel, c'était le bonheur à table, au bar et en terrasse. Je suis un aficionado de l'Espagne et j'ai goûté toutes ses provinces. Avec un attachement particulier pour Barcelone qui me manque lorsque je l'ai boudée trop longtemps. Franco venait de mourir et j'allais y suivre les débuts de la Movida pour *Libé* lorsque dans une ruelle derrière la Plazza Real j'ai découvert la tortilla à l'ail nouveau de l'*Agut d'Avignon*. Jamais je n'en ai retrouvé d'aussi délicieuse. La meilleure queue de lotte juste rôtie, juteuse et dorée, je l'ai dévorée dans un estaminet du port de Palamós (Costa Brava). Et ce poulet aux langoustines, symbole de l'alliance *mar i muntanya*, quelque part dans l'Ampurdan ! Et ces minuscules côtelettes d'agneau de lait servies à la douzaine sur un brasero de table dans la Ribera del Duero ! Et le *patta negra*, olives et *manzanilla* aux comptoirs de Séville !

Avez-vous déjà vu les poissonnières du marché de la Boqueria à Barcelone ? Blondes flamboyantes parées de tous les bijoux de la rambla, les ongles vernis sous les gants caoutchouc, elles vous vendent la morue comme du Chanel. *Si señor !* La péninsule ibérique dispose des plus beaux produits de la mer et de la terre même si celle-ci est menacée par la marée des serres andalouses et la pollution des cultures OGM. En Espagne, je suis chez moi à table, et le coup de jeune donné à sa cuisine sous l'impulsion de Ferran Adrià (*El Bulli*) a rendu celle-ci encore plus attrayante.
Autant dire que lorsqu'à Buenos Aires ou Panamá City, je vois le *jabugo*, la *bacalao* ou le *chipirón* pointer leur nez à la carte d'un restaurant, c'est comme si je croisais Montalban et Pepe Carvalho au coin de la rue. Je pousse la porte et j'entre en territoire ami. Il y aura de la friture et de l'huile d'olive, du citron et de la plancha. La qualité n'est pas toujours au rendez-vous, loin de là, mais si je mange mal, je sais que ça aurait pu être bon !
Au retour d'un reportage sur les Indiens d'Amazonie à bord d'un bateau omnibus sur le Rio Negro, l'équipage m'avait fait l'honneur de m'inviter à sa table : nouilles, riz, haricots noirs mélangés dans la même gamelle. Midi et soir avec les arêtes des poissons pêchés dans la journée. Un étouffe-chrétien de compétition. Je n'oublierai jamais le bonheur de retrouver les *kokoxas* (joues de poisson) du *Bar Basque* à la Candelaria, à Caracas. À Santiago, sitôt les bagages posés à l'hôtel je vais déjeuner direct au Mercado central où les tables sont dressées sous le même hall que les étals à poissons. Pas un passage à Mexico sans une halte chez *Prendès* où l'on croirait entrer dans un café de Madrid à l'*almuerzo*,

et pas question de voir Lima sans une halte au bar du *Gran Hotel Bolivar* sur la Plazza San Martin où l'on sert le meilleur *pisco sour* d'Amérique latine. Merci à Alan Garcia, au Sentier Lumineux et aux planteurs de coca de Tingo Maria dont les faits et méfaits – source inépuisable de reportages – me permirent d'y goûter souvent. À part le *ceviche*, poisson cru légèrement mariné au citron vert dont le Pérou revendique à juste titre la paternité, je mentirais si je disais que la cuisine locale est remarquable à travers ce continent auquel on doit pourtant la tomate, la pomme de terre et le chocolat pour ne citer que quelques-unes des matières premières gourmandes venues de là-bas. Dommage que cette matière première soit souvent servie sur place brute de décoffrage. Sur l'Altiplano c'est *papa*, patates et pommes de terre avec, les jours de fête, le *cuy*, un cochon d'Inde rôti très apprécié du Machu Picchu au lac Titicaca. À Medellin (Colombie) que j'ai beaucoup fréquentée à l'époque du fameux cartel, je m'étais lié d'amitié avec Edison, un ancien *sicario* (tueur à gages) de 19 ans, retiré des affaires et engagé dans un programme de réinsertion. Trois semaines après la mort de Pablo Escobar, il m'invite le soir de Noël. Lorsque j'ai demandé au taxi d'aller à la Communa Noriental, il m'a pris pour un fou et m'a débarqué à distance respectable de l'entrée du barrio où l'on assassinait comme on se lavait les dents. Edison m'y attendait avec ses potes en faisant rôtir un cochon sorti de nulle part et embroché au bord de la route sur un feu de bois, entretenu à larges giclées d'essence. L'odeur et la fumée étaient abominables, le cadre beau comme un bidonville et la bière tiède. Ce cochon grillé, à l'image du quartier, fut fort brutal en bouche. Je m'en suis

régalé, car il est des moments dans la vie où l'on oublie ses repères, où l'on accepte de manger avec le cœur, pas les papilles. Jusqu'à un certain point toutefois...
À des milliers de kilomètres de la cordillère des Andes, lorsque le moudjahidin me présenta au dîner un mets de choix réservé aux hôtes de marque, j'eus un haut-le-cœur. Nous étions dans une masure, aux abords de Kandahar (Afghanistan) que les Russes s'apprêtaient à quitter. Je faisais équipe avec un collègue photographe allemand, et les moudjahidins avaient accepté de nous prendre dans leurs bagages pour que nous racontions au monde leur lutte victorieuse. Assis sur la terre battue autour d'un tapis moribond, ils attendaient avec impatience le plat du jour : du gras de mouton grillé. Rien que du gras, sans un poil de viande, dégoulinant sur les galettes qui servaient d'assiettes. Il revenait à l'étranger de manger la première bouchée. L'enfer pour moi ! J'ai dû lâchement prétexter une turista pour échapper à la punition. Je ne pouvais pas. Remerciements éternels à la BBC qui a opportunément diffusé son bulletin quotidien en langue pachtoune à ce moment, détournant l'attention de mes hôtes et abrégeant mon supplice. Pourquoi ai-je pu accepter le cochon des *sicarios* et pas le gras des moudjahidines ? Sans doute parce que je partage avec les premiers un vieux fond de culture alimentaire commune alors que je n'ai rien en commun avec celle des seconds. Celle de l'Asie.

On s'aime et on se fréquente depuis plus de vingt-cinq ans, et je ne compte plus les reportages ou les voyages dans le sous-continent, mais ce n'est pas à table que l'Inde m'a séduit. Le curry n'est pas ma tasse de thé, qui est d'ailleurs le plus souvent médiocre. Une sombre infusion de poudre en sachet, éclaircie au pis de la vache et qui vous guette à chaque rendez-vous. Voici un demi-siècle, tout le monde ici ne mangeait pas à sa faim et, aujourd'hui encore, trop d'estomacs sonnent creux au fond de l'Orissa ou du Bihar. L'Inde n'en revendique pas moins une gastronomie séculaire forgée à l'humeur des dieux et selon les goûts de ses envahisseurs successifs. Empereurs, sultans, maharajahs ou gouverneurs y ont festoyé, mais l'assiette du sous-continent reste une assiette de pauvre qui, grâce aux épices, marche sur deux jambes : le riz et la farine. Plus une cuisine d'assemblage que de produit, où la matière première végétale ou animale est avant tout prétexte à construction aromatique. Certains diraient qu'elle est le stade ultime de la cuisine masquée, lorsque l'emballage fait oublier le contenu et le masala, le mouton.

Le riz et le pain sont devenus au cours de nos relations les piliers de mon régime indien fortifié avec les fruits et les jus de saison. N'y voyez pas motif à souffrance. À Delhi, j'ai découvert le riz, le vrai basmati, cuit à point, fluide dans la cuillère, coloré au safran, avec des mèches d'oignons roussis. Désormais, il me faut mon bol quotidien, car l'avantage du riz, c'est qu'il absorbe tout. Légumes en ragoût, soupe de lentilles, curry de crevettes, il est parfait dans le « go-between » entre saveurs exotiques et palais d'Occident. Je l'aime à toutes les sauces.

Le pain est la marque d'une civilisation. Celle de l'Inde est multiple, ses pains aussi. Chapati, nan, puri, paratha, tous ces « rôtis » avec ou sans levain, en galette ou en rouleau, cuits au tandoori, à la plaque, à la friture sont mes meilleurs copains. Il convient de les commander chauds à mesure que le repas avance. Et il avance vite, selon la tactique dite du buffet pratiquée sous deux formes : le *lunch buffet* à midi au restaurant, le *dining buffet* le soir à domicile. Le premier aligne selon la qualité du lieu une rangée de 5 à 20 plats rutilants posés sur un réchaud à pétrole et dont chacun soulève les couvercles pour y découvrir soupes, légumes, curry, riz, poissons et viandes du jour. On mélange tout dans la même assiette et on retourne s'asseoir pour manger sans traîner. Un rot de satisfaction ne sera pas déplacé et encore moins une feuille de bétel.

Le dîner à domicile obéit à des principes et des horaires stricts : 19 h-22 h. Les deux premières heures, on boit et on cause. Alcools *imported* ou *made in India* (redoutables), cocktails, parfois du vin, la conversation va son train jusqu'au moment où une voix annonce : « *Diner is served.* » Les convives se dirigent alors vers le buffet et choisissent parmi les différents mets proposés. Certains s'installent à table, d'autres plus loin dans un fauteuil, et chacun s'absorbe en silence dans son assiette que les « *servants* » font disparaître sitôt vidée. Le temps d'une cigarette ou d'un café, il est déjà tard. À 22 h 30 tout est bouclé. L'Inde ne traîne pas à table.

Ce soir-là non plus, nous n'avons pas fait de vieux os dans cette *Government guest house* de la Chambal River. Avec l'ami Kalyan nous étions sur les traces de Phoolan Devi, la reine des bandits, prématurément ravie à l'affection des siens. Dans ce campement rudimentaire aux moustiquaires trouées, la salle à manger ouvrait sur la cuisine où trônait un antique frigo monté sur caillebotis. En haut de celui-ci siégeait une assemblée de rats d'un bon calibre que le personnel éloignait d'un revers de la main lorsqu'il allait chercher notre pitance. Le *dal* et le *fried rice* sortaient de cette cambuse sous le regard pointu des gaspards prêts à bondir. Au fond de la salle, l'ensemble du personnel était accroupi en rang d'oignons, fixant ces « sahibs » qui mangeaient sous le regard croisé des hommes et des bêtes, chacun attendant les reliefs du repas. Ils furent abondants mais j'ignore qui des deux en a le plus profité. J'avais pris la fuite.

Depuis la fin du XXe siècle l'Inde a connu un bouleversement majeur : on y produit du vrai vin qui mérite d'être bu. Ce n'est pas rien au pays de Gandhi qui prêchait la prohibition de l'alcool et où renvoyer une bouteille bouchonnée au restaurant est mal compris. Le pionnier fut Kanwal Grover qui avait appris à aimer le jus de raisin fermenté en Europe et décidé qu'un jour il en ferait de l'aussi bon chez lui. Grover Vineyards produit aujourd'hui des centaines de milliers de bouteilles de cabernet sauvignon-shiraz, de sauvignon blanc, de viognier et de shiraz rosé. Sa cuvée La Réserve, élaborée sur les conseils de Michel Rolland est tout à fait fréquentable. On compte plus d'une cinquantaine de domaines viticoles dans le pays, la plupart dans la région de Nashik (Maharashtra) qui se développe rapidement sous l'impulsion de Rajeev Samant propriétaire de Sula, assurément le vigneron le plus dynamique du sous-continent. Clubs et cours de dégustation, *wine academy*, innombrables articles et sites internet, la culture du vin est en plein boom dans cette middle class avide de copier les standards occidentaux. Cette mode ne doit pas faire oublier que la consommation annuelle de vin par tête d'habitant est estimée à une cuillerée à café...

Il se pourrait bien que les Chinois les dépassent rapidement. Ils plantent des milliers d'hectares de vigne et les nouveaux riches dépensent sans compter pour acquérir les crus de bordeaux les plus réputés. Je connais mal la Chine, mais lors d'un long séjour à Pékin et Shanghai, je n'ai pas été enthousiasmé par sa gastronomie que je ne fréquente jamais à Paris : une carte offrant des dizaines de plats au client m'a toujours semblé suspecte. Les reportages sur les « appartements raviolis » dans la capitale ont confirmé mes doutes. Plats trop gras, manque d'hygiène, usage abusif du piment, tricherie sur les produits et les étiquettes, autant de caractéristiques rédhibitoires que l'excellence d'un canard pékinois ou les délices du crabe poilu ne suffisent pas à faire pardonner. En vérité, après plusieurs semaines au pays du capitalisme communiste, je me suis réfugié dans les restaurants japonais, gages de fraîcheur et de légèreté. Étrange paradoxe pour celui qui n'a jamais mis les pieds au Japon dont il ne connaît la cuisine que par ses représentants parisiens et qui professe sans cesse qu'une cuisine étrangère ne peut s'apprécier qu'après l'avoir expérimentée sur place. J'ai vu Hong Kong, Bangkok, Sydney, Adelaïde mais jamais je n'ai poussé jusqu'à Tokyo, sans doute inconsciemment effrayé par la frénésie laborieuse d'un peuple qui prend ses congés payés au compte-gouttes et arpente Paris au pas de charge, les traits tirés et le regard vissé à l'objectif. N'empêche, la finesse et l'élégance des mets, la qualité du service m'ont convaincu d'inscrire sushi et tempura à mon ordinaire gaulois en attendant d'oser atterrir dans l'empire du Soleil levant et de la sauce soja.

En dépit de cette grave lacune, après avoir beaucoup voyagé et beaucoup goûté, je reste aujourd'hui persuadé que la gastronomie française est la meilleure parce qu'elle est la plus complète ; celle qui bénéficie de la plus grande variété de produits comestibles et possède le savoir-faire et le patrimoine les plus riches. Loin de moi tout chauvinisme gourmand, mais sinon, pourquoi la France serait-elle toujours la référence mondiale en matière de mets et de vins ? Avez-vous déjà entendu des critiques gastronomiques étrangers comparer leur pays à l'Espagne, l'Italie, la Chine ou le Japon ? Jamais, c'est toujours la France qui sert d'étalon, et si la presse anglo-saxonne prend un malin plaisir à décréter que Londres ou New York ont détrôné Paris, que le meilleur chef de la planète n'est plus français, elle oublie trop facilement que la gastronomie ne se résume pas à un concours de paillettes et de vedettes. Elle est l'expression d'une culture et d'une passion qui ont donné naissance en France à un art de vivre, de boire et de manger à nul autre pareil. Connaissez-vous d'autres pays où des dizaines de millions de touristes viennent chaque année pour se mettre à table ? Il était temps de le dire et de l'écrire. Moi aussi, je devais passer à table.

Monde *chroniques*

Strawberry fields for dessert

Bien avant les Beatles et leur fameux *Strawberry fields for ever* (qui d'ailleurs ne traite pas du sujet), nos voisins anglais ont développé une passion dévorante pour la fraise, annonciatrice de l'été sous un climat que personne ne leur envie. Le téléspectateur fidèle du tournoi de tennis de Wimbledon est habitué au déploiement éclair de la bâche pour protéger l'herbe des averses qui interrompent régulièrement les échanges. Il connaît moins une autre tradition étroitement associée à cet événement sportif : *strawberry and cream*, la consommation de fraises à la crème dans les gradins et alentour. Selon la légende, ce serait le roi George V (1865-1936) qui aurait introduit cette pratique pour distraire les spectateurs, mais Audrey Sell, bibliothécaire au Wimbledon Lawn Tennis Museum, assure que les fraises sont apparues dès le premier tournoi (1877) qui correspondait à leur pleine saison, fin juin. Cultivées principalement dans le Kent, elles sont cueillies la veille et réceptionnées à Wimbledon dès 5 h 30 pour être inspectées et réparties en barquettes de 10 unités vendues la saison 2008, 2,25 livres (2,60 €). L'elsanta est la fraise officielle de Wimbledon, une variété abondante en Europe, à chair ferme, au goût sucré légèrement acide et d'un rouge brique à maturité. Elle doit être accompagnée de crème double d'un minimum de 48 % de matière grasse selon le règlement. En 2008, il s'en est consommé 7 000 litres pour 28 tonnes de fraises avalées en quinze jours. Les fermiers du Kent sont ravis.

La strawberry est également accréditée dans un autre établissement de renom : Eton College, le collège le plus huppé du royaume, pépinière de premiers ministres (18) où les élèves assistent aux cours en queue-de-pie, gilet et faux col. La remise annuelle des prix qui avait lieu le 4 juin (*The Fourth of June*) avant d'être fixée au dernier mercredi de mai est en effet traditionnellement suivie d'un pique-nique où l'on sert un mets remarquable : le bazar d'Eton (*The Eton mess*), une sorte de pâtée de fraises, de meringue et de crème fouettée dont certains tracent l'origine jusqu'à un labrador qui aurait ruiné un panier de pique-nique en se vautrant dessus. D'autres témoignent que *The Eton mess* était déjà servi au collège dès 1930 sous la forme de bananes écrasées avec de la glace vanille. Ce dessert appartient clairement au genre « brouet » dont les Britanniques sont friands (porridge, pudding...), et je suis désolé de vous dire qu'il est aussi délicieux que simple à réaliser : 500 g de fraises pour 4 personnes dont 300 g coupées en deux dans une jatte, saupoudrées de sucre avec une goutte de balsamique ou de porto. Ceux qui ne veulent pas se lancer dans la confection de meringues les achèteront chez le pâtissier.

Les briser à volume égal sur les fraises, battre 250 g de crème double à la limite chantilly, mélanger soigneusement les trois ingrédients et dresser en timbale en arrosant de coulis de fraises confectionné avec les 200 g restants. *Very good, indeed* ! (*13 juin 2009*)

La blanche au gramme

« D'aspect globuleux avec de nombreuses fossettes. Peau lisse, légèrement veloutée, allant de l'ocre pâle au beige foncé. Chair d'un blanc-jaune grisâtre à fines veines blanches. Odeur d'ail sauvage avec une empreinte minérale rappelant les hydrocarbures. Vit en symbiose avec les chênes, les tilleuls, les peupliers et les saules. Nécessite un sol souple et humide, riche en calcium et bénéficiant d'une bonne aération. Se récolte en secret de septembre à décembre dans le Piémont, aux confins des Langhe et du Roero. Se négocie à 5 000 € et plus le kilo. Quantité produite inconnue. Noms de code : *Tuber magnatum pico*, trifola d'Alba. » Telle est la note qu'auraient pu écrire les Renseignements Généraux sur la fameuse truffe blanche d'Italie qui mérite assurément de figurer au fichier, tant elle est source de trouble à l'ordre gastronomique. C'est le seul produit comestible vendu au restaurant comme la cocaïne : au gramme (8-10 €), avec la balance posée à côté de l'assiette.

Selon nos sources, ni la Camorra, ni Cosa Nostra, ni la N'Drangheta ne seraient impliquées dans le trafic. Silvio Berlusconi non plus. Le responsable de cette bulle spéculative à caractère mycologique est connu de tous :

Giacomo Morra, né en 1889 à La Morra (Piémont). Il fut le premier à associer cette truffe blanche à Alba et à l'utiliser pour promouvoir la ville à l'époque du tourisme naissant. À partir de 1929, la foire automnale d'Alba devint celle de la trifola, sous la présidence du comte Gastone di Montifiori avec Giacomo dans le rôle de l'agent provocateur. Bien avant les fils de pub, il eut l'idée d'envoyer la plus belle truffe de l'année aux puissants de ce monde. La première fut pour Humbert de Savoie, prince du Piémont. Le roi Victor Emmanuel III, Rita Hayworth, Harry Truman (un spécimen de 2,5 kg, record inégalé), Winston Churchill, Marilyn Monroe, Hailé Selassié, Eisenhower et Khrouchtchev, la reine Élisabeth, le roi Baudouin, de Gaulle, Jackie Kennedy, Paul VI, Aldo Moro, Luciano Pavarotti jusqu'à Gérard Depardieu voici peu, la liste des lauréats est celle du gotha. Le talent italien de la mise en scène fit le reste : raffinement des accessoires pour la râper, conditionnement digne du collier de la reine, rumeurs persistantes de vertus aphrodisiaques, ventes records aux enchères chaque année (330 000 US$ pour une pièce de 1,5 kg en 2007), rien n'est trop beau pour la trifola d'Alba. Offerte aux stars, elle figure à la carte de leurs cantines étoilées, à l'égal du caviar, rare et chère. Est-ce justifié ?

À de rares exceptions, la truffe blanche se consomme crue, râpée sur une préparation chaude souvent à base de riz ou de pâtes. Excellent condiment, elle transcende le plat en lui donnant des arômes subtils à dominante alliacée. Unique, délicieuse, sauvage, tout ce que l'on voudra, mais à 10 € le gramme, jamais de la vie ! Et pourtant, il m'étonnerait que cette saison encore, je ne cède pas à quelque risotto recouvert de fines lamelles hors de prix... *Bravissimi ragazzi !* (*11 octobre 2008*)

Pas de spaghetti à Bologne

Que les choses soient claires : les spaghettis bolognaises n'ont rien à voir avec Bologne, et je vous mets au défi de les trouver à une carte d'un restaurant dans la capitale de l'Émilie-Romagne. « Ce sont des Napolitains qui les ont inventés à l'étranger et répandus dans le monde entier ! » parole de Bolognais. Ici, on mange des tagliatelles (8 mm de large) *al ragù*, une sauce à la viande de bœuf, aux tomates, oignons, dès de légumes, vin blanc, crème de lait, muscade et parmesan. Elle a été confisquée au profit des spaghettis, nés après la guerre, ronds, trop fins et auxquels cette sauce n'adhère point. Une arnaque planétaire !
Les véritables pâtes de Bologne sont les tortellini qui ressemblent à un petit chapeau d'évêque. La légende veut qu'un fabricant de pasta jadis amoureux d'une de ses employées observa la jeune fille par le trou de la serrure alors qu'elle se changeait dans l'arrière-boutique. Son champ de vision étant restreint, il ne put surprendre que le nombril de la demoiselle, si joli qu'il saisit derechef un carré de pâte pour en reproduire la forme. Il le plia en triangle, le farcit de blettes, épinards ou ricotta, puis ramena les deux extrémités l'une vers l'autre autour de son doigt et les pinça pour les sceller. Le tortellino était né. J'en ai goûté d'excellents *in brodo di cappone* (au bouillon de poule) à l'*Osteria Bottega*, une de ces discrètes trattorias qui sont

l'âme, le cœur et les jambes de la cuisine italienne. C'est plutôt un plat d'hiver mais il passe fort bien au printemps. Avec un Sangiovese di Romagna, Fermavento 2006 de Giovanna Madonia.

Il faut sonner à la porte pour entrer à *Caminetto d'Oro*, autre trattoria à moins de 500 mètres de la Piazza Maggiore. Décor blanc et bois, cuisine de femme, je me suis laissé aller au déjeuner du jour : filets d'anchois crus (ici on les trouve frais tous les jours !) à peine marinés et petite salade verte agacée par des rondelles de radis noir ; grosses crevettes décortiquées, mini-poulpes et calamars pochés comme au pot-au-feu dans un bouillon bœuf et poule avec quelques quartiers de tomates et des fèves, toutes deux épluchées. La cuisinière n'a su donner un nom à ce plat. Qu'importe, il était d'une légèreté et d'une élégance absolues. Et pour suivre, un semifreddo à l'amaretto parfaitement en situation. Caminetto d'Oro est une escale obligée en passant par Bologne. (*31 mai 2008*)

Le labné de Muriel

Libanaise de naissance, Muriel vit à Paris et s'est habituée depuis longtemps aux us et coutumes locaux. De Beyrouth, il ne lui manque que deux choses indispensables à son équilibre quotidien : la lumière du soleil au lever et le labné au petit-déjeuner. Elle a réglé la première difficulté grâce à un appareil de luminothérapie lui permettant de simuler l'aube et d'éliminer le stress du réveille-matin dans le noir absolu. Elle en est fort contente.

La seconde absence à combler était plus délicate, faisant appel à un savoir-faire et à des produits lointains. Le labné, omniprésent dans la cuisine du Levant, n'est rien d'autre que du yaourt égoutté qu'un œil non averti pourrait confondre avec du fromage blanc battu. Rien à voir. Dans la recette traditionnelle on fait bouillir du lait cru (de vache) dans lequel – une fois tiédi dans un récipient en terre cuite – on délaye une cuillerée de présure ou de lait caillé. Emballé dans une couverture de laine (très important), ce pot à lait va reposer 4 heures. Lorsqu'on le découvre, il a caillé en yaourt. Une pincée de sel, remuer le tout et le verser dans un sac en toile de lin fin où il va égoutter toute la nuit. Au matin, le labné est prêt. Un petit coup de fouet et servir arrosé d'huile d'olive, saupoudré de zaatar (poudre de thym séché) mélangé à du sumac qui souligne ce goût acide, si cher à Muriel.

Pas question pour elle de répéter ce processus ancestral plusieurs fois par semaine rue de Lourmel. Le labné disponible au prix fort dans les épiceries libanaises n'étant pas satisfaisant, restait le système D : égoutter du yaourt vendu dans le commerce. Mais lequel dans la surenchère des linéaires, sachant qu'un pack de six lui fait deux jours ? Déception avec le bulgare velouté : il ne restait plus grand-chose à l'égouttage, preuve qu'il y a beaucoup de « liquide » dans cette denrée. Le Danone normal étant trop doux, elle s'est finalement arrêtée sur le Danone Activia vert au biofidus actif, plus acide. Muriel en a passé des litres dans le filtre papier Melitta grand format posé sur un bol ad hoc, un équipement qui l'accompagne en voyage. Elle s'en accommodait, sans plus.

À l'approche de l'anniversaire de l'indépendance de son pays (22 novembre 1943), je ne pouvais laisser une Libanaise sous la coupe d'une multinationale de l'ex-puissance coloniale. La France, terre d'asile, avait mieux à offrir : le yaourt bio au lait entier de la fromagerie de Saunières, déclaré par moi-même le meilleur de Paris. Je lui en livrai un pot de 800 g en verre (consigné) pour le soumettre à l'épreuve du filtre. Le verdict ne tarda pas. Il tenait en un mot : *baladi*. Ce labné était « comme au village », celui de la montagne où tout(e) Libanais(e) de Beyrouth a ses attaches. Il avait le goût de la ferme, issu de lait de qualité, sans comparaison avec les laitages de supermarché. Soixante-quinze ans après l'indépendance du Liban, ce 22 novembre 2008 marquera à jamais celle du labné de Muriel de la tutelle Danone. Envoyez les couleurs ! (*22 novembre 2008*)

L'homme au tajine

Pour celui qui sait lire, il y a des pépites dans le *Routard*. Ainsi, à la page 308 du guide Maroc 2010, l'adresse d'Hosni : « Un petit resto comme on les aime. Deux tables dedans, deux tables dehors sous les arcades et une rangée de petits tajines qui mijotent sur leur brasero. » Avec cette précision : « Votre hôte est intarissable. » Évidemment j'y ai couru. Un dimanche soir, quand tous les restos de Safi sont fermés. Hosni était au poste, un grand gaillard barbu et grisonnant dans l'état exact décrit par le *Routard*. Arrivé à un certain âge et après diverses aventures, l'homme a décidé de se consacrer au tajine. Comme pour la paella, le mot tajine

désigne à la fois le plat et la recette qui y cuit, le contenant et le contenu. Ce plat en terre cuite avec son couvercle en chapeau chinois reste le privilège du Maroc. J'avais fait le détour par Safi, capitale de la poterie connue pour sa colline des potiers, dans l'idée de percer ses secrets. « À Safi on ne fabrique pas de tajines. Ils viennent de Salé, de Tanger ou de Marrakech » : d'entrée, Hosni a mis les choses au point. Pourquoi ? Parce qu'ici, l'argile n'est pas bon et ne possède pas les qualités réfractaires requises. Il doit être « aéré », sableux, présenter des granulométries différentes et contenir des éléments pyrophyllites, résistant au feu. Ce que les spécialistes appellent de l'argile chamottée selon Ahmed Lagrissi un céramiste de ses amis. Hosni apprécie les tajines de la région d'Oulad dlim, à une quarantaine de kilomètres de Marrakech. À 50 dirhams pièce, il sait que sur une série de dix il y aura évidemment de la perte. « C'est de la poterie familiale. » Il les préfère bruts, non vernis et à fonds plats. « S'ils sont creux, les bords vont être brûlés et il ne faut pas confondre un tajine brûlé avec un tajine caramélisé. »
Pas question de cuisiner directement dans le plat sorti de chez le marchand. Il doit être « culotté ». Hosni commence par frotter le fond au papier de verre pour le lisser et enlever la pellicule qui s'est formée à sa cuisson dans le four. « Pour éviter que les premiers tajines aient un goût de terre. » Ensuite, il verse un peu d'eau dans le plat avec des morceaux de gras de rognon de mouton qu'il met sur feu doux durant 15 minutes, le temps que l'eau s'évapore, que la graisse fonde et soit absorbée « par les pores du tajine ». Soigneusement rincé et rempli à nouveau d'eau, le tajine est remis sur le feu jusqu'à réduction de moitié. « C'est comme une première cuisson et les défauts

apparaissent.» Si la terre s'effrite sur les bords, c'est qu'il n'a pas été cuit à la chaleur nécessaire (980 °C), s'il se fend, c'est qu'il a été mal transporté ou tourné. Des traces excessives de plomb décelées au Canada, en Australie et en France sur des tajines vernis ont fait chuter les exportations et provoqué l'inquiétude au Maroc. Les autorités s'efforcent désormais de contrôler la qualité de l'émail industriel importé et de garantir des tajines «sans plomb», mais la meilleure solution reste le tajine brut. Épais et bien culotté, il dure des années à condition de ne jamais l'entreposer recouvert de son chapeau, ce qui provoque des moisissures, car «le tajine est un être vivant». Hosni le sait bien, il vit avec tous les jours. (*26 juin 2010*)

Le ceviche de Pedro

La colère m'a saisi à plus de 20 000 pieds à la verticale de Bâton Rouge (Louisiane). J'étais assis les genoux sous le menton à bord du vol AF 439 qui me ramenait de Lima via Mexico lorsque survint le plateau-repas, cet ersatz de manger, annoncé sur papier glacé et qui, ce jour-là, promettait un *ceviche* de crevettes. En fait, des crevettes roses cuites, mouillées au jus de citron et à la sauce tomate façon ketchup avec quelques copeaux d'avocat. Un mensonge pur et simple, une usurpation d'identité caractérisée, une agression culturelle à la cuisine d'un pays souverain : le Pérou et son *ceviche* qui n'est autre que du poisson cru coupé en dés et baigné dans un jus de citron vert, saupoudré d'une pincée de piment rouge, décoré de rondelles d'oignon violet et accompagné de maïs et de yuca. *Asi es !*

Mon courroux était d'autant plus fort que 48 heures auparavant j'avais mangé le meilleur de ma vie chez celui qui passe pour son inventeur : Pedro Solari Delgado, tenant enseigne à son nom dans le quartier de Jesus Maria à Lima. On hésite à entrer dans cette cantine ordinaire au coin d'une rue : quatre tables, une planche-comptoir, un évier, un frigo et trois feux de camping pour le chaud. Deux plats seulement à la carte : *ceviche de lenguado* (sole) et *arroz con pollo* (riz au poulet). Trente-cinq soles chacun. Pedro a 85 ans et toutes ses dents, le cheveu blanc ondulant, foulard au cou sur chemise repassée à la main. Il a tenté par deux fois de se marier. En vain. Il revendique huit enfants putatifs et fait du *ceviche* depuis soixante-dix ans. « Avant on servait le poisson qui avait mariné longtemps et on mangeait un *ceviche* "recuit" (*recocinado*). Quand j'ai commencé, je me suis dit qu'il n'y avait pas besoin de le mariner des heures mais plutôt de le servir tout frais. C'était en mer sur un bateau de pêche et on ne pouvait pas attendre. » Lorsqu'il ouvrit son restaurant il fut sans doute le premier à le présenter ainsi.

La fraîcheur du poisson est capitale, c'est pourquoi les vraies cevicherias ouvrent vers midi et ferment vers 18 heures lorsque la marée du jour est épuisée. Pedro préfère la sole pour son *ceviche* De la sole du Pacifique – 6-8 kg pièce – dont il découpe les épais filets en cubes assez gros de 3 cm de côté (*mas o meno*). Disposés dans une assiette creuse, il les arrose à hauteur de jus de citron vert pressé au moment. Un trait de piment, un peu d'oignon, et quelques minutes plus tard, le voilà sur table. Avec l'ail à volonté. L'important c'est l'assiette creuse, car ce *ceviche* se mange à la cuillère, le jus de citron faisant office de bouillon, enrobant en bouche le poisson ultra-frais, à peine attaqué par l'acidité de l'agrume et excité un chouïa par le piment. La yuca et le maïs blanc égrené, cuits vapeur, sont servis en garniture. Un plaisir total qui renvoie à mille lieues la cohorte des *ceviches* de contrebande (AF 439) et justifie à lui seul le voyage à Lima. (*15 mars 2008*)

Le mole poblano

Marseille a sa bouillabaisse, Puebla (Mexique) a son *mole poblano*. Comme tout plat emblématique, cette sauce (*mole*) au piment et au chocolat, souffre de copies indignes qui appellent plus souvent la truelle que les couverts en argent. Après plusieurs expériences décevantes, j'ai décidé de me faire préparer un vrai *mole* en cuisine, non sans m'être préalablement recueilli dans les cuisines du couvent de Santa Rosa qui l'ont vu naître. Un lieu d'agréable fraîcheur aux murs épais, couverts de mosaïques et d'azujelos, où sœur Andrea de la Asunción aurait créé ce mole pour un évêque espagnol au palais sensible, venu visiter nonnes et chanoines. Il fallait faire «*dulce por l'obispo*» et sœur Andrea mit du chocolat dans la marmite. Avec le piment et plein de fruits secs. Quarante-cinq ingrédients au total, qui ravirent le prélat.
Depuis le XVIIe siècle, la recette s'est simplifiée et codifiée. Pour 6 personnes, Alonso Hernandez, chef de *Mesones Sacristia* à Puebla, n'utilise que 12 éléments : 3 pièces de chaque piment (*mulato*, *ancho* et *pasilla*), tomate (500 g),

oignon (200 g), ail (2 gousses), chocolat Ibarra (100 g), une tortilla, une banane plantain, sucre, sel et eau. Pour réaliser cette sauce douce et légèrement piquante, il faut avoir sa couleur en tête. Sombre, presque noire. Tous les gestes y concourent. Ail, tomates et oignons coupés en deux sont mis à même la plaque pour bronzer sur feu vif durant une dizaine de minutes. Les piments séchés n'appartiennent pas aux races les plus violentes. Débarrassés de leurs queues et de leurs pépins, ils passent une poignée de secondes à l'huile végétale bouillante pour s'assouplir et prendre un teint brun rouille. Tous ces légumes finissent à la casserole où, recouverts d'eau à hauteur, ils vont mijoter une quinzaine de minutes.

La séquence suivante est la plus surprenante. La banane plantain très mûre est taillée en 8 bâtonnets mis à dorer à la poêle. De l'autre main, Alonso pique une tortilla au bout d'une grande fourchette et la présente directement à la flamme. Pas pour la chauffer ni la toaster, mais pour la brûler jusqu'à ce qu'elle soit entièrement noircie. « Certains ne le font qu'à moitié. Leur *mole* n'aura pas la même couleur. » Direction le mixeur. D'abord les légumes qui, après passage au chinois, livrent une sauce orange foncé. Puis la tortilla cramée, émiettée sur la banane mouillée d'un verre d'eau. Il en sort un appareil liquide au teint de cendre, filtré avant d'être versé dans le précédent. Miracle, la sauce vire au brun à ébullition.

Le chocolat Ibarra est un produit typique de Guadalajara avec sucre, cannelle, éclats de fèves et beurre de cacao. Râpé au couteau et incorporé au *mole*, il va lui apporter brillance et onctuosité. Une tasse de sucre en poudre, une pincée de sel, la sauce doit réduire 45 minutes. Je l'ai goûtée avant terme, saupoudrée de grains de sésame. Enjôleuse au début, malicieuse en fin de bouche, un juste équilibre tropical entre le yin et le yang. Le *mole poblano* accompagne traditionnellement la dinde ou le poulet. Je le verrais bien avec un râble de lièvre. (*19 janvier 2008*)

La redécouverte de l'amarante

Lorsque les missionnaires embarqués dans les soutes des conquistadores ont demandé aux indigènes avec quoi ils se nourrissaient, ceux-ci répondirent : «*el maiz*, *el frijol*, *el amaranto*». Le maïs, les haricots et l'amarante constituaient en effet la base de l'alimentation à l'époque précolombienne. L'amarante, une plante céréalière pouvant dépasser les deux mètres, était à ce point respectée qu'elle donnait lieu à des rites particuliers durant lesquels ses graines, aspergées du sang de sacrifices humains, étaient distribuées aux fidèles qui les mangeaient. Soucieux d'éradiquer ces croyances païennes, le clergé catholique colonial a interdit sa culture sous peine de graves sanctions. L'Inquisition veillait et l'amarante disparut quasi totalement de l'agriculture mexicaine, ce qui ne l'empêcha pas de parcourir le monde. En Afrique où ses jeunes feuilles sont appréciées comme légumes, en Asie où elle est consommée comme céréale et en Europe où on l'utilise surtout comme plante ornementale : ces grandes tiges vertes aux fleurs et au plumet rubiconds qui «donnent du volume au bouquet» à en croire les fleuristes.

Il fallut la publication en 1975 d'un livre consacré aux « plantes tropicales sous-exploitées et à fort potentiel économique » pour attirer l'attention sur cette amarante délaissée, là où elle fut domestiquée pour la première fois, aux confins des États de Puebla et de Oaxaca. Un monde d'épines et de cailloux où lorsque l'eau daigne sortir de terre, elle est salée. Des millions de cactus piqués à flanc de coteau tels des poteaux télégraphiques, accueillants comme une barbe de cinq jours sur une peau sèche et sous un soleil de brute. Au village d'Atecoxco, le nombre d'habitants n'a pas varié depuis 1917. Tous les jeunes s'en vont, alimentant le flot continu des *indocumentados*, partis échanger leur labeur contre des dollars au nord du Rio Grande. Raul Hernandez Garciadiego aussi, un jour s'en est allé. Arrivé à Paris pour étudier, il a connu Emmaüs. Rentré chez lui dans la vallée de Tehuacan, il préside aujourd'hui au retour de l'amarante dans le cadre d'un projet alternatif avec le soutien de Slow Food qui a tenu en novembre 2007 son cinquième congrès international à Puebla.

Il existe plus de 60 variétés d'amarante dont quelques-unes sont de bonnes productrices, notamment *Amaranthus hypochondriacus*. C'est elle qui est cultivée sur ces terres arides, occupant une soixantaine d'hectares et produisant, bon an mal an, 50 à 60 tonnes de graines minuscules aux propriétés multiples. Seule céréale ne contenant pas de gluten, elle est plus riche que le blé en protéines, lipides non saturés, fibres, calcium ou fer. On en extrait du squalène utilisé en cosmétologie et on consomme ses graines qui, chauffées brutalement, gonflent comme des pop-corn. Elle entre dans la composition de barres chocolatées (*alegria*) très prisées ici et elle peut être transformée en farine qui, mélangée à celle de maïs, permet de confectionner d'excellentes tortillas. Une graine d'avenir pour des *campesinos* qui en cherchent désespérément un au pays. (*12 janvier 2008*)

La bande des quatre

Lorsque j'ai débarqué à Pékin, je n'avais jamais mis les pieds en Chine et j'ignorais tout de sa cuisine, hormis quelques repas fugitifs à Belleville. La capitale chinoise était alors une ville en mission, l'œil fixé sur les JO de 2008, la truelle à la main 24 heures sur 24. Ça cassait, ça creusait et ça poussait de partout. Le plus haut et le plus vite possible. Un tsunami immobilier, une déferlante de tours qui a emporté 90 % des *hutong*, les quartiers traditionnels à ras du sol. Dans ce chantier, projeté en VO sans sous-titrage, il allait falloir se nourrir, sachant que l'humanité se divise en trois lorsqu'elle passe à table : les Occidentaux sont élevés à la fourchette, l'Afrique et le monde arabo-musulman préfèrent la main droite alors que le soleil Levant a choisi les baguettes. Durant un mois, je devrais manger avec deux allumettes géantes et une main. Quand vous serez face au champignon gluant, vous ricanerez moins !
Les accidents de parcours sont secondaires, l'essentiel est ailleurs : la baguette induit la cuisine chinoise. Ce mode de consommation détermine en effet la forme, la taille et un peu du goût des aliments servis. Tout est coupé petit en une multitude de lamelles, cubes, rondelles, bâtonnets qui font de ce pays le paradis de la julienne et de la mirepoix. Cette découpe

n'est pas sans conséquence sur le mode de cuisson : plus c'est petit, plus elle est rapide. Plus les légumes resteront croquants et moins la viande sera saignante. Si la cuisine chinoise ne marche pas à la baguette, elle est conçue pour elle.
Jamais vous ne verrez un couteau sur une table de restaurant, l'usage de la lame étant réservé au cuisinier. Et quelle lame ! Un couperet semblable à celui du boucher, une « feuille » dans le langage professionnel et un *dao* ici. Éplucher, tronçonner, hacher, tailler, trancher, il sert à tout et c'est le seul couteau du commis. Un soir à la fin du service, j'ai vu ceux du restaurant du *Hyatt* ranger chacun leur *dao* dans un étui en bois comme dans un fourreau. Il est le maître des formes et des proportions, celui qui donne son visage à un plat.
Le voyageur croit connaître le wok, dont de multiples versions existent dans le monde. Oubliez-les ! Le wok chinois est profond et à hauts bords que la chaleur doit enrober. Cuisiner au wok sur une gazinière prévue pour accueillir des récipients à fond plat est une gageure. Le wok au fond bombé doit s'encastrer dans les flammes qui lui chauffent les parois. Le plus souvent à feu vif, les aliments sont sans cesse remués et il faut voir l'homme face à l'engin, armé d'une petite louche ou d'une écumoire pour comprendre la violence de la cuisine au wok.
Elle n'a d'égale que la douceur du panier de bambou posé sur l'eau bouillante et dont s'échappe la vapeur qui a cuit au passage les légumes ou le poisson. Chaque jour, au coin de chez moi, Mme Li attend le client dans sa minuscule échoppe derrière une colonne de casiers de bambou espérant les raviolis qu'il aura choisis.

Baguettes, *dao*, wok et panier à vapeur constituent la bande des quatre outils indispensables à la cuisine chinoise. Il vaut mieux les connaître avant d'y goûter. (*7 janvier 2006*)

Les gardiennes du temple

Si le capitalisme est le stade ultime du communisme, la marche n'est plus longue pour que la Chine y parvienne. Elle avait le Drapeau rouge et l'Armée rouge, place au Capital rouge ! Il a déjà son restaurant – *Red Capital Club* – signalé dans la ruelle d'un *hutong* par une limousine noire, semblable à celles des ex-dignitaires du parti, garée devant l'établissement. Que serait la révolution culturelle devenue, si toutes les gardes rouges avaient porté le ceinturon et la casquette Mao avec la même grâce que l'hôtesse de ces lieux ? Le paysan moyen-pauvre ne le saura pas mais le correspondant de presse occidental s'indigne de tant de cynisme face aux 60 millions de morts imputés au Grand Timonier. Où va la Chine camarade ? À la bourse et à la soupe, mon brave !
Arrivé de New York en 1981 avec le petit livre rouge en tête, Lawrence Brahm l'a vite compris, se recyclant dans le « consulting » pour investisseurs étrangers. Marié à la fille d'un général chinois, il a ouvert en 1999 le *Red Capital Club* sur une idée simple : tirer profit de la propagande d'hier en servant les mets favoris de ses auteurs, dans une cour carrée et du mobilier d'époque.
On y mange les asperges vertes de Zhou Enlai, dressées telles les pales d'un ventilateur, ou la crème de légumes et le poulet Deng Xiaoping, arrangés en chat noir et souris

blanche sur l'assiette, en hommage à son slogan justifiant l'ouverture au capitalisme : « Peu importe qu'un chat soit noir ou gris, l'essentiel est qu'il attrape les souris. » J'ai préféré les « crevettes secrètes » du maréchal Ye qui fit arrêter la Bande des Quatre. Frisson sous la dent.
Chaque plat est longuement expliqué sur la carte, épaisse comme un album, dont j'ai évidemment demandé un exemplaire à Han Qing Xia, la garde rouge. Impossible, même avec plein de yuans. Pas question non plus de voir le chef ou les cuisines. Je n'avais plus qu'à descendre à l'abri antiatomique transformé en bar, pour noyer mon chagrin dans un « Lin Biao Crash », cocktail bleu dédié au dauphin de Mao, mort dans un accident d'avion...
Ce goût du secret frise la paranoïa à *Green Tea House*, temple de la modernité gastronomique pékinoise. Ce hangar devenu chic grâce au noir et blanc pourrait se rencontrer à Amsterdam, Los Angeles ou Barcelone. Personnel équipé HF, sièges au dossier vertigineux, bande son-image permanente, Jin R l'a voulu ainsi. Musicienne classique, elle a ouvert un restaurant parce qu'elle avait trop de porcelaine de Chine à la maison et conçu un espace multiculturel unique où la cuisine est considérée comme un art à l'égal de la peinture ou de la musique. Poisson d'amour en tempura, raviolis au bouillon de fleurs de chrysanthème, pigeon sur son arbre à champignons, les plats se présentent comme des tableaux comestibles contemporains, d'inspiration locale. Servi à bonne température sous un éclairage suffisant, c'est extra. Le dimanche soir, ce peut être cata. Lors d'une première visite, Jin R m'avait refusé l'entrée des cuisines (« On ne se connaît pas assez. ») et fourgué son CD à la place

du menu. Revenu dîner en son absence, je me suis fait retirer la carte des mains parce que j'avais «trop recopié» selon le garçon. Dans la capitale du faux Vuitton et de la Rolex bidon, ça énerve... (*21 janvier 2006*)

Matricule n° 115 433 568

Quand le commis a écarté la peau du croupion, glissé la valve dans l'interstice et lâché un jet de vapeur, j'ai cru avoir pénétré le secret du canard à la pékinoise, mal connu sous le nom de canard laqué. Il fallait donc gonfler la bête, lui décoller la peau de la chair pour obtenir cette cuisson «indépendante» de l'épiderme, marque de fabrique du Beijing Kaoya. Vanité de «long nez» qui croit tout savoir ! Mon voisin m'a alors fait remarquer que les palmipèdes, ovales comme des ballons de rugby, avaient «un bouchon au troufignon» avant d'être enfournés. L'affaire se compliquait. À force de ruses nous avons appris que de l'eau ou un bouillon aromatisé était versé dans l'animal. Cette «bonde» de bois retient le liquide qui, devenu chaud, permet ainsi une «cuisson de l'intérieur par vaporisation». Respect.
Les canards arrivaient par douzaines, crochet au cou, badigeonnés d'un condiment sucré-salé-épicé classé confidentiel. Avec une perche, le chef les a pendus aux murs du four en briques avant d'en refermer la porte. On cuisait ainsi sous l'empire des Ming (1369-1644), «à chaleur descendante» dans le four clos, chauffé avec des épis de maïs et des branches de sorgho. Bian Yi Fang est le dernier restaurant de Pékin à procéder ainsi... à la chaleur du gaz.

Sous la dynastie Qing (1644-1911), le rôtissage à feu visible s'est imposé. On y brûlait du bois de jujubier, d'abricotier, de pêcher pour amener la température à 200-250 °C, durant 50 minutes, le temps nécessaire pour obtenir une cuisson à point. Au *Quanjude*, second lieu de pèlerinage pékinois après le mausolée de Mao, on cuit comme sous les Qing à four ouvert... alimenté au gaz. Avec quelques bûches d'arbres fruitiers qui flambent à l'entrée pour « parfumer ». À cette enseigne ouverte voici cent quarante-trois ans, on passe un millier de canards-jour. D'où viennent-ils ? Qui sont-ils ? Je m'en suis ouvert à la dame en noir, Mme Yang, héritière de la 5e génération de Quanjude. « Ils sont élevés dans notre ferme. On les appelle Beijing *sweet duck*. Ils sont gavés dès leur naissance durant 45 jours. Ils pèsent alors 2,5-3 kg et sont prêts à être consommés. » Fin du communiqué. Mon collègue, résidant en Chine, m'a glissé : « Moi, on m'a dit qu'ils étaient élevés en batterie. » Mme Yang n'a pas capté et nous a invités à passer au salon pour déjeuner. Après les amuse-bouches de canard dont un excellent mini-foie gras, la volaille est arrivée sur guéridon, le teint couleur caramel. Toque blanche, masque de chirurgien, gants de plastique, bistouri géant, le maître d'hôtel aux allures de médecin légiste procéda à l'autopsie avec une précision diabolique. La règle exige que la découpe se fasse en 108 morceaux. Je n'ai pas recompté. La demoiselle aux baguettes s'était approchée. Elle a saisi un morceau de peau croustillante, l'a posé sur une petite crêpe ronde et a trempé dans une sauce de blé fermenté quelques lamelles de viande qui ont rejoint la peau avec un peu de concombre et de ciboule. Puis elle a refermé soigneusement la crêpe en une bouchée qu'elle m'a présentée. Un goût étranger, neuf, inconnu qui avait survécu au temps. C'était un délice de Chine : le canard matricule n° 115 433 568. (*14 janvier 2006*)

Crabe poilu à Shanghai

De septembre à décembre, le gourmet chinois se doit de déguster le *dazha*, fameux crabe poilu élevé en eau douce dans le lac Yangcheng, au nord de Shanghai. Ventre blanc, carapace vert camouflage, il se distingue par ses poils courts sur ses petites pattes et un joli manchon de fourrure sur ses deux grosses pinces. Deux cents grammes pour les mâles, 150 g pour les femelles, le crabe poilu se paie 20 yuans pièce sur place mais grimpe à 120 yuans au kiosque de l'aéroport ! À table, on compte 2 à 4 unités par personne.
Comment déshabiller ce crustacé qui a tourné vermillon après 20 minutes passées dans une eau bouillante, parfumée aux herbes et au gingembre ? À en croire le *Beijing News*, 4 minutes suffisent à Shen Liqiong, décortiqueuse en chef au *Shanghai Classical Hotel*. Quatre minutes pour récupérer la chair – à l'exception des intestins et des poumons tout se mange – et reconstituer la bête quasi intacte.
Au *Tan Wai Lu* sur le Bund, Queenie Ho n'a pas encore cette dextérité. Originaire de Taiwan, elle mettra un petit quart d'heure pour préparer le mien, gantée de plastique, à l'aide d'instruments métalliques plus proches de la table d'opération que de celle d'un restaurant. Servi dans de petits bols avec du vinaigre et du gingembre, c'est frais, léger, fort agréable au palais, loin toutefois derrière l'araignée de mer.

Le crabe poilu étant considéré comme une nourriture « froide », il est recommandé de l'accompagner de vin de riz chaud de Shaoxing pour rétablir l'équilibre entre le yin et yang. Nous avons préféré un fringant sauvignon blanc de Nouvelle-Zélande qui, ma foi, nous a bien réchauffé le corps. Les asperges vertes taillées en sifflets et cuites al dente choisies en garniture laissaient entrevoir une cuisine chinoise contemporaine, moins grasse et moins fourre-tout. Plus transparente et plus sûre de ses produits.

En Chine, étiquettes et appellations ont souvent une fonction décorative plus qu'informative. Le logo « ISO 9001 » ou « organic food » s'affiche en toute impunité sur des denrées qui ne le méritent pas, et il n'est pas impossible de trouver un vin d'un millésime antérieur à la création du domaine. Le crabe poilu est un cas d'école. La production du lac Yangcheng n'excède pas 1 000 tonnes par an et on estime qu'il s'en vend 10 000 tonnes sous ce même label. En 2004, les autorités locales ont réduit de 7 300 à 3 000 hectares la superficie des parcs d'élevage pour préserver la qualité de l'eau et la biodiversité. Les crabes du Yangcheng devaient en outre être bagués et marqués d'un code à 18 chiffres. Échec de la campagne. Pour quelques yuans, on put rapidement faire estampiller « Yangcheng » tout crabe poilu venu d'ailleurs, multipliant ainsi sa valeur par dix. Selon le *Wall Street Journal*, les responsables de la lutte anti-fraude travailleraient avec l'industrie nucléaire pour mettre au point un système imparable. Voilà un excellent thème d'inspiration pour le sage qui, selon la coutume, « à l'automne déguste du crabe en admirant les chrysanthèmes et en écrivant des poèmes ». (*28 janvier 2006*)

Poissons à Sydney

Le grand décalage horaire présente un avantage : à 4 heures du matin, on est frais comme un gardon. Parfait pour le Sydney Fish Market qui ouvre à 5 heures. Hugh m'y attend. Il y achète pour une centaine de restaurants dont quelques-uns des meilleurs. Ici, tout passe aux enchères. Plus de soixante tonnes par jour, exposées au gré de leur arrivage dans une partie de la halle et vendues dans l'autre moitié. Les acheteurs sont assis sur des gradins, chacun derrière son pupitre électronique, face à deux horloges numériques qui égrènent les prix à rebours jusqu'au moment où un doigt appuie sur le bouton OK. Le nom du gagnant apparaît alors au milieu du cadran avec le prix et la quantité achetée. Ce sont les enchères les plus silencieuses du monde, à peine troublées par le listing des lots débité d'une voix monocorde.

Le choc fut rude face à la marée locale. Bien sûr, il y a du thon, des huîtres (ici on les vend ouvertes), des poulpes, des oursins, des homards, des truites, des écrevisses (*yabbies*), mais à part le saint-pierre appelé ici John Dory, me voilà à la dérive en plein océan Austral parmi les *blue spotted flathead* à tête plate, les *yellow tail scad* proches du maquereau, les *sand whiting* et leurs collègues *eastern school whiting* qui ont l'air de bar à museau pointu et écaille terne. A-t-on déjà vu un *blue swimmer crab*, ce crabe à pinces bleues, des caisses de *marron*, langouste d'eau douce à petites pinces, des bancs de *blue eye trevalla* de la famille de la morue ?

Dépaysement garanti même si la qualité de la marchandise ou de sa présentation n'est pas toujours au rendez-vous. « Le meilleur ne vient pas ici, m'explique Hugh. Il est négocié directement entre les fournisseurs et les multiples grossistes installés autour du Fish Market. » Ils « préparent » le poisson, rarement vendu entier aux particuliers comme aux restaurateurs.

« À Sydney, ils ne savent pas travailler la marée, alors ils l'achètent toute prête. » Stephen Hodges le faisait à *Pier*, le restaurant renommé de Rose Bay, quartier chic où l'on se régale sur pilotis en regardant le ballet des hydro-taxis. « Mon partenaire visait la clientèle haut de gamme. Moi je voulais plutôt démocratiser, alors on s'est séparé. » Stephen a son caractère, tout le monde vous le dira à *Fish Face*, le mini-resto qu'il a ouvert entre Paddington et Kings Cross. Un Bangladeshi à la plonge, un Japonais au sushi, une Argentine et deux Australiens au piano dans 9 m^2 derrière le comptoir et 26 couverts maxi dont 7 au comptoir. Tout en métal et à fond les manettes avec piercing et tatouage. Fish & Chips (au *flathead*) servi en cornet plastique, chair de crabe, linguine, fenouil, tomates séchées dans un baume au citron, truite de mer roulée dans les champignons, les poireaux et la pâte filo, cabillaud en écailles de pommes de terre, mini-betterave et jus au vin rouge, exquise tarte-gâteau aux pêches rouges. C'est vif et clair, en bouche comme en salle. Une excellente cantine de voyage. (*26 mai 2007*)

Cuisine fusion à Adelaïde

« Un matin, il m'a dit : "Tu vois tous ces plats chinois, grecs, français, malais, japonais, italiens qui sont à ma carte, eh bien, je vais tout cuisiner ensemble." » Philip White, journaliste, se souvient très bien du jour où Cheong Liew, alors chef du *Neddy's*, lui a fait cette annonce autour d'un mauvais café. C'était au début des années 1980 en Australie du Sud. La cuisine fusion venait de naître et Adelaïde fut son berceau. Cheong est aujourd'hui une star, abonné au palmarès des chefs en Asie, et l'on accourt de partout à *The Grange*, son restaurant au Hilton Adelaïde.

Né en 1949 en Malaisie de parents chinois, il choisit l'exil après les émeutes anti-chinoises à Kuala Lumpur. Arrivé à Melbourne pour des études d'électricien, il doit vendre des sandwichs à la gare pour survivre. Exit le collège. Il rejoint son frère à Adelaïde où il entre « chef du grill » dans un resto grec. Il y apprend les rudiments de la cuisine et découvre l'existence d'Escoffier et du *Larousse gastronomique*. Il les dévore, fasciné par la technique française qu'il maîtrise désormais parfaitement. La découverte et la fréquentation des produits australiens achèveront de façonner cette cuisine multi-culturelle que Cheong appelle « Migration of ideas » à sa carte.

Un plat la résume : *The four dances of the sea* (les quatre danses de la mer) que l'on vient déguster de tout le continent comme jadis on se rendait chez Troisgros pour l'escalope de saumon à l'oseille et aujourd'hui chez Ferran Adrià pour l'écume de mer. Ce sont quatre bouchées qui nécessitent une cinquantaine d'ingrédients. Quatre déclinaisons de produits de la mer, à manger dans un ordre précis, et qui racontent l'itinéraire de Cheong : *soused snook*, un poisson tropical mariné cru en trois fines lamelles posées sur trois autres d'avocat avec une cerise griotte sur le dessus, *raw calamari squid ink noodle*, calamar en lanières sur un nid de nouilles chinoises à l'encre de seiche, *octopus aïoli*, tentacules de pieuvre (cuite) émincées, roquette, sauce jaune, et *spiced prawn sushi*, un carré de feuille verte (à ne pas manger) qui accueille riz gluant, crevette piquante et allumettes de concombre avec une pluche de coriandre. Traces méditerranéennes, chinoise, indienne, japonaise, thaïlandaise dans les produits comme dans les modes de cuisson et les accommodements. À la fin de la dégustation, le palais est ailleurs, perdu dans des accords inconnus, des saveurs jamais côtoyées, découvrant un nouveau monde aux harmonies polyglottes et aux identités mêlées. La scène se déroulant aux antipodes, on ne s'en étonnera pas. L'Australie s'est faite avec des gens de tous les pays (sans l'avis des aborigènes), chaque communauté, à l'image de Cheong Liew, arrivant avec ses nourritures et ses rites. Ce que l'on a appelé *Fusion food* n'est que la traduction comestible de ce melting-pot ethnique et culturel. La preuve qu'une nation est née et, avec elle, une cuisine nouvelle et originale. Une cuisine tout simplement australienne. (*2 juin 2007*)

Lord Jim à Bangkok

Joseph Conrad n'a jamais dormi à l'*Oriental* à Bangkok mais il a fréquenté assidûment le bar de l'hôtel. Une raison suffisante pour qu'une suite y porte son nom et le restaurant de poissons celui d'un de ses héros : Lord Jim. Il était revenu ce soir-là, à trois tables de la mienne. Un étranger aux yeux clairs, épaules puissantes, costume de lin froissé-chic, assis seul face à deux couverts et une bouteille de Veuve Cliquot. L'homme piaffait de la cheville droite. Son compagnon l'a rejoint alors que le sommelier me présentait le Babich Black Label Marlborough 2005, un sauvignon blanc néo-zélandais d'excellente facture. Disons qu'il s'appelle Siam, minuscule bonhomme à cheveux noirs, vêtu de soie du pays, col mao et mobile à la main. La dispute a éclaté dès la première coupe. À peine trinqué, sitôt engueulé ! Une colère sourde émanait de Lord Jim, arc-bouté sur son fauteuil, les muscles bandés, comme s'il contait à Marlow la lâcheté de l'équipage du *Patna*. Siam se taisait, les yeux mouillés, perdus dans un vide absolu. Pas un mot, pas un regard. Avis de tempête à la table 12.

À la mienne, on installe la *Lord Jim's iced seafood tower*, une merveille de la mer et de l'aquaculture, présentée comme un plateau de fruits de mer, garni de sashimis, d'huîtres et de moules, de tartare de poisson, de saumon fumé et de la gamme complète des crevettes jusqu'à la presque langouste ; toutes fendues par le milieu et prêtes à recevoir en leur chair immaculée l'une des sauces proposées en escalier : vinaigrette forte, moutarde aux herbes, crème fouettée, sauce corail, wasabi et sauce soja. Quelques algues lie-de-vin se pavanent sur la glace. Le poivre mignonnette et le gros sel rose sont en coquilles nacrées, les baguettes à disposition, les couverts aussi. Derrière la vitre, des bateaux enguirlandés comme des arbres de Noël filent un train

d'enfer sur le Ménam. À mes pieds, l'ambassade de France, mitoyenne de l'*Oriental*...
Je rêve, je rêve, mais Siam a disparu de la 12. Il s'est réfugié à l'entrée, le téléphone à l'oreille, derrière le gigantesque hippocampe de glace qui veille sur les crustacés du restaurant. À mi-parcours de mon plateau, le personnel renouvelle le couvert et Siam réapparaît. Il pose le mobile sur la nappe, dit quelques mots et attaque sans sommation la salade de crabe à la papaye qui l'attendait. Lord Jim appelle le serveur pour qu'il remplisse les verres. Il boit le sien d'un trait, respire un grand coup et se tait. Suspens.
Trop absorbé par l'intrigue, j'ai alors commis l'erreur de tenter la vinaigrette thaïe sur la langoustine. On se laisse attirer par la coriandre, et le piment frappe. Pourquoi tant de haine? Qu'a donc fait l'homme au *Capsicum frutescens*, pour qu'il veuille toujours lui « enlever la bouche » ? L'incendie apaisé, je me suis tourné vers la table 12. Siam et Lord Jim avaient disparu. Partis, évanouis. Qui étaient ils? Quelle passion, quelle colère vivaient-ils? Ce sera le mystère d'un dîner de rêve à l'*Oriental*. (*19 mai 2007*)

Le code du curry

L'odeur est entrée dans Paris par la porte de la Chapelle. Elle s'est répandue autour de la gare du Nord, descendant la rue du Faubourg-Saint-Denis pour s'établir passage Brady. L'odeur de l'Inde et de ses épices. Elle s'est ensuite installée dans la ville, dans ses appartements et dans ses magasins sous une fausse identité : la poudre de curry, symbole aux yeux des autres de la cuisine du sous-continent alors que pour ses habitants, elle n'existe pas. C'est une création du Raj, l'Empire britannique sur lequel le soleil ne se couchait jamais. *Kari* en langue tamoule signifie sauce et, par extension, ragoût. À Chennai (Madras), un *chicken kari* est un poulet en sauce à base d'épices. Celles-ci sont soigneusement sélectionnées, assemblées, pilées au mortier pour obtenir une pâte ou une poudre qui constitue le socle de chaque recette. C'est ce « masala » (mélange) que les colons ont baptisé *curry powder* en référence au mot *kari* qui désignait la sauce. Comme le rapporte le *Calcutta Cookbook* : *« Anything cooked with spices becomes a curry for the sahib. »* La cause a pris le nom de l'effet.

L'agression linguistique se double d'une offense gastronomique caractéristique de la mentalité coloniale souvent peu respectueuse des hommes et des traditions. Tout l'art de la cuisine indienne réside en effet dans la confection de ce « masala », car l'association des épices entre elles ou à d'autres aliments n'est jamais le fruit du hasard. Elles sont toujours fraîchement écrasées et le mélange préparé à l'instant en fonction de la recette. L'idée même d'une poudre standard utilisée indifféremment pour la viande, le poisson ou les légumes est un non-sens absolu pour un Indien. C'est pourtant la principale raison d'être de ces flacons de poudre de curry qui encombrent les étagères occidentales. Une cuillerée à café sur le sauté d'agneau, un petit coup dans le risotto ou la soupe de légumes, et le « sahib » se croit à Jaisalmer ou Trivandrum. On le pardonne au touriste de retour d'Agra, moins au restaurateur qui veut faire indien sans savoir comment.

En Inde, un bon chef doit d'abord être un excellent « masalchi », un mélangeur d'épices au nez fin et à la main habile. Le « masalchi » occupait jadis un poste clé dans les cuisines des maharajahs. Maître des épices, il régnait sur un océan de poivre, de curcuma, cumin, coriandre, girofle, muscade, safran, cardamome, nigelle, moutarde, gingembre, cannelle, fenugrec, piment dont lui seul détenait la liste des mariages. Quiconque veut s'essayer à la cuisine du sous-continent doit d'abord s'initier au maniement des épices et à leur assemblage. Comme on doit passer le permis avant de conduire, il faut se faire « masalchi » avant de tenter son premier « biriani ». S'abandonner à la facilité de la poudre en flacon expose à de multiples infractions au code, nettement plus graves à table que sur le bitume de la Great Trunk Road où tout est possible, à défaut d'être permis.
À la différence d'une cuisine européenne confite en dévotion au pied des meilleurs produits, son homologue indiènne vise à parer des plus beaux atours une matière première souvent très ordinaire, si l'on excepte le riz. L'une exalte les saveurs intérieures, l'autre revendique le droit à l'ingérence extérieure. Celle des épices, chargées d'habiller les plats au goût des provinces ou des croyances selon des « patrons » de tradition orale. Taillé sur mesure, le costume est délicieux. Mal ajusté, fabriqué à la chaîne, il ne donne qu'effluves et illusions froissés. (*15 janvier 2005*)

L'heure du thali

Le thali indien comme le mezzé libanais ou l'asado argentin appartient à la catégorie des plats identitaires qui prennent leur sens et leur vrai goût *in situ*. L'Inde du Sud serait manchote sans son *thali*. C'est le nom du plateau métallique rond et à rebord où sont présentés les différents mets dans des petits bols du même métal appelés *katoris*.

À l'origine, la feuille de bananier faisait office d'assiette, et plus on montait dans la hiérarchie sociale, plus le thali se faisait beau. Ceux des maharajahs étaient en argent. Dans les bonnes maisons, le fond du plateau est encore tapissé d'une feuille de bananier taillée au format à même laquelle sont déposés riz et galettes qui constituent la base du repas. Le thali se mange traditionnellement avec les doigts à l'heure du déjeuner.

J'ai goûté mon premier jadis à Ahmedabad, capitale du Gujarat, patrie du mahatma Gandhi. L'alcool y est prohibé et la cuisine végétarienne largement majoritaire. *Chandravilas*, l'un des premiers restaurants offrant des thalis (une roupie à l'époque) y est né en 1900 et, durant plus d'un siècle, enchanta ses habitués jusqu'à l'incendie qui le détruisit en 2002. Gandhi y eut ses habitudes et chaque personnalité de passage dans la ville y faisait escale. Selon le *Times of India*, les effluves du dal (soupe de lentilles) dans lequel entraient 36 ingrédients chatouillaient les narines bien avant d'arriver sur les lieux, et la main qui le portait en bouche, mélangé au riz, en gardait l'empreinte des heures durant.

Le *south indian* thali disponible au sud de Mumbai se divise en deux camps retranchés : *veg* et *non veg*. J'appartiens résolument au premier, l'Inde étant le pays où l'on devient « naturellement » végétarien tant les produits carnés présentent peu d'intérêt. Ni bœuf ni porc, du mouton à l'haleine forte et des poulets de cavalerie pour *chicken tikka* à touriste. La tentation légumière est d'ailleurs trop forte pour y résister, et le thali est son théâtre favori.

Les mets y sont proposés en cercle allant – en sens inverse des aiguilles d'une montre – du plus léger au plus costaud pour terminer sur le froid et le sucré. Au milieu, le riz et quelques galettes (*papadam* ou *chapati*). Le *rasam* (soupe de lentilles épicée) et le *sambar* (ragoût de lentilles) sont obligatoires comme les trois currys minimum dont la variété est infinie : chou-fleur, épinards, petits pois, gombos (*lady finger*), champignon, aubergine, pois chiches, haricots rouges, oignons, pommes de terre... traités avec toutes les épices et les piments disponibles, enrichis au lait de coco dans le Sud. À chacun d'en accommoder le riz à son goût, *chutney* et *pickles* (mangue, citron vert, gingembre) venant relancer l'appétit, *curd* (yaourt) ou *raïta* (salade de légumes au yaourt) calmant les vapeurs. Pudding, riz au lait parfumé, *gulab jamun* (petites boules de lait et de noix de coco), parfois une simple banane font office de dessert. Quelques graines de sésame et d'anis (*mukhavas*) faciliteront la digestion. Au Kerala, un jour sans thali, c'est comme une nuit sans étoiles. (*28 juin 2008*)

Sur la terre du basmati

Elle était accroupie, presque invisible au fond de la parcelle, incrustée dans la terre dont elle grattait les mauvaises herbes avec un petit crochet. Lorsqu'on s'est approchés, elle a rassemblé son sari vert sous ses jambes puis relevé la tête, examinant, derrière ses lunettes cerclées, l'étranger débarquant dans son champ. « *Seeds bank* ? » Une question en deux mots dont Bija Devi connaissait par avance la réponse. Tous ceux qui viennent ici veulent voir la banque des semences, l'œuvre de cette femme de 60 ans née au pied de l'Himalaya qui travaille la terre depuis l'âge de 7 ans et dont le prénom annonçait la destinée : Bija signifie semence…

Nous sommes au nord de l'Inde près de Dehra Dun (Uttar Anchal), la patrie du basmati aux longs grains parfumés qui ne collent pas à la cuisson. Devi veille sur 250 variétés de riz dont 13 de basmati, rangées dans les casiers de cette maison de terre impeccablement balayée et aérée où seule une petite souris noire est admise « car elle a une odeur qui chasse les insectes ». Voici parmi d'autres, le Punjab basmati aux grains allongés légèrement jaunes, le Kasturi basmati aux notes de menthe et de citron, le basmati Todal avec sa légère flaveur balsamique et le fameux Desi basmati au parfum de fleurs blanches et de santal qui doit tremper plus de 12 heures avant d'être apprêté « complet », dans son meilleur costume.

Lorsqu'en 1998, on apprit ici la naissance de Kasmati et Texmati, deux variétés inventées par Ricetec au Texas, on cria au voleur d'autant que cette société s'apprêtait à le faire breveter « basmati » par les autorités US. En l'absence d'enregistrement officiel du basmati indien selon les règles de l'OMC, il devenait possible qu'un jour les cultivateurs traditionnels de Dehra Dun soient obligés de payer une redevance pour le basmati à Ricetec qui en détiendrait le label. Un exemple parfait de biopiratage. Après plusieurs années de guérilla juridique, le bureau des brevets américains (USPTO) a coupé la poire en deux, autorisant Ricetec à vendre ses produits comme une variété de basmati sans lui donner le statut de marque déposée, ce qui permet aux Indiens de continuer à cultiver les leurs. L'alerte fut chaude, et si les autorités indiennes sont promptes à crier victoire, elles sont loin d'avoir obtenu une garantie semblable à celle du scotch whisky ou du champagne français interdisant l'usage de ces appellations en dehors du territoire géographique d'origine.

Face à ces menaces doublées de celles du riz OGM, les paysans de la région se sont organisés sous l'impulsion de Vandana Shiva, fondatrice du mouvement Navdanya qui compte aujourd'hui plus d'une vingtaine de *seeds bank* dans une quinzaine d'États indiens. Deux mille variétés de riz, des centaines de céréales, de légumes, de plantes médicinales y sont soigneusement entreposées et constituent un véritable trésor face à la flibuste des multinationales de la bouffe et des cosmétiques. Je m'en suis régalé à la ferme modèle de Navdanya : Dehra Dun basmati blanc comme neige, haricots rouges en sauce rouge, léger curry de pommes de terre-chou-fleur à la coriandre fraîche, yogourt naturel, chapatis tièdes sous la serviette et l'eau du puits. Un des meilleurs repas de ce voyage. Il avait le goût du cœur. (*13 janvier 2007*)

Darjeeling, avant la tasse

Tout a commencé en 1838 lorsque le docteur Campbell, superintendant de Darjeeling, y planta du thé importé en douce de Chine. L'arbuste s'y est plu entre 1 000 et 2 000 mètres à l'image des représentants de l'Empire, épuisés par les fièvres de Calcutta, qui venaient se mettre au frais sur les contreforts de l'Himalaya. Environ 20 000 hectares de *Camelia sinensis* sont aujourd'hui cultivés dans 70 plantations (*tea garden*) produisant 10 à 12 millions de kilos, récoltés en trois phases. La *first flush*, entre fin février et mi-avril, reste limitée et donne un thé léger aux arômes subtils surtout prisé par les Japonais. La *second flush*, de mi-mai à fin juin, produit un thé plus équilibré au caractère plus affirmé avec parfois des flaveurs de muscat vert (muscatel) très recherchées. Les Allemands l'apprécient. La dernière récolte appelée *autumnal* se fait après la mousson, de fin septembre à novembre. C'est la plus abondante, offrant un thé corsé, aux arômes lavés par les pluies, vendu meilleur marché principalement à destination des pays anglo-saxons. Avant l'eau bouillante de ces lointaines théières, *the two leaves and the bud* (les deux feuilles et le bourgeon), sont soumises au devoir de sécheresse durant les cinq phases de la fabrication. La première étape, le flétrissage (*withering*), se passe en douceur. Étalées durant 12 à 20 heures sur des claies de bois, les feuilles vont perdre plus de la moitié de leur humidité. Ramollies et flétries, elles sont prêtes pour le roulage (*rolling*) dans une machine qui malaxe ces feuilles comme entre les paumes de la main. But de l'opération : éclater les cellules pour en faire sortir le jus. Trois sessions d'une dizaine de minutes, et le thé est mûr pour une courte fermentation à 18-20 °C durant 40 à 60 minutes. Les feuilles vont s'oxyder et prendre une couleur jaune doré. Leur fermentation est brutalement stoppée par un passage au four (*firing*) à 250 °C. En 30 minutes, elles ont noirci et ne contiennent plus que 2 à 3 % d'humidité. Reste la dernière phase, le tri (*grading*) au tamis, pour sélectionner les différentes qualités. Le Darjeeling *tea* peut alors être empaqueté dans ces fameux cubes de bois cerclés d'aluminium (40 x 50 x 60 cm) portant l'identité du contenu inscrite au pochoir. Six cents kilomètres plus bas, après un nombre exagéré de lacets, il arrive à Calcutta pour être vendu aux enchères. Auparavant un *tea taster*, digne de nos meilleurs dégustateurs de vin, l'a goûté et fixé sa cote. Acheté par les *tea brokers*, il va gagner le monde entier, Hambourg étant sa principale tête de pont européenne.

Il se boit plus de Darjeeling *tea* qu'il ne s'en produit. Toujours vérifier l'étiquette avant de le préparer selon la règle du Tea Planter's Club : infuser le quart d'une *tola* (2,9 g) dans quatre onces (113,4 cl) d'eau bouillante durant 6 minutes et verser immédiatement le liquide obtenu dans une tasse de porcelaine blanche pour en apprécier la couleur. De grâce, ni nuage de lait ni citron. Juste une pointe de sucre pour civiliser ces arômes d'écorce qui le distinguent de tous. Alors, peut-être apercevrez-vous au fond de la tasse le Kanchenjunga (8 597 m) qui veille sur Darjeeling. (*12 mai 2007*)

Mangomania à Mumbai

Fin avril, lorsque la chaleur commence à brûler les trottoirs de Mumbai et que le bitume fond sur la chaussée, des millions d'hommes et de femmes réfugiés sous la clim' et les ventilateurs espèrent quelques instants de répit. C'est le privilège de la mangue. The *king of fruit*, cadeau des dieux, dont chaque bouchée, chaque gorgée applique un baume de douceur sur la canicule.

La meilleure s'appelle Alfonso, héritage d'un passé colonial de nationalité portugaise. Le mois de mai est sa pleine saison du Maharashtra au Kerala et les premières se vendent jusqu'à 2 000 roupies la douzaine. En Inde du Sud, la mangue s'échange à la façon des œufs. À point, elle est jaune d'or, de forme oblongue, de taille moyenne (200 g), cueillie sur des arbres aux feuilles toujours vertes et pouvant dépasser les 30 mètres. Il en existe des dizaines de variétés issues de la même famille des anacardiacées, célèbre pour ses plantes à poison. L'Inde en est le premier producteur mondial avec environ 11 millions de tonnes, mais nous connaissons peu cette mangue-là sur nos marchés qui proposent essentiellement des fruits rouges et verts, pesant jusqu'à 500 g en provenance d'Amérique du Sud ou d'Afrique. La mangue indienne est plus jaune, plus juteuse, plus forte en goût. En mai, on la trouve à toutes les tables, sous toutes les formes : brochettes, pasta, fondues, chutneys, pickles, cocktails, gâteaux, soufflés, crèmes brûlées, sorbets, milk-shake, etc. C'est Mangomania à Mumbai.

Au sortir de Crawford Market où elle tient la tête de gondole, j'avais rendez-vous pour une leçon particulière avec

Prashanth, chef du *Kandahar*, le restaurant de cuisine indienne de l'hôtel Oberoi. Originaire du Kerala, il m'a appris le curry de mangue de chez lui. « *It's a classic, down south!* » Dans un sautoir à fond épais il chauffe de l'huile de coco pour y jeter à feu vif 1 cuillerée à café de graines de moutarde, 3 petits piments séchés de Madras, quelques feuilles fraîches de kari, une bonne pincée de gingembre émincé et de piment vert en fine julienne.
Le temps que ces épices fassent connaissance et montent en température, il ajoute une demi-cuillerée à café de poudre de piment rouge et une autre de turméric. Remuant vivement le tout, il l'abandonne sur feu moyen pour mélanger dans un cul-de-poule 200 g de purée de mangue à autant de yaourt *made in India*. Cet appareil est versé dans la casserole où mijotent les épices avec une louche de bouillon de légumes pour assouplir la consistance et 4 quartiers de mangue (avec la peau) qui vont cuire quelques minutes à flamme douce. Sel, poivre et la touche finale sur feu éteint : un demi-verre de lait de coco, qui est au Kerala ce que l'huile d'olive est à la Provence.
Ce curry d'un magnifique jaune orangé se sert avec un basmati vapeur ou un poisson. Doux et fruité en début de bouche et finissant sur une note pimentée, ce fut un délice avec une galette de riz éclaté cuit au lait de coco, transparente sur les bords et plus épaisse au milieu. Un lassi à la mangue lui fit belle escorte. (*21 juin 2008*)

Yes, we drink !

Alors que les Français ont élu pour la première fois de leur histoire un président qui n'aime pas le vin, les Américains en choisissent un qui l'apprécie. Le nôtre réduit la conso et les frais vineux en son château, le leur garde un millier de flacons dans sa cave perso à Chicago. Vive l'Amérique et Barack Obama qui succède à un ex-alcoolique, Georges W Bush, devenu *teatotaller* (abstinent total) par la grâce de Dieu. Personne n'a oublié «Hot-dog et angine blanche», le lamentable épisode de la série télévisée «Bling-bling» dans lequel Sarkozy en vacances s'affichait – sans Cécilia indisposée – aux côtés de la famille Bush en mangeant de la *junk food* arrosée au soda. «Dis-moi ce que tu manges, je te dirai ce que tu es», il est des jours où Brillat-Savarin n'a pas forcément tort. Cette connivence avec Deubeliou dans le *no wine* et la malbouffe augurait mal des rapports bilatéraux avec un Barack qui adore la roquette.

Les viticulteurs américains ont immédiatement senti les opportunités qu'offrait l'élection d'un président amateur de vin : les étiquettes à son effigie se sont multipliées sur leurs bouteilles. Après la victoire de Sarko, je n'ai pas souvenir d'une telle réaction dans les domaines et châteaux de notre vignoble qui, pourtant, ne lui ont pas ménagé leurs suffrages. Durant la campagne, Obama fut accusé d'un certain élitisme dont sa familiarité avec le vin était un exemple alors que les classes populaires préfèrent la bière. C'était *wine track* contre *beer track*. Il a assumé. Il a gagné.

Lors du dîner d'intronisation, un sauvignon blanc 2007 (Duckhorn, Napa Valley) a accompagné le ragoût de fruits de mer, un pinot noir 2005 (Goldeneye, Anderson Valley) le faisan et le canard, et le « champagne » californien Korbel (Russian River Valley) les desserts. Depuis Lyndon Johnson on ne sert que du vin made in USA à la Maison Blanche, au grand dam de Reagan qui buvait en douce son Château Margaux préféré. La cave est d'ailleurs inexistante au 1600 Pennsylvania Avenue. À peine un fonds de roulement de 500-600 bouteilles, loin derrière les 20 000 rassemblées par Thomas Jefferson dans le cellier aménagé jadis sous ce qui est devenu l'aile ouest (*west-wing*), désormais affectée à d'autres usages.

La question de la sommellerie à la Maison Blanche n'est certes pas un dossier prioritaire, mais la presse spécialisée a déjà lancé un défi à celui qui s'est engagé à créer ou sauvegarder 3 millions d'emplois durant son mandat : doter la présidence d'une cave de 3 000 bouteilles, représentatives du vignoble national. Il a quatre ans pour y parvenir, le temps que les États-Unis mettront pour devenir le premier pays consommateur de vin au monde – devant l'Italie et la France – avec 3,8 milliards de bouteilles par an, selon une étude réalisée pour Vinexpo. En France, la baisse de la consommation devrait se poursuivre mais à un rythme plus lent… Santé Barack ! (*14 février 2009*)

4
À table !

Si je suis devenu chroniqueur, journaliste ou critique gastronomique – aucun des termes ne me plaît – c'est en partie la conséquence de trois événements.

Le premier – sans doute le plus déterminant – fut ma rencontre avec Alain Chapel chez qui j'ai fait mon premier repas dans un trois macarons Michelin. C'était le 17 février 1983. Quelque temps auparavant, *Libé* m'avait envoyé en reportage à Lyon pour y suivre des élections municipales « sous un angle gastronomique », le genre de mission qui ne se refuse pas. Dans la capitale des Gaules, j'avais lié connaissance avec Jean-François Abert, fine plume et fine gueule locale, qui venait d'écrire la fameuse préface du livre de Chapel, *La cuisine, c'est beaucoup plus que des recettes*. Chez *La Mère Brazier* nous avions partagé les fonds d'artichaut au foie gras, le gratin de macaronis et la glace vanille au chocolat chaud avec sa galette bressane. Des plats solides qui ont fondé une longue amitié jusqu'à la disparition de Jean-François en 2008. Au café, il m'avait invité à une promenade originale qu'il faisait chaque hiver avec quelques amis gourmands : traverser la Dombes pour aller déjeuner chez Chapel. Une balade d'une dizaine de kilomètres, de préférence par froid vif, parce qu'un repas chez Chapel, ça se mérite ! Nous y sommes entrés à midi sonnant au clocher de Mionnay. Le temps de quitter nos brodequins et nos fourrures, le maître nous reçut au bar sur ces mots aimables : « Après tous ces efforts, vous prendrez bien un petit casse-croûte. » Il arriva sur un plateau de métal argenté. Une baguette posée en diagonale sur un linge blanc, dorée à point, encore tiède au sortir du four et sitôt tranchée en quatre portions pour chacun des randonneurs. Mon voisin de droite poussa le premier cri. Il avait mordu dans la truffe noire, cuite entière dans le pain. Ce sandwich était farci à la *Tuber melanosporum* dont quelques pièces de beau calibre nous furent présentées en saladier. Vinrent ensuite la friture de goujons livrés le matin même du lac d'Annecy avec son persil frit puis la gelée claire de pigeonneau à l'anis étoilé avec un Montrachet 73 du baron Thénard, le meilleur des vins blancs de Bourgogne. Après cette mise en bouche, nous pouvions passer à table. En lisant le récit de ce repas dans *Le Matin de Paris Magazine*, ma mère crut que j'avais exagéré. Crème de palourde, langues d'oursins, crème battue saupoudrée de caviar ; asperges vertes de Villelaure (les premières) en feuilleté, écrevisses pattes rouges et truffe noire ; aiguillette de truite saumonée et d'omble chevalier du lac d'Annecy, jeunes laitues rouges, copeaux d'artichaut et sabayon champagne ; pot-au-feu de filet de bœuf en vessie, cardons au gratin à la moelle ; fromages, tarte au pralin, café et mignardises. Corton Charlemagne 1978, Léoville Las Cases 1966 (« trop jeune et déjà trop vieux »), Hermitage La Chapelle 1961 avaient scandé le repas. La nuit était tombée depuis un moment lorsque nous sortîmes de table et le garçon qui regagna Paris par le dernier train en compagnie d'une poularde de Bresse, cadeau du chef, n'était plus le même qu'à l'aller. J'avais goûté des saveurs inconnues, bu des vins incroyables, rencontré un chef hors du commun et je baignais dans la béatitude la plus totale. Je venais d'être dépucelé gastronomiquement.

Deuxième événement d'importance : mon stage de quinze jours comme commis au *Chanteclerc*, le restaurant gastronomique du Negresco, alors sous la houlette de Jacques Maximin (1984). Lui seul savait que j'étais journaliste, (envoyé par *Le Point*) et, de toute façon, l'équipe ne posait pas de questions. Le chef disait, la brigade suivait. Celui que *Gault&Millau* avait baptisé le Bonaparte des fourneaux était au mieux de sa forme, et sa courgette fleur farcie faisait les régals de la presse gastronomique. J'ai débarqué à Nice à l'heure du déjeuner et, le premier service terminé, tous les cuistots ont pris le chemin du terrain de foot pour rencontrer ceux du *Moulin de Mougins* (Roger Vergé) à Cannes. Aux yeux de Maximin manquer une passe était au moins aussi grave que rater un plat. Un penalty de dernière minute permit un match nul fort opportun pour le moral des troupes. Le même soir, le chef était absent au début du service. Retenu on ne sait où, injoignable au téléphone alors que figuraient parmi les suggestions du jour des « têtes de cèpes de derrière les fagots » dont personne en cuisine n'avait la moindre idée. Encore moins en salle. Le maître d'hôtel, soumis à la curiosité de la clientèle excitée par l'appellation et venant s'informer aux fourneaux, s'entendit répondre : « Ben c'est simple, tu vas derrière les fagots, tu cueilles des cèpes et tu les mets dans l'assiette. » L'entente cordiale est rarement de mise entre les pianos et la salle. Lorsque Dédé le second entendit le bruit du trousseau de clés que Maximin portait toujours accroché à sa ceinture, il murmura : « Attention, c'est parti ! » Le chef arrivait les mains pleines de cambouis, le regard en broussaille. Il avait été retardé par des ennuis mécaniques sur sa Porsche en descendant de Vence. « Chef, c'est quoi, derrière les fagots ? » demanda timidement Sato, le commis japonais en charge des entrées chaudes.

Maximin : « Écoutez-moi bien, bande de dégénérés, je ne répéterai pas. Les têtes de cèpes pochées, huile d'olive et beurre. Le foie gras saisi des deux côtés, on déglace la poêle, vin blanc, fumet de cèpes et un trait de jus de truffe. Avec des échalotes au fond. Monté au beurre et on jette quatre queues d'écrevisses dedans. Tac, tac et on dresse : les cèpes la tête en bas, le foie gras par-dessus, les écrevisses, la sauce, ciboulette hachée, une rondelle de truffe et c'est parti. Compris ? Il est où ton fumet de cèpes Sato ?

– J'en ai pas chef... »

Après, ça ne se raconte pas. Les noms d'oiseaux ont volé en rangs serrés, la brigade a rentré la tête dans les épaules et j'assistais médusé à la tornade Maximin. Il m'en aurait dit le quart, je lui aurais rendu le tablier illico. Tout le monde continua à travailler en silence jusqu'au dernier plat. À la fin du service, il en appela quelques-uns dans son cagibi-bureau pour leur remettre une petite enveloppe garnie, juste récompense d'un extra dans une propriété voisine, et l'on se quitta bons amis. Dès le premier jour, j'avais compris la règle de base de la vie en brigade. Elle tient en deux mots : « oui, chef ».

C'est avec quelques-uns d'entre eux que j'ai vécu une troisième expérience plus ludique mais néanmoins enrichissante. Par je ne sais quel hasard de la communication, me voilà le seul journaliste invité à un « voyage d'étude » en Andalousie avec une palanquée de chefs (Guy Savoy, Alain Dutournier, Jean-Marie Amat, Henri Faugeron, Jacques Lameloise, feu Édouard Carlier, Jean-Pierre Xiradakis, Robert Vifian et quelques autres). Nous étions les hôtes de l'appellation Xérès, désireuse de faire connaître ses crus quasi absents de France à cette époque (1985), hormis les Sherry de grande cavalerie. Et voilà cette bande de joyeux drilles lancée sur les traces du *fino*, de la *manzanilla*, de l'*amontillado* et de l'*oloroso*. En fait, à peine les valises posées et le dîner d'accueil terminé, une partie de la troupe s'est retrouvée dans un infâme bouge de campagne, meublé avec des sièges de voitures où l'un d'entre eux (dont nous tairons le nom) entama des négociations pour « un tarif de groupe », concernant les prestations buccales que proposait le personnel féminin sous les ordres d'une imposante mère maquerelle native de Tanger. Les pourparlers échouèrent et nous rentrâmes fort tard, le palais gravement endommagé pour les dégustations du lendemain matin. Ce furent quatre jours de franche déconnade, entrecoupés de visites des caves, de repas somptueux et de réceptions diverses sans oublier la corrida et le flamenco à Séville. J'avais l'impression d'être avec une bande de collégiens de mon âge, libérés de l'internat le temps d'un long week-end et profitant plein gaz de ces brefs moments de liberté, loin du piano, des fournisseurs et des clients. A contrario, je comprenais combien leur métier était contraignant, pour la tête et les bras. Bien sûr, après moult *finos* et *jabugo* aux comptoirs des bars à tapas, des liens se sont créés, et lorsque je vais à Bordeaux, ne pas visiter Xira ou Amat est une faute grave. Ces chefs qui, en rentrant, allaient reprendre le tablier m'étaient devenus familiers. J'avais brisé le tabou de la toque. Désormais, je pourrais glisser un pied dans la porte de leur cuisine.

Les hasards de la pige m'ont permis de rencontrer à la même époque Alain Ducasse qui venait d'entrer au *Louis XV* à Monaco. À la demande de Jean-Pierre Binchet, l'excellent red-chef de *LUI* qui voulait ajouter de la culture au cul, je devais faire un portrait de ce jeune chef déjà réputé (deux macarons au *Juana* à Juan-les-Pins). Il avait osé s'installer dans la Principauté, Golgotha de tous les cuisiniers, contraints d'y servir des potages Crécy et du riz au lait à des rombières emperlousées à l'estomac délicat. Ducasse m'annonça tout de go, lors de ce premier repas dans le fameux aquarium, la table du chef dans les cuisines du *Louis XV*, qu'il avait signé un accord avec la Société des Bains de Mer (SBM), propriétaire des lieux, par lequel il s'engageait à obtenir les trois étoiles en trois ans si on lui donnait carte blanche. Pour commencer, il avait fait refaire les cuisines, 1 000 m² agencés et meublés selon ses exigences pour satisfaire l'ensemble des besoins de bouche de l'*Hôtel de Paris*, du *Louis XV* et des multiples restaurants et salons. J'en ai gardé le souvenir d'un déjeuner ensoleillé aux saveurs déjà méditerranéennes, malheureusement interrompu par son rendez-vous chez l'ophtalmo, conséquence du grave accident d'avion dont il fut le seul survivant. Personne n'imaginait alors la carrière internationale qui l'attendait, mais en sortant du palace, je n'avais aucun doute : il allait réussir son pari fou des trois étoiles en trois ans. L'assiette était si bonne, l'homme si convaincu et convaincant, qu'il ne pouvait en être autrement. Il les a obtenues. À 33 ans. Depuis, il ne les compte plus, et nos déjeuners se sont poursuivis dans les aquariums de ses différents établissements.

À cette époque, ces rencontres et ces plaisirs de table étaient un agréable hobby et je continuais à parcourir le monde pour *Libé* écrivant de temps à autre quelques papiers « bouffe » qui m'ont cependant appris quelques trucs fort utiles pour l'avenir. Ainsi, lors du Tour de France 1984 gagné par Laurent Fignon que j'avais suivi avec une joyeuse bande de *Libé*. L'avant-dernière étape – Villié-Morgon-Villefranche-en-Beaujolais – se disputait contre la montre au milieu des vignes. Les jeux étaient faits et Fignon assuré de la victoire finale, aussi avions-nous étendu le champ de notre « couverture sportive » aux produits du terroir. Il fallait bien trouver de la copie... *Le Cep*, auberge bourguignonne de renom, installée dans le virage de Fleurie, offrait un point de vue exceptionnel sur la course qui passait sous ses fenêtres. Le déjeuner fut excellent et nous n'avons levé le siège qu'au passage du dixième au classement général. Le compte rendu de ces agapes figurait le lendemain dans *Libé*. Une semaine plus tard, quelle ne fut pas ma surprise de recevoir au journal une caisse de Beaujolais-Villages avec un carton signé d'un groupement de producteurs inconnu me remerciant pour cet article sur le beaujolais. Je n'en avais rencontré aucun et mes investigations n'avaient pas dépassé

la carte des vins du restaurant. Grâce à ces 12 bouteilles de Fleurie, immédiatement mises en perce à la rédaction, j'ai compris que dans le milieu du verre et de l'assiette on avait le cadeau facile et que le terrain était miné sur le plan déontologique.
Puis il y eut le cas Bolino. Toujours dans *Libé* où j'avais tiré un coup de bazooka contre « le hachis parmentier » Bolino, une infâme mixture sous plastique dont les auteurs avaient eu l'audace de m'envoyer un échantillon. Quelques jours après la publication, courrier de la maison Bolino. Je m'attendais à des protestations indignées vu le costard que j'avais taillé. Au contraire, sur papier à lettres de qualité, ils me remerciaient d'avoir cité leur marque dans mon article. Peu importait ce qu'on en disait, l'essentiel était d'en avoir parlé. J'ai su dès lors que rien ne servait de déglinguer et que la meilleure arme à l'égard des malfaisants était le silence. À de rares exceptions près, je m'y suis tenu. Merci Bolino.

J'ai vraiment mis le doigt dans l'engrenage de la critique gastronomique à *Parcours*, le magazine « in-flight » de feu Air Inter. Chaque mois, je devais assurer une chronique sur un restaurant, accompagnée d'une recette du chef. Pas question de visite surprise et les invitations étaient les bienvenues, le but de l'opération étant de dire du bien de la maison en dépensant le moins possible. C'est la pratique majoritaire dans la presse et c'est ainsi que je fis mes classes en allant de deux en trois étoiles durant plus de sept ans. Grâce à *Parcours* j'ai pu faire connaissance avec la plupart des chefs, à deux exceptions notables : Michel Guérard et Michel Bras mal desservis par Air Inter... J'ai inévitablement côtoyé les collègues et les pratiques en usage dans le secteur. Disons le tout net au risque de déplaire, la presse gastronomique française a autant à voir avec le journalisme qu'un poulet de batterie avec une volaille de Bresse. Ses rédacteurs(trices) en chef sont les attaché(e)s de presse et les chefs de pub. À ma connaissance, il n'existe qu'un magazine spécialisé indépendant et sans publicité : *Le Rouge & le Blanc*. Il faut reconnaître aux attaché(e)s de presse une grande franchise : leur fonction annonce clairement la couleur. À elles ou à eux de « s'attacher la presse » et de la convaincre que les communiqués en faveur de tel resto ou de telles boissons que diffusent leurs employeurs sont des « infos » méritant de figurer dans les colonnes ou sur les écrans alors que leur véritable place est dans les pages de pub. Faire passer de la pub pour du news, c'est tout l'art de l'attaché(e) de presse. Combien de sommaires se construisent en fonction des opérations de communication des producteurs de fruits et légumes, des interprofessions laitières ou viticoles et des campagnes de promotion de l'industrie agroalimentaire ? L'avantage est double : pour le journal, ça ne coûte pas un rond et pour le journaliste, le reportage est fourni clé en main. Ajoutez à cela les marronniers particulièrement vigoureux à la rubrique art de vivre : champagne et foie gras à Noël, chocolat et agneau de lait à Pâques, rosé et salades de l'été, vendanges et foires aux vins à l'automne, sortie du *Michelin*, salon du chocolat, Bocuse d'Or, concours du meilleur sommelier et des meilleurs ouvriers de France, produits de saison et jeunes talents, le tout noyé dans une marée de recettes avec les ingrédients pour 4 personnes. Sans oublier le chapelet des crus notés de 1 à 20 avec deux euros de réduction au domaine si l'on vient de la part du journal. Un petit test sur les havanes ou l'huile d'olive, quelques voyages « de rêve » tous frais payés au Machu Picchu ou au Kerala et voilà le sommaire bouclé pour l'année. Et ainsi de suite en remplaçant le potiron par le chou vert, l'huile d'olive par le jabugo et le portrait de Ducasse par celui de Ferran Adrià. Le pays qui revendique le leadership de la gastronomie mondiale est incapable de produire un média à la hauteur de sa réputation. C'est la conjonction de plusieurs facteurs : médiocrité et paresse professionnelle, mélange des genres entre journalisme et marketing, dictature des lobbys professionnels via les budgets publicitaires... La presse gastro a engendré un genre spécial de plumitif baptisé dans le jargon « coffre ouvert ». Celui qui ne demande qu'à être rempli par l'objet de son reportage. C'est la tendance râteau du métier. Il en existe une version pub poliment formulée en ces termes : « Nous allons publier dans le prochain numéro un long article sur votre domaine et vos vins, peut-être est-ce le moment pour vous de faire une annonce forte. » La version hard est plus directe : « Si tu veux un papier, achète une page de pub. »

Quant à la presse professionnelle, elle est à l'image de ses collègues : au service de sa profession. Les éditos de *L'Hôtellerie Restauration*, le magazine de référence des CHR (Cafés-Hôtels-Restaurants) au sujet de la baisse de la TVA sont à ce propos édifiants. Alors que celle-ci est passée de 19,6 à 5,5 % le 1er juillet 2009, un an plus tard, les services de l'INSEE constataient que les prix avaient baissé – toutes prestations confondues – de 1,41 % dans la restauration et de 0,95 % dans les cafés. À peine une moitié de la profession l'a appliquée a minima mais *L'Hôtellerie Restauration* ne s'en émeut point, préférant appeler au « vrai débat » : l'amélioration de la communication auprès du grand public qui a tendance à considérer cette baisse comme une arnaque. On se demande pourquoi, mais n'espérez pas la réponse dans les médias qui vivent avec la pub du vin et de l'assiette. Le journalisme d'investigation n'est pas le bienvenu dans cette presse-là et je peux témoigner qu'un collègue y travaillant est venu me voir pour faire la pire des choses pour un journaliste : filer un scoop à un autre « parce que toi tu pourras l'écrire mais moi ça ne passera pas ». La modestie des ventes et des tirages des magazines gastronomiques ou vineux n'est que la traduction de leur médiocrité. Pour y avoir collaboré, je sais de quoi je parle.

La rubrique gastro dans la presse généraliste est une autre histoire. Ceux qui la tiennent souffrent d'une mauvaise réputation, héritage de la Seconde Guerre mondiale qui vit certains d'entre eux accusés de collaboration. Le plus célèbre est sans doute Robert-Julien Courtine qui, sous le pseudonyme de La Reynière, exerça son magistère au *Monde* durant plus de quarante ans (1952-1993). Collaborateur sous l'Occupation de l'*Appel*, l'hebdomadaire de la « Ligue française d'épuration, d'entraide sociale et de collaboration européenne », il dut fuir Paris à la Libération, se réfugiant à Siegmaringen puis en Suisse avant de rentrer en France où il fut condamné. Fidèle lecteur de ses chroniques depuis mon plus jeune âge, ce fut un choc lorsque j'appris cette tache sur son passé. La droite et l'extrême droite ont souvent été pépinière de chroniqueurs, tels Philippe Couderc qui, de *Minute*, est passé au *Nouvel Obs* par le fait et l'amitié du prince (Claude Perdriel) ou Michel Piot longtemps domicilié au *Figaro* et dont j'ai pu apprécier les fortes paroles sur l'homosexualité de tel cuisinier lorsque nous participions au comité éditorial du *Bottin Gourmand*. Il est vrai que le milieu s'y prête et qu'on y pratique plus Escoffier que Karl Marx.

Dans une rédaction « celui qui fait la bouffe » passe plutôt pour un planqué qui dispose d'un bon fromage, mange et boit gratuit, et va dormir dans les palaces. De toute façon, c'est une rubrique secondaire, ce qui n'empêche pas ses collègues de le solliciter sans cesse pour avoir une bonne adresse. Le pire étant ceux qui ont trouvé un « super-plan » et qui lui enjoignent de le visiter. Ce n'est généralement pas bon. Bien entendu, tous les rédacteurs en chef protestent de leurs soucis déontologiques et assurent en public que « chez nous, Monsieur, on paye les notes au restaurant », ce qui reste souvent une vue de l'esprit. À part les inspecteurs du *Michelin* et François Simon (*Le Figaro*) qui alla jusqu'à menacer Robuchon de constat d'huissier pour obtenir son addition, je ne parierais pas lourd sur le restant de la profession. À leur décharge, précisons que beaucoup sont pigistes et n'ont pas intérêt à présenter des notes de frais trop conséquentes… À ma connaissance, seul Jacques Dupont, en charge du vin au *Point*, bénéficie d'un poste de journaliste à temps complet équivalent à celui de ses collègues d'autres rubriques. Ce n'est pas un hasard si sa compétence et son indépendance sont unanimement reconnues.

Dans le milieu des chefs, le critique gastronomique est davantage considéré comme un « fournisseur » que comme un journaliste. On attend de lui qu'il dise du bien de l'enseigne, et l'attention qui lui sera portée est proportionnelle à l'audience du média qu'il représente. En vérité, seuls les inspecteurs du *Michelin* sont redoutés et respectés, car leur influence sur le tiroir-caisse est indéniable. Qu'un journaliste réputé encense ou assassine, les répercussions sur la clientèle ne durent au mieux qu'une quinzaine. Un peu plus dans la tête du cuisinier, s'il est rancunier... De façon générale, on lit peu aux fourneaux, excepté les articles concernant la maison ou celle du concurrent, et il serait fort exagéré de prétendre que les débats intellectuels y atteignent des sommets. On y parle plus facilement créatures que littérature ! Même si certains se piquent aujourd'hui de talents artistiques dignes des meilleurs peintres ou musiciens, la plupart préfèrent plus modestement se qualifier d'artisans et c'est très bien ainsi.

Reste le public pour qui le chroniqueur fait souvent figure de bouée de sauvetage, lancée à son secours dans la mer agitée des mets et des vins. J'ai remarqué à l'expérience qu'un article sur la quiche lorraine suscite nettement plus de réactions qu'un reportage sur la guérilla tamoule. D'où le haut potentiel de fidélisation du lectorat que détient le chroniqueur et auquel sont toujours attentifs les chefs des ventes et de la pub. C'est incontestablement les recettes, les bonnes adresses ou le récit d'aventures personnelles qui ont la faveur du plus grand nombre. Les considérations sur la vie des toqués et l'ordinaire des cuisines suscitent une attention polie, alors que la dénonciation des attaques au patrimoine ou des excès de certains rencontre toujours un écho favorable. Le lecteur aurait-il un mauvais fond ou voit-il là une preuve de l'indépendance de celui qui les écrit ? En tout cas, il est un chapitre sur lequel personne ne transige : l'appartenance géographique pour ne pas dire le chauvinisme régional. Se tromper de département ou de province dans un article est immédiatement sanctionné de dix coups de fouet par les indigènes. Mention spéciale également au corps médical et membres apparentés dont les interventions souvent drapées dans la dignité des titres et des fonctions corrigent en permanence les travers hédonistes de l'auteur.

Depuis 2004 j'évolue à plein temps dans cet univers avec ma chronique hebdomadaire dans *Le Monde 2*, devenu *Le Monde Magazine*. Lorsque Jacques Buob et Alain Frachon me l'ont proposée, nous avons convenu d'un accord en trois points :
– Elle ne se limiterait pas à la revue des restaurants et des produits de saison mais traiterait de tout ce qui touche de près ou de loin au verre et à l'assiette.
– Elle ne comprendrait jamais le petit encadré en corps 8 avec les ingrédients pour 4 personnes qui la condamnerait inexorablement à devenir, au fil des mois, la litanie des recettes illustrées avec la photo du plat.
– Toutes les notes de restaurant, d'hôtel et de transports seraient payées par le journal dans des limites raisonnables qui, dans la pratique, tournent autour de 10 000 € par an dont une petite moitié en restaurant.

Jusqu'à présent, le contrat a été rempli de part et d'autre à la satisfaction générale et, semble-t-il, à celle des lecteurs également. J'ai conscience de bénéficier d'une situation privilégiée, adossé à un journal de référence, disposant des moyens nécessaires à mon job et profitant d'une liberté totale dans le ton comme dans le choix des sujets. Dans cet exercice j'applique quelques règles simples. Au resto si je ne paie pas, je n'écris pas. C'est valable pour le rédacteur en chef comme pour le restaurateur. N'ayant pas la célébrité médiatique d'un Jean-Luc Petitrenaud ou d'un Périco Légasse, je peux encore aller anonymement dans de nombreux établissements, notamment ceux qui viennent d'ouvrir. Si c'est bon, je me présente après l'addition pour discuter avec le personnel. Si c'est mauvais, je paie et je m'en vais. Ce sera silence radio. Je ne suis pas dans la mentalité du critique clando qui refuse absolument de rencontrer les chefs. Un journaliste qui assiste à un congrès politique va naturellement interviewer le secrétaire général dudit parti. En vertu de quel principe celui qui mange la cuisine d'un chef s'interdirait-il d'en discuter avec lui ? En pénétrant dans les coulisses d'un restaurant, j'en ai souvent appris plus qu'en restant à table.

Seconde règle : garder la maîtrise de son agenda et échapper aux mailles serrées du filet que tissent sans relâche les attaché(e)s de presse. On imagine mal le volume de communiqués, de mails et d'invitations qui parviennent quotidiennement dans ma boîte aux lettres et dont 99,9 % atterrissent à la poubelle. Malgré moi, je participe activement à la déforestation en jetant des tonnes de papier auxquelles s'ajoutent les DVD désormais de rigueur avec les dossiers « importants ». Si je le voulais, matin, midi et soir je pourrais manger et boire gratuitement, du petit-déjeuner (de travail) au cocktail dînatoire en passant par le « lunch » de présentation de tel produit ou de telle enquête plus ou moins bidon. Week-end foie gras en Périgord, sur les traces du pur malt écossais ou à la découverte d'un nouvel hôtel de rêve à l'île Maurice, les tentations sont permanentes. Pour y avoir cédé quelquefois à mes débuts, j'en connais la vanité et le peu d'intérêt journalistique.

Enfin, je refuse systématiquement de faire partie d'un jury, d'une quelconque association, commission ou confrérie qui n'ont d'autre but que de créer des liens entre leurs membres et la presse pour assurer la promotion de leurs activités dans le grand public. On ne peut être à la fois journaliste et acteur sur un même sujet. Organiser des festivals gastros ou des salons de dégustation, conseiller des sociétés dans le choix de produits comestibles et prétendre parler ou écrire en toute indépendance est un leurre. C'est pourtant une pratique répandue dans le milieu où l'on a parfois tendance à confondre la tête de colonne avec la tête de gondole.

Comme Brillat-Savarin je pense que « la gastronomie est la science raisonnée de tout ce qui a rapport à l'homme en tant qu'il se nourrit » et que « son but est de veiller à la conservation des hommes au moyen de la meilleure nourriture possible ». Vaste programme qui me convient fort bien et auquel je m'efforce de contribuer à ma modeste place, en évitant de se prendre trop au sérieux.

À table !
chroniques

Pas touche au gratin dauphinois !

Le gratin dauphinois a la saveur des plats qui attisent la polémique et dont la recette est aussi difficile à écrire qu'une motion de synthèse chez les Verts. A priori, c'est une affaire simple nécessitant matière première des plus ordinaires – la pomme de terre – et ingrédients disponibles dans le commun des foyers : beurre, lait, crème, ail. J'éprouve à son égard une tendresse particulière parce qu'il subit la même agression que la quiche lorraine de mon pays : celle du fromage. Merveilleux produit, dont la France se flatte d'un certain nombre d'exemplaires, mais qui n'a rien à foutre dans la quiche lorraine ni dans le gratin dauphinois. En cuisine, c'est comme à l'ONU : il y a des choses qui ne sont pas négociables, et le gruyère en est une, rapport à ces deux préparations. Libre à chacun d'en user mais ce sera une quiche au fromage ou un gratin savoyard, le géographe averti sachant parfaitement que la Savoie et le Dauphiné vivent à des années lumière l'une de l'autre.

Ces précisions apportées, quel est l'ADN de ce qui n'est finalement qu'un gratin de pommes de terre ? De l'avis

général, celle-ci doit être de chair ferme et la bintje remporte tous les suffrages. À mon goût, une charlotte bio est tout aussi recommandable. Épluchée, la patate rend de l'amidon. Coupée en rondelles de 1,5 à 2 mm d'épaisseur, elle en rend encore plus. Amidon pas bon pour la cuisson. Il convient de l'éliminer en passant longuement les morceaux à l'eau vive avant de les éponger « à fond » sur un linge propre. Le plaisir rare de sentir sous ses doigts un torchon de lin, vestige d'un drap d'après-guerre...
Trêve de fariboles, il faut un plat, en terre de préférence et à haut bord. Il ne doit pas être trop grand, car selon les experts deux récipients moyens valent mieux qu'un énorme, le gratin redoutant la foule. Il ne craint pas l'ail dont on frotte vigoureusement le fond du plat avant de beurrer « légèrement ». Soucieux de marquer le goût de la gousse, certains préconisent d'en jeter quelques-unes dans le lait entier mis à bouillir où les pommes de terre en rondelles vont cuire 5 bonnes minutes. Pour les attendrir, avant de les ranger dans le plat sur trois couches, pas une de plus. Se pose alors la question fondamentale du gratin : au lait ou à la crème fraîche – l'œuf étant strictement prohibé ? Elle n'est toujours pas réglée définitivement.
Les uns, sous prétexte d'économie d'argent et de matière grasse recouvrent presque entièrement l'appareil avec le lait dans lequel ont poché les pommes de terre. D'autres, au motif d'apporter fondant et moelleux, préfèrent la crème fraîche, suffisamment liquide pour se glisser dans les interstices et imprégner toutes les couches. À chacun selon son goût. En période de tension sociale, un bon compromis consiste à mélanger les deux 50-50. Four chaud (200 °C)

jusqu'à ébullition de la crème ou du lait, puis 35 à 40 minutes à feu plus doux. Normalement, la surface doit dorer et les pommes de terre doivent fondre dans la bouche. À côté, la viande fera figure de garniture. (*17 novembre 2007*)

Prénom bintje, profession patate

C'est une vieille copine de classe. On s'est quittés au brevet. Elle est partie dans les mets, moi dans les mots, mais chaque hiver on se retrouve au coin de la table. Je sais pouvoir compter sur elle par grand froid comme elle ne doute pas de ma fidélité au pied de la cocotte. La première fois que nous nous sommes rencontrés, elle était plutôt négligée de sa personne. Pleine de terre, la peau dans la glaise, en vrac dans des cageots qui portaient bien leur nom. Les gens disaient que la récolter faisait mal au dos et que l'éplucher était une corvée. Ils ne juraient que par la bintje, inventée en Hollande par un instituteur qui passait son temps à croiser des pommes de terre et baptisait chacune de ses créations du prénom de ses enfants. Il en avait neuf, lorsqu'il est arrivé à la dixième, il a choisi celui d'une élève : Bintje Jansma. C'était en 1905.
Depuis, elle a fait le tour du monde et bien qu'élevée en sous-sol, la bintje n'est pas bêcheuse, ouverte à de multiples propositions : frites, purée, potage, cuisson au four, etc. De constitution robuste, son teint jaune et sa chair farineuse sont marques de bonne santé. Les Français et les Belges ne s'y trompent pas, elle représente plus de 50 % de leur consommation. Bien sûr, elle a vu arriver les concurrentes à

chair ferme, sorties les fesses musclées et le ventre plat du Tubercule's Gymnase Club, et qui se parent des plus beaux noms, voire d'une particule : belle de Fontenay, charlotte, pompadour, viola, nicola sans oublier ces fameuses rattes du Touquet qui font les tordues à l'étalage. Parfois le soir, au fond de sa cave, Bintje a le blues. Elle se demande comment une solanacée aussi biscornue que celle-ci a pu séduire les amateurs. « Parce qu'elle est née au bord de la mer ? On voit qu'ils ne l'épluchent pas ! » maugrée alors la fille de l'instituteur batave qui en a parfois gros sur la patate. Et n'allez pas lui parler de bonnotte ou de grenaille venues des îles à grands frais, elle vous accuserait de pédophilie, car « à ce prix-là, c'est forcément du vice ».

Je ne lui dis pas – elle le prendrait mal – mais je la trompe souvent avec charlotte et celle de Fontenay qui donnent aussi bien du plaisir, sautées, gratinées ou farcies. Pour le paillasson en revanche, c'est la bintje la meilleure. Il en faut une belle par personne (150-200 g) qui va passer à la râpe – grosse grille comme pour le céleri rémoulade – avant d'être soigneusement épongée dans un linge blanc de famille (obligatoire). Saler, poivrer, après il y a deux écoles : ceux qui cuisent la pomme de terre râpée seule et ceux qui la mélangent avec des oignons, un œuf battu, du cerfeuil, du thym, du lard ou autres ingrédients. La première façon est celle du paillasson lyonnais traditionnel, l'autre celle de toutes les « râpées » de nos campagnes. Le principe est le même : du beurre fondu dans une poêle à haut bord et fond épais, individuelle ou collective, où l'on dispose les pommes de terre sur 2-3 cm de hauteur, bien tassées à la fourchette pour façonner une galette épaisse et jolie. Dix minutes de chaque côté à feu moyen-doux et, si vous ne l'avez pas cassée en la retournant, vous la servirez comme un gâteau, découpé en parts dorées, croustillantes en surface et moelleuses à l'intérieur. Avec le jus du rôti, c'est vraiment une bonne copine. (*16 janvier 2010*)

Amour, crème et morilles

La vieille dame au fichu sur la tête n'avait pas grand-chose à vendre ce samedi matin sur le marché voisin des halles de Tours. Poireaux, salades, bottes de radis, trois douzaines d'œufs mais, entre deux corbeilles de haricots écossés et de noisettes, un petit trésor qu'il fallait chercher sous un journal : les plus belles des morilles. Plus fraîches que fraîches, cueillies de la veille, appelant la sauteuse de tous leurs spores. De forme conique, d'un brun sombre, ne dépassant pas les 3-4 cm, c'était assurément de la *Morchella conica*, la meilleure des morilles. « Elles viennent d'où ? » osa demander une bourgeoise de passage. Regard glacial de la mémé qui maugréa : « De la région. » À 10 € les 100 g, j'ai pris les 160 g qui restaient. Parfait pour deux couverts. Elle les a malheureusement emballées dans une pochette plastique que ces petites merveilles durent endurer jusqu'au saladier parisien qui les attendait bras ouverts, à l'air libre.
Dans le cycle annuel des gourmandises mycorhizées, la morille de printemps prend le relais de la truffe d'hiver qui arrive à épuisement mi-mars. Elle pousse dans les prés, les friches, en lisière des bois, aimant les terrains sablonneux, ce qui cause du souci au nettoyage. Celles-ci avaient grandi dans

l'herbe, sans grains de sable dans leurs alvéoles, le pied coupé droit par une lame pointue et des mains expertes. Des bijoux, vous dis-je ! Certains se pâment pour des Rolex, moi je craque pour la morille. Je l'imagine sortie des fonds marins où elle vivrait arrimée à quelques coraux, ondulant des chairs au gré des courants, telles ces éponges auxquelles elle ressemble tant. J'ai souvent rêvé d'une lampe de chevet en forme de morille géante, éclairée de l'intérieur, d'où la lumière sortirait au hasard des orifices. Une sorte de champignon halogène comme Druillet aurait pu en dessiner.

Ne nous égarons point : il ne faut pas la consommer crue, car elle est toxique, contenant des hémolysines qui détruisent les globules rouges mais disparaissent à la cuisson comme au séchage. Les gens de cuisine savent qu'il est déconseillé de laver les champignons et encore plus de les tremper. La morille fait exception et mieux vaut la passer à l'eau pour éviter de futurs grincements de dents. Ne pas hésiter également à l'ouvrir en deux lorsqu'elle atteint un certain volume. Elle a parfois une vie intérieure très intense…

Après, c'est l'enfance de l'art. Une noix de beurre, une pointe d'échalote à blondir dans la sauteuse et les morilles bien épongées mises à feu vif quelques minutes, en prenant soin de les remuer pour leur faire comprendre qu'elles passent à la casserole. Écoutez-les bien, elles vont réclamer la crème fraîche (liquide), à larges cuillerées jusqu'à la première ébullition. On couvre, on baisse la flamme et on laisse mijoter un bon quart d'heure. Ne pas oublier une goutte de citron et une dernière rasade de crème avant de les servir en compagnie de cet agneau de lait à chair blanche et fondante. (*12 avril 2008*)

Il est farci le chou

Le chou farci ne se décide pas sur un coup de tête. C'est un acte commis avec préméditation, tous les jurés vous le diront. Voilà un bout de temps que je tourne autour, tel le malandrin, hésitant à soulever le couvercle pour tremper en douce son pain dans la gamelle. Un jour, c'est la farce qui manque, un autre le bouillon ou la crépine, et on arrive à la fin de l'hiver en se promettant d'en faire un l'année suivante. Bien sûr, il y a la solution de facilité dite « feuille de vigne auvergnate » : la boulette de viande dans une feuille de chou. Chair à saucisse, quatre-épices, le tout roulé dans la verdure blanchie, cuit à couvert et arrosé au bouillon Kub. Vite fait, bien (?) fait. Certes, il n'y a pas mort d'homme. Ça se mange, mais la vérité du chou farci est dans la tranche. Il doit être servi entier, rond comme un chou, et découpé en quartiers telle une brioche, pour révéler sa vraie nature : celle d'un millefeuille de viande et de crucifère.

Certains sommeliers aiment inscrire à leur carte des « vins de méditation » qui demandent « le temps d'être bus ». Le chou farci est un plat de méditation au sens où il demande « le temps d'être fait ». Sa confection vous entraîne dans le monde piégeux de la farce, dans l'exercice délicat de l'essorage et de l'effeuillage, aux confins de la déconstruction et des arts plastiques. Un plaisir solitaire qui commence au marché avec un chou vert frisé, bien pommé mais pas trop serré. Bio de préférence, qui outre l'avantage d'être propre, échappe à la dictature du calibrage et peut se trouver dans toutes les tailles pour toutes les tablées. Il faut garder le maximum de grosses feuilles et ne jeter que le premier rang, souillé ou écorné (gaffe aux

limaces). Un grand faitout rempli d'eau salée portée à ébullition et va pour la blanchisserie en plongeant le chou 7-8 minutes les fesses en l'air, c'est-à-dire la tête en bas. Capito ?
Il refroidira dans l'égouttoir le temps de préparer la farce, tranquille. Un reste de bœuf carottes, une tranche de poitrine fumée, un peu de gras de jambon hachés ensemble pour la partie carnée à laquelle chacun ajoute selon son goût oignons, échalotes, herbes, condiments, un œuf battu et le cœur du chou coupé menu. Pour l'atteindre, on écarte une à une les feuilles essorées jusqu'à la dernière goutte, sans jamais les détacher du trognon. Le cœur extrait à la pointe du couteau est remplacé par une boulette de viande sur laquelle on referme la première rangée de feuilles. Une couche de farce, une couche de feuilles et ainsi de suite en prenant soin de bien presser à chaque fois pour garder la forme originelle. Celui qui a pu extorquer de la crépine de porc à son charcutier en habille l'objet, les autres le ficellent comme un banon avant de le poser dans une cocotte en fonte où carottes et oignons émincés mijotent déjà avec quelques couennes. Un peu de bouillon (poulet, pot-au-feu) pour mouiller et 1 h 30 à 2 heures (selon la grosseur) à four doux et à couvert en arrosant régulièrement. Posé en majesté sur le plat, il sera découpé et servi en quartiers. (*21 février 2009*)

L'Oreiller de la Belle Aurore

N'allez pas croire que la Belle Aurore soit une quelconque gourgandine, offrant le repos au guerrier dans les plumes et la dentelle. Elle s'appelait Claudine Aurore Récamier, mère

d'Anthelme Brillat-Savarin (1755-1826), notable de Belley (Bugey) et auteur de la célèbre *Physiologie du goût* qui fixa les principes de la gastronomie moderne. Cet oreiller se présentait sous la forme d'un pâté en croûte carré, fourré d'une multitude de viandes et servi froid aux vendangeurs des vignes de Côte Grêle, propriété de Brillat-Savarin qui dédia cette pièce de gourmandise charcutière à sa mère, la Belle Aurore. La recette, rapportée par le gendre Lucien Tendret, nous renvoie dans un monde de farces fines et de volailles grasses où lièvre, perdreau et poule faisane batifolaient avec truffes et ris de veau sous une pâte croustillante, dorée à l'œuf.
Ce monde n'est plus mais Gérard Besson cuisine toujours, presque en face de la poste de la rue du Louvre, depuis 1978. Éduqué à la mandoline et au fond blanc chez Chapel et Garin, Meilleur Ouvrier de France (MOF) en 1976 avec Robuchon, il est le seul sur Paris à oser proposer l'Oreiller de la Belle Aurore à sa carte. Un oreiller « revisité » selon les exigences des temps modernes et que je souhaite à mon pire ennemi de ne jamais goûter, encore moins d'assister à sa confection. Ce fut pour moi une leçon de goût et de cuisine. Économe en sourire, précis dans le geste, Besson déveine un foie gras rien qu'avec les doigts. Les mains mouillées dans la marinade, il caresse la farce telle la chair des délices et borde la pâte comme le lit de la Belle Aurore. Dans l'oreiller à sa façon, le chef a convoqué canard sauvage, poule faisane, perdreau, grouse, ramier, garenne, volaille fermière, foie gras, jambon et farce fine mouillée au fumet réduit de gibier. Les morceaux nobles sont taillés en lanières et mis à mariner une nuit au vin blanc et aux échalotes avant d'être empilés en longueur sur la pâte, dans un harmonieux

mélange de saveurs crépi à la farce fine avec, en son cœur, un rouleau de foie gras frais préalablement arrosé au porto et à l'armagnac blanc (non passé en barrique). Une litière de trompettes-de-la-mort (ce n'était pas encore la saison des truffes), encore un peu de farce et quelques feuilles de blettes complètent l'appareil sur lequel le chef rabat hermétiquement la pâte, passée à la dorure. L'oreiller est prêt pour le four, et qu'on ne vienne pas parler ici de chaleur tournante, sonde et autre thermomètre. Au doigt, à l'œil et au son, Gérard Besson sait quand le pâté est cuit. À la différence de l'original, le sien est rectangulaire et servi chaud avec quelques champignons, une sauce fumet « plumes et poils », accompagné d'un vin de la cave de Rasteau, cuvée Haut du Village 2003 parfaitement en situation. Je céderais facilement aux superlatifs et aux envolées lyriques pour décrire le plaisir d'avoir connu cet oreiller et son auteur. Un seul conseil : cassez votre tirelire et courez-y. *(1er décembre 2007)*

La garbure selon Dutournier

À l'approche de l'hiver, le besoin de soupe se fait plus pressant. Ni potage clairet ni bouillon transparent mais quelque chose de roboratif capable de réchauffer et de « remettre l'homme d'équerre » après une journée de labeur dans la froidure. La garbure remplit parfaitement cette fonction même si sa saison préférée va de juin à octobre. « C'est le plat fédérateur du sud Adour » explique Alain Dutournier, enfant de Chalosse qui, depuis plusieurs décennies, régale les Parisiens au *Trou Gascon* et au *Carré des Feuillants*

(2 macarons Michelin). Les Auvergnats ont la potée, les gens du Nord le hochepot et ceux du Sud-Ouest cette garbure avec viandes et légumes dont le *Cuisinier Durand* fixa le premier les règles en 1830. Il ne faudrait pas croire que pour cette soupe-là il suffise de mettre les légumes au pot avec quelques morceaux de cochon et de laisser faire. Dutournier insiste sur la lente progression jusqu'à la soupière finale. Elle débutait chez lui dès 7 h 30 lorsque sa mère allait cueillir le chou cavalier au jardin. De la famille du brocoli, il présente de longues tiges bleues, et on liait ses feuilles en gerbe (garbe en gascon – d'où le nom de garbure) avec du raphia. Il est essentiel pour cette recette même si, à défaut, le chou vert peut le remplacer. Indispensable également, l'os de la crosse de jambon ou, mieux, le jarret de porc séché et mis à tremper la veille. Ce camajot (petite jambe en gascon) aurait fait jadis la fortune de l'aïeul d'un fameux restaurateur béarnais, raconte Dutournier : « C'était en Andalousie et l'homme allait de cuisine en cuisine, louant par durées d'un quart d'heure l'immersion de son camajot dans les soupes du voisinage. À la fin de la journée, épuisé par le service galant qui accompagnait parfois ses prestations, il ne lui restait plus qu'à dévorer la délicate chair du jambon, enrichie par les différents fumets… »
Tout commence par le bouillon de volaille (2,5 litres) dans lequel vont cuire durant 45 minutes l'os, le bouquet garni avec du serpolet, le clou de girofle, les haricots en grains et les couennes de porc détaillées. La saucisse et le confit sont mis à four très chaud (240 °C) pour griller « la graisse souscutanée ». Le plat déglacé au vin blanc, la viande et son jus sont versés dans le pot commun. Échalotes, carottes, poi-

reau, navets, céleri-branche suent quelques minutes à la sauteuse dans un peu de graisse du confit puis rejoignent la marmite pour 30 minutes à feu doux. Prendre soin d'écumer. Au tour du chou, dont les feuilles roulées en cigares ont été finement émincées puis blanchies, de participer à la fête avec des pommes de terre en carrés. Trente minutes supplémentaires au « sourire » (infime bouillon) et 5 minutes avant la fin on y jette les fèves fraîches dérobées. La garbure est prête pour la soupière brûlante au fond de laquelle ont été disposées quelques tranches de pain de campagne frottées à l'ail. Alain Dutournier aime saupoudrer de basilic à petites feuilles ce plat de son pays, « une soupe d'une grande élégance ». (*29 novembre 2008*)

Cette blonde venue du Nord

La première fois, ils sont arrivés du Nord à la rame et à la voile, avec des cornes sur les casques et du « *mjöd* » dans les tonneaux, une sorte d'hydromel à base de miel et de céréales fermentées. C'était fort. C'était sauvage. Ils étaient les Vikings, buvant ferme et trucidant sans relâche, natifs de pays où il fait nuit longtemps et où Bacchus est interdit de soleil. On imagine le drame de ces populations croulant sous les glaçons et sans rosé à rafraîchir. Le supplice n'a pas duré longtemps, les ancêtres d'Ikea et de Nokia maîtrisant rapidement la fermentation du blé puis du houblon. Puisque la vigne ne pouvait pousser, la bière allait mousser et mousser encore pour étancher ces soifs baltiques, creusées par les viandes fumées et les poissons salés qui constituaient l'ordinaire. C'était au Moyen Âge, quand la bière était une boisson plus sûre que l'eau, souvent polluée et source de trop d'épidémies. Au fil des siècles, elle s'est allégée, assagie en degré et, au contact des maîtres brasseurs allemands, s'est faite « pils » ou « lager » sur le modèle bavarois à fermentation basse et culotte de cuir.

Cette bière était blonde comme les filles qui déferleront sur les provinces du Sud dans les sixties. Longilignes, les yeux bleus et le teint clair, elles offrirent à gorges déployées leur peau laiteuse aux rayons et aux regards. L'individu de type méridional qui avait su échapper aux mâles Vikings capitula sans conditions face aux créatures échouées sur les plages de la Méditerranée. Débarquement réussi. Le mythe de la blonde suédoise à la foufoune sympa était né.

Rétrospectivement, je ne puis m'empêcher de soupçonner un vaste complot marketing ourdi par les brasseurs scandinaves. Quand Vilma et Ingrid étaient rentrées au pays, que restait-il à Roger au comptoir du *Bar des Flots Bleus*, une fois les souvenirs et les vantardises épuisés ? Une Carlsberg, une Tüborg, peut-être une Heineken (Roger n'a jamais été clair sur la géographie au nord de Palavas) pour noyer ses amours d'été et revivre sa fameuse nuit de la pleine lune avec Brunhilde, en caressant une flûte de bière pression, bronzée jusqu'à la mousse, qui lui mettra les larmes aux lèvres à la huitième tournée. Envoyer de grandes blondes à cheveux longs pour faire boire de la bière à des petits bruns poilus fut assurément une idée de génie. Dans le jargon du métier cela s'appelle un « plus produit ».

Comment en effet expliquer autrement que Carlsberg, fournisseur officiel à la cour royale du Danemark depuis le XIXe siècle, soit disponible dans plus de 140 pays, desservis la plupart par vols charter ? Certains diront que sa franche amertume en bouche, ses arômes de pomme légèrement maltée, le soin apporté à sa présentation, sa fusion avec Tüborg ou la vigueur de son mécénat sportif sont les clés de ce succès. Analyse comptable qui néglige la dimension métaphysique du demi de Carlsberg servi à une terrasse de Strasbourg Saint-Denis ou de Buenos Aires. Ce n'est plus de la bière, c'est Brunhilde… (*29 septembre 2007*)

Au Chateaubriand, c'est comme ça

Chez un chef on a spontanément tendance à jauger la trogne, à inspecter les mains ou évaluer le tour de tablier. Inaki, il faut lui regarder les yeux. Un regard transparent, venu de plus loin que loin et qui vous fait comprendre en un clin d'œil qu'ici, c'est comme ça et pas autrement. À *La Famille* ce fut comme ça pendant trois ans et au *Chateaubriand* c'est autrement depuis l'ouverture en 2006. Complet en permanence. Ne lui demandez pas s'il en est content. Ses mots diront oui, et ses yeux, qu'il s'en branle. Autour, la bande de garçons sourira dans sa barbe de trois jours.
Inaki Aizpitarte marine le cabillaud dans la grenadine et réduit le brocoli en purée. Ce n'est pas rien, sur le trottoir sud de l'avenue Parmentier. Paris l'a compris et se presse dans ce néobistrot gardé en l'état avec comptoir, banquettes et tables sans nappes. Ce Basque natif de Besançon ne cuisine pas par hasard même si celui-ci lui a fait apprendre les bases du métier avec un chef serbe, dans un restaurant

de Tel-Aviv où il était entré comme plongeur. Les plats d'Inaki sont en provenance d'un autre monde et présentent le profil type de l'immigré refoulé aux frontières de la patrie d'Escoffier. C'est comme ça.

À l'évidence, ce garçon a des visions. Son poisson rouge sur oranges sanguines accompagné d'une taloche de purée verte tient plus de Warhol que d'Ali Bab. Jaune en gelée de soja, navets et anguille fumée, bœuf carottes cru/cuit, poires pochées à la betterave, crémeux de Vache qui rit, nous voici aux Beaux-Arts, loin de Ferrandi (école). Inaki a décidé que la gelée d'huître allait bien au tartare de veau, le chou rouge à l'œuf en meurette et le pak-shoy au filet de bœuf saignant. À l'expérience je ne peux pas dire qu'il ait tort. C'est comme ça. De toute façon, je ne suis pas sûr qu'il ait envie d'avoir raison. Cette maison fonctionne dans un univers de nonchalance explosive, de distance ironique et de liberté totale parfaitement illustrées par les lentilles qui accompagnaient au déjeuner la Morteau de chez Fèvre. Cuites comme il le fallait (trop pour le chef), elles étaient fraîches et légères en bouche comme un fin ragoût printanier. Avec des lentilles ! La faute à quelques olives niçoises et petits grains de raisins, des lamelles de tomates séchées, une brunoise de racines crues et un peu de citronnelle. Quand je lui ai demandé le pourquoi de cette histoire, son regard s'est absenté un instant, il a légèrement froncé les sourcils et il a dit : « C'est bon comme ça, non ? » J'ai répondu oui.

On a beaucoup écrit sur le caractère hirsute et rock'n'roll de l'individu, sur sa puissance de création, sur la modernité absolue de ses plats. En cherchant bien au fond de ses yeux on y décèle autre chose. L'assurance farouche d'un garçon qui cuisine comme il vit. Avec talent mais à ses risques et périls. C'est pour ça que c'est bon. (*21 avril 2007*)

Le fromage volé aux femmes

Les fidèles des bulletins météo connaissent bien Langres et son plateau, cités régulièrement comme l'endroit le plus froid de l'Hexagone. Un territoire rude, une ville barricadée par Vauban qu'il fallait franchir en provenance de Lorraine avant de rejoindre la route du soleil, vers la Méditerranée. Les historiens font remonter à 1357 les premiers écrits mentionnant le fromage de Langres, qui n'est pas de sang monastique. Il est né des mains des femmes du Bassigny, région de polyculture céréalière où chaque ferme possédait quelques vaches. Elles étaient de race fémeline à robe blonde et sans taches dont « la finesse relative du squelette et la douceur de la physionomie donnaient à ces sujets une apparence féminine qui justifiait leur dénomination ». La traite comme le travail du lait revenaient aux fermières qui ont inventé le Langres, fromage à coagulation rapide.
Sitôt sorti du pis de la vache, le lait encore tiède était passé puis on y ajoutait une cuillerée de présure liquide pour 6 litres. Pour conserver la chaleur, le récipient qui le contenait était entouré de cendres chaudes ou posé derrière la « platine » d'un foyer. Deux heures plus tard, le lait devait avoir caillé. Dressé en faisselles légèrement coniques, il égouttait 24 heures dans la forme puis cinq à six jours sur la paille avant d'être salé. Commençait alors le séchage durant lequel il était régulièrement lavé à main de femme et à l'eau

chaude. Après trois semaines, il avait pris la couleur jaune nankin et allait s'affiner deux à trois mois en atmosphère confinée, dans des vases de grès ou des caisses en bois et dans l'obscurité. Jamais, au cours de sa fabrication, le Langres n'avait été retourné, reposant toujours sur la même face, ce qui provoquait cette légère cuvette en surface caractéristique de ce fromage. D'une vingtaine de centimètres de diamètre, pesant 750-800 g, sa pâte onctueuse et fondante présentait un goût de plus en plus affirmé à mesure qu'il vieillissait. Tel était le Langres des origines jusqu'à la fin du XIXe. Un fromage de femmes, exigeant un soin attentif et qui avait permis à certaines d'acquérir un début d'indépendance financière avec le produit de sa vente. De 4 à 6 sous pièce.

Et puis les mecs sont arrivés. De Suisse, avec la Fribourgeoise ou Tachetée de l'Est, plus robuste, meilleure laitière que la Fémeline. Disparition de la race, effondrement du cours des céréales, reconversion du pays en verts pâturages, invention de la machine à traire, création des premières fromageries artisanales et de la collecte du lait, les fermières ont perdu la maîtrise de la matière première. Le Bassigny produit désormais du gruyère, un fromage d'hommes, capables de manier des meules de 40 kg. En 1947, le Langres fermier appartient au « folklore rural local ». Place au Langres laitier, nourri au pis de la Prim'Holstein et teinté au rocou, colorant végétal utilisé jadis par les Indiens pour leurs peintures guerrières. Il perd lentement sa typicité et il faudra la réaction de quelques professionnels pour imposer des règles de fabrication et obtenir une AOC salvatrice en 1991. Aujourd'hui plus petit, pesant 150 g, affiné une quinzaine de jours, soumis aux règles de l'hygiène communautaire, il s'est fait doux au palais, ce qui fait dire à certains qu'il est devenu plus «féminin». S'ils savaient... *(1er avril 2006)*

Les couilles du toro

Dans un restaurant proche de la plazza de Toros, un touriste commande la «spécialité de la casa». Le garçon lui sert une assiette de pommes de terre avec deux boules de viande en annonçant: «*Criadillas de toros, señor.*» L'étranger ignorant tout des *criadillas*, le serveur précise: «*Criadillas son testiculos de toro, señor*» et il le plante seul, face aux couilles du *toro*. Le dîneur hésite, tâte de la pointe du couteau et, finalement, ose la première bouchée. Surprise, le plat est excellent, à tel point qu'il revient le lendemain pour déguster à nouveau cette «spécialité de la casa». Patates et maïs comme la veille, mais les *criadillas* sont cette fois minuscules. Il s'en inquiète auprès du personnel qui a réponse à tout: «*Señor*, dans les arènes, le *toro* ne perd pas toujours...» Cette blague de comptoir, qui se raconte un verre de *fino* à la main, marque l'épicentre de la *comida corrida*, cette cuisine du *toro bravo* dont les *criadillas* constituent le nec plus ultra, réservé à la crème de l'aficion ou à la belle-sœur du boucher.
La viande du *toro* mort au combat se consomme plus pour ce qu'elle est que pour ses qualités gustatives, le symbole ayant plus de goût que le ragoût. Il faut «lier le réel, l'imaginaire et le symbolique» explique Georges Audabram en préface d'un charmant petit opuscule dans lequel son épouse Régine livre dix façons de préparer le taureau de combat,

la première étant consacrée aux *criadillas*. Le plus difficile dans cette recette consiste à trouver la matière première. Très rares – 6 paires par corrida – les *criadillas* sont tranchées en premier par les bouchers des arènes et le plus souvent retenues par des particuliers. Un restaurant peut ainsi acheter la bête en « primeur » avant la *faena* pour l'inscrire ensuite à sa carte. Chaque année, après la féria de Vic-Fezensac, des aficionados vont manger le *toro* qu'ils ont choisi, au restaurant de *L'Horloge* à Auvillar (Tarn-et-Garonne). Georges Audabram se souvient avoir vu la tête du *toro* dont on vendait la viande, accrochée dans la boucherie. Aux arènes de Céret, il lui fallut beaucoup de patience et maints subterfuges pour mettre la main sur les trois paires de couilles indispensables à la réalisation de la recette. « Le boucher les avait cachées dans un plastique jeté à même le sol dégoulinant de sang. » Elles ne sont pas d'un abord aisé en cuisine. Les *criadillas* ont la peau dure et, après les avoir ouvertes, il faut les passer plusieurs fois à l'eau vinaigrée pour retirer la pellicule blanche qui les recouvre. Régine les a coupées en fines tranches de 5 mm, les a passées à l'œuf battu et à la chapelure avant de les frire à la poêle dans l'huile bien chaude. Avec un peu de piment d'Espelette, elle les a servies en tapas, accompagnées d'un verre de champagne. Georges avait posé une condition aux invités pour cette dégustation exceptionnelle : ils devaient dire ce que ce plat leur inspirait. Les hommes ont tourné autour du pot, peinant à trouver les mots, faisant les chochottes face aux *criadillas*. Selon Georges, les dames n'ont pas tergiversé, exprimant sans détour « l'envie de les croquer ». Ce n'est pas une blague de comptoir. (*17 septembre 2005*)

La tecnica del gaspacho

Il est là, immobile, pacsé avec la canicule, tapi au frais dans une jatte en terre, quelque part entre Maubeuge et Algésiras. Plus ou moins rouge, plus ou moins épais, plus ou moins bon, il se la joue claquettes et *muleta*, s'annonçant à la carte sous le sobriquet de «*gaspacho andaluz*». Il vous attrapera par millions, séduits comme chaque été par cette «recette typiquement espagnole». Vous avez tout faux. «Le gaspacho n'est pas une recette mais une technique.» Alberto Herrais est formel. Maestro des tapas et du riz, il a quitté Cuenca (Castilla la Mancha) pour interpréter «avec distance» la cuisine du pays en son *Fogón* parisien. Dans le livre fondamental qu'il a consacré au gaspacho, Alberto explique que celui-ci n'est qu'une «émulsion de mie de pain, de sel, de vinaigre et d'huile d'olive avec des produits crus ou cuits, avec ou sans tomate». L'opération doit impérativement se dérouler en cinq étapes.
1) *Maceración* : dans un récipient opaque pour que la lumière ne les altère pas, mettre les divers ingrédients lavés et coupés avec le sel, le pain rassis trempé dans le vinaigre de Jerez, essoré et émietté avec la moitié de l'huile d'olive. Laisser mariner 12 heures au froid et dans l'obscurité.
2) *Trituración* : elle se faisait jadis au pilon dans un mortier pour écraser et marier ensemble les produits macérés en mettant de côté une partie du jus de la marinade. L'invention du mixeur électrique et du robot a soulagé la ménagère andalouse de ce travail manuel, mais il est recommandé de l'utiliser à vitesse lente pour détruire le minimum de vitamines. Il en résulte une purée d'épaisseur variable selon les ingrédients utilisés.

3) *Émulcion* : dans le même bol et toujours à petit régime, incorporer petit à petit la moitié restante de l'huile d'olive et le jus de la marinade pour obtenir un appareil parfaitement homogène dans lequel l'eau ne tombera pas au fond.
4) *Desleido* : il s'agit d'obtenir la consistance et la texture désirées en y ajoutant un liquide, généralement de l'eau, mais ce peut être du jus de cuisson, du champagne, du vin, du jus de fruits... La manœuvre doit s'effectuer lentement et avec douceur pour ne pas déstabiliser l'émulsion.
5) *Colado* : le gaspacho est quasiment terminé, il n'y a plus qu'à le passer au tamis (*colador*) de la finesse qui convient. Utiliser du matériel en inox et jamais en aluminium pour ne pas provoquer de réactions avec le vinaigre, et ne jamais presser les éléments solides qui restent au fond du chinois. Dans un récipient opaque et hermétique il peut se garder deux ou trois jours au réfrigérateur et doit toujours se servir très frais.
Celui qui maîtrise cette technique et cette progression a devant lui tous les gaspachos imaginables. Alberto en propose plus d'une cinquantaine pour différents moments du repas ou de la journée et avec des ingrédients aussi surprenants que le soja, la mangue, la ficoïde glaciale, la morue, les cacahuètes... À chacun de choisir le sien. Manuel Vásquez Montalbán expliquait dans le Tour d'Espagne gastronomique qu'il réalisa en 2000 pour *El País* que « le gaspacho est un second sang frais qui appelle le poisson frit en second plat ou à défaut la sieste ». Avec tout le respect dû au maître disparu, nous croyons que l'un n'empêche pas l'autre. (*1er juillet 2006*)

Le parti clafoutis

Le clafoutis est un dessert en perpétuelle hésitation dont le cœur ne cesse de balancer entre deux camps, à l'image d'un parti centriste. Originaire du Limousin où « clafi » signifie rempli (de cerises) en patois local, il exige selon Curnonsky de « savoureuses petites cerises noires que l'on ne trouve que là-bas ». Parole de rad-soc, il s'accommode en réalité de fruits de toutes obédiences : pommes, poires, pruneaux, abricots, mirabelles... Même sur les cerises, il n'est pas clair, tiraillé en permanence entre la tendance rouge vif et la rouge pâle. À chaque réunion du bureau politique, les partisans du bigarreau sucré, bien en chair et populaire, s'affrontent à ceux de la montmorency acide, maigrelette et sous influence anglaise. La synthèse est sans cesse reportée à la prochaine réunion du bureau. La couleur et la variété du fruit ne sont pas les seuls motifs de divergences. Se réclamant de la tradition, de nombreux adhérents défendent farouchement l'usage de la cerise avec noyau, affirmant que celui-ci donne un parfum inimitable à la préparation. A contrario, les militants du dénoyautage dénoncent l'insécurité et les risques d'agression dentaire que peut provoquer celui-ci. Les plus virulents font valoir que le refus de dénoyauter n'est que paresse déguisée en gourmandise. Lors d'un récent congrès, une motion de soutien au dénoyautage a été repoussée de justesse grâce à une alliance surprise entre bigarreaux-noyaux et montmorency-noyaux. Un petit groupe d'extrémistes avait défendu l'idée du clafoutis dénoyauté mais avec quelques noyaux dispersés dans la pâte pour lui donner du goût. Ils n'ont pas été suivis.

Organisation démocratique et responsable, le parti clafoutis est sensible aux soucis diététiques qui touchent son électorat. À la dernière université d'été, certains ont souligné son caractère « bourratif ». « Ça gausse » a fait remarquer la section lorraine alors que les camarades de l'Ouest parisien regrettaient la mentalité « pudding » de ce dessert. Graves reproches qui remettent en cause les bases mêmes du clafoutis : œufs, sucre, farine et lait. Une commission a aussitôt été mise en place regroupant toutes les sensibilités, du flan au gâteau. L'option sabayon, jugée trop coulante, n'a pas été retenue.

Dans l'état actuel des travaux et selon des sources concordantes, nous pouvons révéler les grandes lignes du projet clafouto-centriste pour les dix ans à venir. Il est à base de cerises. C'est la seule décision prise à l'unanimité. Pour le reste, la commission laisse aux militants la liberté de choisir en leur âme et conscience, entre 500 g de bigarreaux ou de montmorency, avec ou sans noyaux, sucrés en blanc ou en roux. Pour la pâte, les 3 œufs battus, les 50 g de sucre, la pincée de sel et les 125 g de farine tamisée sont reconnus comme des « valeurs fondamentales de la pensée clafoutis » mais la présence de 30 cl de lait ou de crème fraîche reste un sujet de controverse. Enfin, toujours selon nos informations, l'ajout d'une bonne rasade de kirsch avant d'enfourner durant 35-40 minutes à 180-200 °C, divise profondément les instances dirigeantes, partagées entre les risques de dérapage alcoolique et le nécessaire soutien à la filière viticole en crise. La balle au centre et clafoutis pour tous. (*10 juin 2006*)

La Bigarade, de toute urgence

La première fois, je suis passé à *La Bigarade* le bec enfariné, sur le coup de 13h40. Peut-être restait-il un guéridon libre... Que nenni ! m'a-t-on fait aimablement comprendre. Vingt couverts, un menu unique, zéro stock, c'est tout juste s'il y avait à manger pour une personne dans les frigos. Exit. La fois suivante, je réserve sous un nom d'emprunt et la chance est avec moi : je suis installé face aux coulisses. Les tables sont en effet dans la première salle et, une marche plus haut la cuisine ouverte a été taillée sur mesure derrière un bar faisant office de passe. Trois individus à veste blanche et tablier noir s'y activent sur 6 m^2 : Christophe Pelé le chef, Giuliano son complice italien et Marina, la nouvelle venue du Brésil. Je suis resté scotché à la manœuvre durant tout le déjeuner. À peine quelques mots, beaucoup de regards, jamais une bousculade, parfois un froncement de sourcils, ils évoluent à mi-chemin entre le hip-hop et le mime Marceau.

Seul choix : le menu Gourmet ou le Gourmand avec deux plats en plus, tous servis en portions dégustation. On ne vous en dira pas plus, la maison s'occupe de tout après s'être informée sur vos éventuels interdits alimentaires. À notre connaissance, seul Pascal Barbot à *L'Astrance* (3 macarons Michelin) ose imposer le menu surprise selon l'humeur du chef. Ici, Christophe Pelé n'a pas hésité après plusieurs années passées au *Jardin*, le restaurant de l'ex-*Royal Monceau*. Rien ne l'ennuie plus qu'une carte fixe à se trimballer de service en service avec les suggestions du jour comme seuls moments de liberté. Ce jeune homme né en banlieue aime travailler dans l'instant, dans l'émotion. « Le soir, on passe commande, on sait ce qu'on aura le lendemain, on y pense un peu avant de dormir, le lendemain on discute et c'est parti. » L'esprit commando, tendance zen. La brigade ne déjeune pas pour garder l'envie de goûter les plats durant le service. Il a beaucoup appris de Bruno Cirino, lui-même un ancien de plusieurs commandos célèbres conduits jadis par Jacques Maximin au *Negresco* ou Alain Ducasse au *Juana* à Juan-les-Pins. Inévitablement, il en sort une cuisine précise, aux saveurs marquées, libre de tout carcan, qui s'appuie sur une technique impeccable. Après l'astucieux carré de fougasse tiède à tremper dans l'huile d'olive, royale d'étrilles-émulsion de carotte et moules de bouchot-émulsion de moules en amuse-bouche ; coquille Saint-Jacques en dés, jus de pomme verte, beurre d'amande ; risotto safran-réglisse ; lieu jaune, *lardo di colonnata*, mousse de brocoli ; fromage Mont-Blanc tiédi à la salamandre, crème de potimarron et mousse d'amande avant les quatre desserts : betterave rouge-agrumes, crème citron-gelée de mandarine, fromage blanc-caramel demi-sel, crème chocolat. Les vins sont à la carte ou à la charge de Franck, le maître d'hôtel (ex-lanceur de couteaux à *L'Ambroisie*) qui traite à 10 € le verre. C'est si bon que j'y suis retourné deux fois depuis et pas seulement pour les besoins de l'enquête… (*24 janvier 2009*)

La gentrification du pain perdu

La « gentrification » décrit dans l'architecture urbaine la réhabilitation/confiscation d'un quartier pauvre et en ruine au profit d'un habitat plus moderne à destination de classes plus aisées. Exemples : la gentrification du Lower East Side à New York ou celle du Marais à Paris.

Le phénomène est courant à table comme dans la vie de tous les jours : le pauvre qui devient chic. Nous avons connu le rutabaga en gratin, la morue devenue dos de cabillaud ou la lentille sublimée en ragoût à la truffe (délicieux chez Savoy). Le syndrome Tati, à sa grande époque Vichy. Avec le pain perdu, l'exercice touche à la perfection. Au simple énoncé des mots, le mangeur entre dans la tragédie rurale. Spontanément, l'âtre ronronne au fond de la pièce. La chair est maigre et la lumière tamisée. La mère-grand courbe ses rhumatismes sur la maie pour en retirer quelques croûtons rassis. « Toujours ça que les souris n'auront pas » bougonne l'aïeule qui empoigne le saladier, y casse quelques œufs du poulailler, verse un peu du lait de la vache et fouette tout ça avec du sucre en poudre pioché dans la boîte en fer, souvenir de l'Exposition universelle. C'est le « lait de poule » dans lequel vont tremper les tranches de pain dur. Ni trop ni pas assez. « Juste ramollies comme y faut, sinon, après ça part en chiffons dans la poêle. » Pareil pour le beurre : il en faut pour dorer la mie mais « pas trop pour pas noircir ».

Servi tiède, saupoudré de sucre, ce pain-là n'était pas perdu pour tout le monde et le dimanche, les pauvres y mettaient de la confiture. Aujourd'hui, les riches y mettent de la truffe en semaine. La gentrification est consommée.

La faute en revient pour partie à la brioche qui a lentement grignoté des parts de marché sur la miche du boulanger, faisant franchir « un saut qualitatif significatif » au pain perdu de basse extraction. L'amélioration de la matière première

a eu pour conséquence logique celle de sa garniture. Au sucre de betterave et à la confiture du « pain perdu à la ferme » se sont substitués la cassonade et les fruits rouges du « pain perdu à la carte ». Son entrée au menu des plus grandes maisons a consacré sa réussite dans cette société marchande : il a pris de la valeur et, à moins de 5 €, on ne trouve rien de correct sur le marché. « Pour une tranche de brioche trempée dans du lait de poule avec quelques trucs autour », la créature s'indigne. Elle n'a pas toujours tort.
Au restaurant, la « brioche façon pain perdu » ou « le pain d'épices style pain perdu » se pacsent souvent avec la glace à la vanille, éternelle demoiselle d'honneur de tous les desserts. La glace au fromage blanc, le sorbet au yaourt viennent parfois rappeler qu'au départ tout cela n'était qu'une histoire de pain, qui va si bien avec le fromage. Certains saupoudrent leur préparation avec du poivre de Sechuan ou du « cacao épicé ».
Reine Sammut dans son petit paradis de Lourmarin en prépare un avec du vrai pain aux noisettes, des framboises et une glace à l'huile d'olive ; Michel Bruneau le faisait jadis à Caen aux spéculoos avec une glace à la chicorée, Bernard Broux chez *Graindorge* utilise la cramique, ce pain brioché aux raisins, familier des gens du Nord où le pain perdu s'appelle « pain crotté ».
Mais la palme de la gentrification revient incontestablement à Gérard Vié, ex æquo avec la maison Potel et Chabot qui, tous deux, proposent un pain perdu aux truffes. Lorsqu'il était à Versailles Vié y ajoutait foie gras et salade de roquette au parmesan, le traiteur parisien l'accompagne de glace aux truffes en quenelle et d'un trait

de coulis de porto. Applaudissements dans la salle, mesdames et messieurs ! (*20 octobre 2004*)

La maltaise, elle est trop bonne !

Lorsqu'on présenta cette orange du cap Bon au bey de Tunis, il en caressa longuement l'écorce et décida qu'on l'appellerait maltaise, car la douceur de sa peau lui rappelait celle d'une ancienne favorite, native de Malte. Ainsi dit la légende. Une chose est certaine, les maltaises ne poussent pas à Malte. Elles arrivent de Tunisie en janvier-février-mars et donnent les meilleurs jus, sans cette acidité qui, trop souvent, impose le sachet de sucre. Sanguines à leur guise, elles viennent rappeler chaque saison que le jus d'orange peut avoir un autre goût que celui de la bouteille. La production n'est pas énorme, environ 25 000 tonnes, et son avenir n'est pas assuré en Tunisie où l'on développe des variétés plus modernes, rapportant plus.
La maltaise est fruit facile. Petite, un coup de couteau, en deux secondes elle est pressée. Rien que du jus emballé dans un zeste. On la payait jadis 1 F le kg, aujourd'hui c'est 2 € au faubourg Saint-Denis et 3,50 € rue Montorgueil. Pour la même, en tas sur la devanture, invitant le passant à la pioche. Il faut prendre le temps de tâter la maltaise. Elle a l'écorce fine et l'on sent au travers le moindre hématome, signe d'un éclatement sous-cutané lui-même propice à l'infection. L'orange doit être ferme et souple au creux de la main, comme une balle de tennis. Dans la jungle des navels, salustiana, jaffa, valencia, moro, sanguinello, elle se

remarque à peine. Ni logo ni décoration autour du cou, c'est une sans-papiers, originaire du Maghreb. Un cas typique « d'immigration subie » diraient certains, apportant peu de valeur ajoutée et visant un emploi précaire : donner du jus de fruits frais pendant trois mois.

Un produit stratégique de cette importance – principale source de vitamine C au p'tit-déj' – ne peut se satisfaire d'un approvisionnement semi-clandestin. D'autres provenances s'imposaient pour organiser une « immigration choisie », garantissant un taux de vitamine et un degré de pasteurisation satisfaisant pour le « *global continental breakfast* ». 25-30 millions de tonnes d'oranges sont pressées chaque année autour de deux gisements : la Floride, essentiellement pour la consommation US, et le Brésil, premier pays exportateur. Par ces temps de haute pression diététique, ce marché n'a qu'une obsession : assurer la vitamine C. Sachant que *Citrus sinensis* en contient 50 mg aux 100 g, que le jus frais en perd la moitié s'il n'est pas bu dans l'heure, comment faire pour la préserver le plus longtemps possible ?

Le plus souvent, le jus d'orange se fabrique à base de concentré congelé. Dans les pays producteurs, les oranges sont pressées, le jus réduit à l'état de sirop, pasteurisé puis congelé. Cette mixture – peu volumineuse à transporter – est ensuite diluée avec de l'eau sur les lieux de consommation. Dans le « jus des tropiques 100 % oranges pressées, garanti 20 mg de vitamine C », il y a 10 % de tropique et 90 % d'eau du robinet, parfois du sucre. Une mini-razzia à la supérette confirme ce goût – ni bon, ni mauvais – d'une boisson à l'électro-encéphalogramme plat. Boire de ce jus-là au sortir du désert doit être fantastique. L'avaler au réveil, quand la maltaise à peau douce espère à l'étalage, frise la goujaterie. (*4 mars 2006*)

Duas habet et bene pendentes

Qu'elle soit verte à peau fine, violette et sucrée ou noire et ridée, la figue est toujours « gorgée de soleil » et « chargée de sensualité ». Bref, une réussite de la nature, séduisante jusque dans sa chair. Natif du nord de la Loire, je l'ai d'abord connue séchée et pressée sous cellophane dans des paquets de 500 g en provenance du Levant. Plus tard, lorsque je l'ai rencontrée vivante, pendue à la branche telle une grosse goutte qui n'en finit pas de tomber, sa charge sensuelle ne m'a pas échappé, la paire de figues en évoquant irrésistiblement une autre. Prudent, je me suis renseigné et à force de tourner autour du figuier, j'en appris de belles sur le fruit de cet arbre, cousin du banyan et du philodendron. La figue a un mauvais fond et n'a cessé de tremper dans des coups tordus.

Dès la création, elle est présente sur les lieux du pire crime jamais commis contre l'humanité : l'exil définitif d'Adam et Ève du jardin d'Éden où le Grand Manitou les avait surpris nus, alanguis corps à corps. Venaient-ils de croquer la pomme ou la figue ? En l'absence de témoins directs, la polémique perdure mais la Genèse est formelle : c'est bien vêtus d'un pagne de feuilles de figuier qu'ils ont pris la fuite. La complicité semble pour le moins établie.

Elle ne fait également aucun doute lors de la mort de Cléopâtre, désespérée par celle d'Antoine. C'est caché dans

un panier de figues, qu'un serviteur fidèle lui amena l'aspic noir qui allait la mordre. La préméditation est caractérisée. Et que dire de cette figue fraîche comme la rosée du matin, brandie devant le Sénat romain par Caton l'Ancien en s'écriant : « Sachez qu'elle a été cueillie voici trois jours à Carthage ; voilà à quelle distance l'ennemi est de nous. » Et Carthage fut détruite. Peu de fruits peuvent se targuer d'avoir joué un rôle dans la disparition d'une civilisation. Celui du *Ficus carica* l'a fait, même si la pièce à conviction de Caton venait directement de son verger.
Après de tels faits d'arme, les tricheries réalisées par les marchands corinthiens qui mêlaient des brisures de figues sèches (plus lourdes) à leurs délicieux raisins pour en grossir le poids, font figure de broutilles. On en a gardé l'expression : mi figue-mi raisin. Jamais vraiment coupable mais toujours un peu responsable. C'est le côté faux-cul de la figue, pourtant vraie couille du pape. Je m'explique. À la suite d'une fâcheuse erreur de casting ayant désigné une certaine Jeanne comme papesse, l'Église prit soin de vérifier les attributs du futur souverain pontife, contraint de s'asseoir sur un trône percé. Après une PPP (palpation des parties papales) réglementaire, le cardinal-expert s'assurait que le prétendant était mâle et déclarait officiellement : « *Duas habet et bene pendentes.* » (Il en a deux et bien pendantes.) « Comme des figues » s'empressa-t-on d'ajouter sur le pont d'Avignon alors Cité des Papes. La « confiture de couilles du pape » était née : 1,5 kg de figues de Marseille, 800 g de sucre cristal, une gousse de vanille, une petite heure à feu doux en écumant régulièrement, et cette douceur est prête. Des siècles plus tard,

elle est toujours disponible et le Sacré Collège n'a pas protesté. (*19 septembre 2009*)

Mystère et frangipane

Pour tout vous dire, je déteste les fêtes votives et encore plus les festins afférents. Se mettre à date fixe une crise de foie au nom de la foi n'est que ruine du goût et pratique de faux culte. N'empêche, comme chaque année voilà Melchior, Gaspard et Balthazar qui rappliquent d'Orient avec l'or, l'encens, la myrrhe et... la galette. Elle est garantie pour les pâtissiers (et assimilés) qui vont en vendre des millions en quelques semaines. Pour les fidèles, c'est parfois galère. La galette des rois n'est jamais qu'une pâte feuilletée avec une fève cachée dans la frangipane. La première est un classique de la pâtisserie (loupé une fois sur deux) et la seconde a désormais quitté les arts de la table pour entrer en bijouterie. Reste la frangipane, une sacrée cliente, dont chacun a connu des versions proches du crépi, serré entre deux molletons de pâte blanchâtre dorée en surface à la va comme j'te pousse. Avec la couronne, l'illusion est parfaite en devanture. En bouche, c'est plutôt *Taxi pour Tobrouk*. D'un naturel curieux, j'ai voulu savoir l'origine du mot. Mal m'en prit, je me suis retrouvé à Rome en 1014, date de la première trace écrite des Frangipani, noble famille italienne qui s'était distinguée en distribuant du pain aux pauvres durant une famine. *Frangere panem* signifie rompre le pain, d'où le nom de Frangipani dont le blason azur représente deux lions tenant un pain d'or coupé en deux moitiés.

En 1493, Mutio Frangipani, botaniste et alchimiste, embarque pour les Antilles. Interrogé par les marins sur la source de l'odeur délicieuse qui baigne l'île où ils ont accosté (aujourd'hui Antigua), il désigne un arbuste aux fleurs de couleurs rouge, rose, pourpre, blanche ou jaune. Il entrera dans la langue sous le nom de « frangipanier » et dans les livres sous celui de *Plumeria alba*. De retour en Europe, ce Frangipani servit en France dans l'armée papiste sous le règne de Charles IX. On lui attribue la création d'un parfum en poudre, le « Sachet à la frangipane » composé d'aromates et de racine d'iris avec 1 % de musc et de civette. Ni l'odeur du frangipanier ni le sachet de Mutio ne contiennent d'amande. Elle arrivera avec son petit-fils, le marquis de Frangipani, maréchal des armées de Louis XIII et parfumeur au Pont-Neuf, qui eut l'idée d'écraser de l'amande amère pour parfumer les gants, à une époque où le cuir sentait la tannerie. Les « gants à la frangipane » étaient nés. Comment est-elle passée du gant à la galette ? Mystère.
Toujours est-il qu'en entrant en pâtisserie, la frangipane est devenue un appareil réglementé, composé pour une moitié de crème pâtissière et pour l'autre de crème d'amandes. Les proportions varient selon les goûts du faiseur. Pour la galette certains délaissent souvent la frangipane, préférant une simple crème d'amandes moins roturière. À vous de choisir en demandant au vendeur si elle est fourrée à la frangipane ou à la crème d'amandes. S'il vous répond que c'est la même chose, passez votre chemin... (*10 janvier 2009*)

La vérité sur la niçoise

Les vacances, le soleil et la mer étant annoncés, j'en connais une qui commence à se frotter les mains. De Dunkerque à Port-Bou, sur le bord de l'autoroute ou de la Méditerranée, elle est là, embusquée dans le moindre bar-tabac-restaurant, guettant le client qui « par ces chaleurs n'a pas très faim et se contenterait de quelque chose de frais ». « Prenez donc une salade niçoise ma petite dame, c'est de saison. » En un clin d'œil, la voici sur la table : un gros tas de salade verte, avec des haricots verts, des rondelles de pommes de terre, du jambon, du maïs et du thon en boîte, un peu de betterave rouge « pour la couleur » et de vinaigre balsamique « pour le goût ». Chaque jour de juin à septembre, vous serez des dizaines de milliers à tomber dans le piège de la niçoise de contrebande, cette traînée, prête à se vautrer avec n'importe qui dans le saladier. Mais que fait la police face à cette arnaque massive et permanente ? L'autruche, comme trop souvent à l'égard des crimes et délits de bouffe. Alors mettons les choses au clair une fois pour toutes.
Aucun des produits susnommés ne doit figurer dans la niçoise, à commencer par la salade verte. Laitue, mesclun, roquette ou autres n'ont rien à y faire, sauf du volume qui donne l'illusion de l'abondance. Tous les ingrédients doivent être crus à l'exception d'un seul, l'œuf dur. Enfin, le vinaigre n'a jamais été invité dans le saladier qui lui-même devrait céder la place à un plat creux frotté à l'ail. J'hésite à citer la source qui me permet d'être aussi péremptoire tant elle est peu appétissante : Jacques Médecin, l'ancien maire de Nice (1966-1990) décédé en 1998 à Punta del Este, condamné

à plusieurs reprises dans diverses affaires et qui fut trop longtemps le parrain arrogant d'une ville « héritée » de son père. Il faut cependant lui donner acte d'un petit ouvrage, *La Cuisine du Comté de Nice* (Julliard, 1972) qui recense précisément les traditions culinaires de ce coin de terre.
La base de la *salada nissarda* est la tomate coupée en rondelles épaisses, salées une première fois pour qu'elles rendent leur eau. Une dizaine pour 6 personnes. Un concombre épluché tranché finement, 2 poivrons verts et 6 petits oignons blancs taillés en anneaux très minces s'y ajoutent toujours. Ensuite c'est, selon la saison, des févettes fraîches ou de petits artichauts de pays également émincés. Et basta pour les crudités. À l'origine, seuls les filets d'anchois (une douzaine) entraient dans la niçoise, car le thon était trop cher. Aujourd'hui en boîte, il est toléré. Trois œufs durs en quartiers, 100 g d'olives noires de Nice viennent ajouter de la couleur. Dresser le plat frotté à l'ail après avoir égoutté et resalé les tomates, en mêlant harmonieusement les ingrédients et en les arrosant d'huile d'olive et de basilic haché. Un tour de moulin à poivre et toujours remettre au froid avant de servir. C'est une salade d'été qui doit être fraîche comme le rosé qui l'accompagne. (*23 juin 2007*)

Le fleuve jaune

Les premiers signes apparaissent au sud de Lyon. Loin de ses sources, le fleuve qui guide l'autoroute dans le sens du mistral a perdu sa clarté alpine. Sa transparence diminue à mesure que la température monte et que la mer approche. À Avignon il a les eaux troubles et en débarquant à Marseille, le Rhône coule jaune, réclamant des glaçons pour s'épancher dans l'immense delta des rades méditerranéens. Ici, c'est terre de pastis, car le pastis est de Marseille comme la fourme est d'Ambert et le bonjour d'Alfred. Ces choses-là ne se discutent pas Monsieur ! Et point n'est besoin de référendum pour s'en assurer. La consultation populaire a lieu chaque jour à 12 heures et 19 heures dans l'ensemble des circonscriptions ensoleillées du Sud-Est. Les listes en présence, toutes d'obédience anisée, sont en tournée (électorale) permanente avec casquettes et calicots, provoquant de vifs débats entre partisans du Pastis 51 et du Pernod 45. MM. Ricard, Duval, Berger, Janot, Boyer, Bardouin et quelques autres s'affrontent sur le zinc jusqu'à la fermeture des bureaux de vote. À l'issue du dépouillement, Pastis 51 l'emporte à Marseille, mais Ricard arrive en tête sur PACA avec 30 % des godets devant Pernod (20 %), Duval (4 %), Casanis (2,5 %) Janot (1,5 %), etc. Il se boit en France 2,5 milliards de verres durant la saison estivale. Un signe fort de l'avis des experts…

Il n'y a que deux raisons de commander un pastis à Paris : représenter la maison Pernod-Ricard ou bénéficier du statut d'exilé politique pour des faits commis sur le Vieux-Port. Même si les gens du Nord sont ses plus gros consommateurs (6,4 litres par an et par habitant), le pastis est né pour être bu « en bas ». Terrasse, olives, 2 cl d'alcool, 5 volumes d'eau, glaçons et basta ! « Il a l'exégèse courte » rappelle Olivier Boura en préambule de *La Légende dorée du Pastis* (Éd. Aubanel). On peut se disputer sur la marque mais personne n'ira gloser sur le millésime ou la durée idéale de macération de la badiane. À la différence du vin qui aime qu'on parle de lui, le pastaga se boit en causant d'autre chose. Il reste taiseux sur son pedigree depuis l'interdiction de l'absinthe, coupable de multiples agressions sur les poètes et le prolétariat. Le jaune a pourtant prospéré sur les cendres de la fée verte, produisant le même « louchissement » qu'elle au contact de l'eau, cette « brume laiteuse en torsades tournantes qui finissent par se rejoindre » (Pagnol). L'anis vert, l'anis de Paris, l'anis étoilé et la réglisse sont les quatre plantes de base du pastis, mises à macérer individuellement dans l'alcool. Après filtration, le concentré liquide obtenu est ajouté à l'anéthol, fruit de la distillation d'essences d'anis additionnée d'eau et de sucre. Telle est la recette ordinaire du pastis, soumise à de nombreuses interprétations désignées dans les campagnes sous le nom de pastis « agricole ». C'est celui dont on s'échange les petites fioles ou les paquets d'herbes magiques sur les marchés de Provence. Il n'est pas toujours meilleur, mais il énerve le gabelou, ce qui fait toujours plaisir à l'heure de l'apéro. (*2 juillet 2005*)

La toque et la trique

Il fut un temps où le client était roi au restaurant, où il pouvait librement choisir entre plusieurs menus ou à la carte. Cette époque est révolue. Désormais, le chef commande, impose le menu obligatoire ou la « formule » magique et vous expose comment déguster le fruit sublime de son génie créatif, sous le regard sourcilleux du maître d'hôtel promu surveillant général. Seule l'addition reste à votre entière disposition. Nous avons tous connu ce genre de maison à poigne, symbolisée par les Mères lyonnaises qui servaient d'autorité le plat du jour et signifiaient à coups de trique (verbale) que s'il ne plaisait pas, l'Armée du Salut se trouvait au bout de la rue. C'était façon de vivre et de manger. Celle qui se dessine est plus sournoise. La trique s'est faite soyeuse, « conviviale » et ne vise qu'à votre bonheur : ne vous souciez de rien, nous nous occupons de tout. Résultat, vous vous retrouvez avec 13 plats à avaler, sans issue de secours. La qualité des mets ou leur prix ne sont pas en cause. C'est la méthode, de plus en plus fréquente, qui transforme un repas en épreuve d'endurance, limite cours magistral.

Ferran Adriá (*El Bulli*) a ouvert la voie avec son menu tapas. En 1999, le génial Catalan nous servait déjà 24 snacks et tapas. La barre est montée à 35 pour 160 € selon les derniers témoignages et la démonstration est toujours aussi éblouissante. Tout le monde n'est pas Ferran, qui d'ailleurs a annoncé la suspension d'*El Bulli* pour 2012. La profusion n'engendre pas forcément le bonheur du client qui doit en outre subir à chaque plat les explications récitées d'un ton monocorde par le personnel, habillé en noir, les mains dans le dos : « Madame, Monsieur, puis-je me permettre d'attirer votre attention. Ce turbot de petite pêche a été cuit à basse température. Il est servi avec une sauce à base d'infusion lait-genièvre relevée d'une pointe de curry de Madras. Il est accompagné de nouilles de soja frites qui donnent un côté croustillant au moelleux du poisson. Le citron confit et le trait de vinaigre balsamique apportent une note aigre-douce en bouche. Je vous souhaite une agréable dégustation. Attention, les assiettes sont chaudes. » À quatre à table avec quatre plats différents, le monologue peut durer de longues minutes. Le convive craint l'interro surprise au dessert pour vérifier s'il a bien retenu la leçon. Elle ne s'arrête pas là. Certaines préparations nécessitent un mode d'emploi particulier et ne peuvent être absorbées que dans l'ordre fixé par le chef. Est-ce dans le sens des aiguilles d'une montre ou en sens inverse ? La tablée se dispute. L'introduction dans l'assiette de seringues, pailles, baudruches, pipettes et autres colifichets n'a fait que compliquer la manœuvre. Le dernier en date est le bocal, avec joint en caoutchouc incorporé. Avant on y mettait les cornichons, maintenant on fait le cornichon pour tenter d'en extraire les radis de Gilles Choukroun. À quand le picotin dans un sac autour du cou ? (*6 octobre 2007*)

Senderens et les étoiles filantes

Il est plaisant de constater chaque année que seul le guide gastronomique le plus critiqué suscite des fuites dans la presse. A-t-on déjà lu en avant-première et en exclusivité le hit-parade du *Champérard*, du *Bottin Gourmand* ou du *Gault&Millau* ? Que nenni ! Seul *Michelin* mérite un tel traitement, preuve qu'il fait toujours sens, quoi qu'en pense la critique parisienne. Pour violer un secret, il faut qu'il ait de la valeur. Tous les réd'chef vous le diront. Et la valeur du *Michelin* tient d'abord à celle que lui accorde la profession des cuisiniers, certains que la reconnaissance d'icelui sera un atout pour leur enseigne. L'écrasante majorité ne rêve que d'y entrer et, comme disait le bedeau : « On ne fait pas la queue pour aller en enfer. »

On se souvient du brouhaha provoqué par la décision d'Alain Senderens de « rendre » les trois macarons de *Lucas Carton* pour « désampouler » le style de son restaurant et donner « plus de liberté » à sa cuisine. Il avait envie de servir des sardines et le luxe l'en empêchait. Frappée du syndrome de la sardine, la presse s'est monté le bourrichon. Après l'histoire du restaurant belge étoilé avant l'ouverture, les ratés à la distribution de l'édition 2005, cette « désertion » devait sonner le glas du *Michelin*. D'autres allaient suivre. Il y aurait un avant et un après Senderens.
Mais surprise, dans l'édition suivante (2006), Alain Senderens figure toujours. Avant, il avait trois étoiles. Après il en a deux. Tout ce barnum pour en arriver là ! Le chef assure qu'il ne voulait pas y être, le guide dit le contraire, mais ce ne sera pas motif de duel. Place de la Madeleine on est content. La salle est pleine, les marges s'améliorent et on fait confiance au public pour comprendre que *Lucas Carton* n'a pas perdu une étoile mais que le nouveau restaurant d'Alain Senderens à la même adresse en a obtenu deux d'entrée sans le souhaiter. CQFD. Avenue de Breteuil, on n'est pas mécontent de rappeler au passage que les étoiles ne s'échangent pas sur la place mais sont propriété du Bibendum, et libre à lui d'en attribuer deux à quiconque le mérite selon ses critères.
S'imposaient-elles pour les sardines de Senderens ? Je l'ignore, m'étant attablé « hors saison ». C'était celle de la morue de San Sebastián cuisinée en brandade aux truffes noires avec une petite salade à l'huile de truffe. Un de mes plats préférés dont je confesse avoir avalé un certain nombre d'exemplaires et de tous les acabits. Celle-ci était remarquable, les

poils hérissés sur le pourtour, truffée sans retenue ni excès, moelleuse et si douce en bouche. Un tel plat donne le ton d'une table, même privée de nappe, dans un nouveau décor imaginé par le jeune architecte d'intérieur, Noé Duchaufour-Lawrance. Nul besoin de dérouler la carte jusqu'au mille-feuille dont la conversation fut délicieuse pour comprendre qu'ici on mange très bien pour 100 € par personne. C'était le pari du chef. Pari réussi dans l'assiette et plus encore dans la communication. Jamais le passage d'un restaurant de trois à deux étoiles n'avait bénéficié d'une telle couverture médiatique, positive et gratuite. Chapeau l'artiste ! *(25 février 2006)*

Radio Casserole

Radio Casserole est une station parisienne émettant de vive voix entre le fromage, la poire, le café et plus si affinités. Elle traite exclusivement des choses du verre, de l'assiette et de leurs alentours immédiats. Sa rédaction, composée de pigistes bénévoles mais motivés, recèle des talents inconnus du grand public comme les « informations » qu'ils détiennent. C'est dans un souci de transparence que nous vous offrons cette édition spéciale, entièrement consacrée au sujet qui agite Radio Casserole depuis des semaines : l'affaire des montres Cartier.

Les faits se déroulent le 26 mars 2009 chez Alain Ducasse au restaurant du *Plazza Athénée*, lors d'un déjeuner de gala à l'invitation de Bernard Magrez. Cet important négociant-propriétaire bordelais a convié une quarantaine de journalistes du vin pour fêter la 700e vendange de Château Pape

Clément, la 598e de Château La Tour Carnet et la 406e de Fombrauge à Saint-Émilion. Soit 1 702 (1 704 si l'on compte bien…) années de vendanges selon l'agence Clémentine-Communication, organisatrice de l'événement. Pour célébrer ces trois fleurons du portefeuille Magrez, Ducasse a fait dans l'excellence. Selon des témoins, la nourriture était parfaite et les vins en accord. On y évoqua le temps écoulé, symbole de la vigne et des vignerons sans lequel le vin et les hommes ne seraient pas grand-chose, mon bon monsieur. À l'issue de la séquence émotion, les hôtesses remirent aux journalistes un cadeau souvenir : une montre Tank Must de chez Cartier d'une valeur de 1 600 €. Modèle femme ou homme selon le récipiendaire. L'affaire ne serait pas sortie du milieu si « Bakchich info » ne l'avait révélée sous la plume agile d'Angèle Houlacuisse qui s'interrogeait sur l'indépendance d'une presse vineuse ainsi régalée par l'une des plus grosses fortunes du Bordelais, de surcroît annonceur régulier dans les journaux spécialisés.
C'est là que Radio Casserole entre en action. Qui étaient les invités, comment ont-ils réagi devant la valeur du cadeau, l'ont-ils gardé, l'ont-ils rendu, autant de questions fondamentales qui ont mobilisé la rédaction. Selon différentes sources, de nombreux titres de la presse nationale ou spécialisée étaient présents et tous sont repartis avec le cadeau à la maison. Trois semaines après les faits, ni le bureau de Bernard Magrez ni celui de Clémentine-Communication n'avaient reçu de montre par retour de courrier. Un journaliste, après avoir proposé l'objet chez Ma Tante qui en offrait une somme dérisoire, l'a vendu 600 € qu'il a divisés en deux

chèques pour des ONG humanitaires. L'un affirme en avoir fait cadeau aux Restos du cœur, l'autre à son fils « parce que je ne pourrai jamais lui en payer une ». L'écho donné par Radio Casserole à l'événement en aurait conduit d'autres à un accès tardif de déontologie. Bernard Magrez qui « pratique la presse depuis trente ans » s'étonne des remous créés par cette affaire alors qu'il voulait simplement faire un geste d'amitié symbolisant le temps. Bref, rien que de très normal. À chacun d'en juger. (*3 mai 2008*)

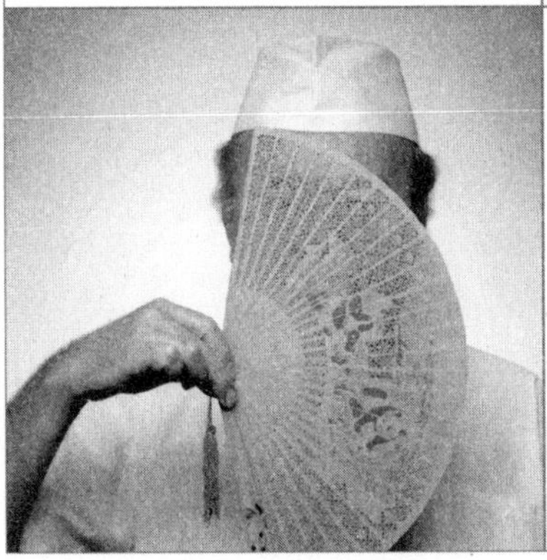

5 Demain

Inutile de se voiler la face, la nourriture du monde est dans les mains de l'agriculture industrielle et intensive, des multinationales de l'agroalimentaire et de leur partenaire naturel : la grande distribution. Il suffit de regarder les caddies à la sortie des supermarchés. De Cergy-Pontoise à Pékin, de Bogotá à Calgary, de Dubaï à Belfast, on retrouve les mêmes produits et les mêmes marques. La marche vers la standardisation et la globalisation des goûts et des saveurs ne s'arrêtera pas. Trois milliards d'Indiens et de Chinois en rêvent, à l'image de l'ancien bloc communiste qui n'eut de cesse de se précipiter chez Mac Do. Comment survivre ?

L'humanité s'est toujours divisée en deux : ceux qui mangent et ceux qui ont faim. Plus d'un milliard d'êtres humains ont toujours le ventre creux et risquent de l'avoir longtemps. Mamadou n'étant pas Lehmann Brothers, le « marché » a du mal à trouver les fonds d'urgence pour résoudre la crise alimentaire. Il ne faut pas confondre faillite avec famine… Chez ceux qui mangent, la perspective n'est guère plus encourageante. Ce sera la pompe à essence ou la casserole avec un net avantage à la première. Telle l'automobile dont il raffole, l'*Homo sapiens* a besoin de carburant pour faire tourner sa machine : protéines, calories, vitamines et tutti quanti. Il lui faut donc passer régulièrement à la station-service pour faire le plein. À table comme à la pompe, il y a le super et le gas-oil. Chacun choisit selon ses goûts et ses moyens. Justin Bridou ou thé Matcha, Picard ou Pizza Hut peu importe, l'essentiel est de perdre le moins de temps possible à remplir le réservoir. Manger devient une tâche. C'est la tendance dominante, nourrie aux produits de terroir en sachet plastique sur les conseils de nutritionnistes pervers. Le vent de la modernité souffle en sa faveur. En attendant la gélule – matin, midi et soir – qui assurera le renouvellement de la force de travail sans salir la vaisselle. Pour le moment, nous n'en sommes qu'à la phase préliminaire, celle des compléments alimentaires dont la consommation augmente régulièrement. Les compléments d'aujourd'hui seront-ils l'essentiel de demain ?

L'alternative à cette alimentation stérilisée et préfabriquée demande plus de temps et d'appétit, car « on ne souffle pas au cul de la casserole » comme disait ma grand-mère. Ses adeptes s'intéressent à ce qu'ils avalent, épluchent les légumes, cultivent parfois leur jardin, préfèrent les produits frais et locaux, font leur marché et mangent leur cuisine. Pas un assemblage d'ingrédients achetés en kit. Plutôt cocotte et papillote, soupes moulinées et tartes maison. Cette catégorie du genre humain est en voie de disparition. Certes, à la ville comme à la campagne, il existe encore de nombreuses poches de résistance, mais face au mastodonte du prêt à boire et à manger, mon pronostic est plus que réservé. Voici

un demi-siècle déjà, j'ai surpris ma grand-mère achetant de la quiche lorraine industrielle alors qu'elle la préparait comme personne. «Je voulais voir» s'est-elle excusée. Pour l'agroalimentaire c'est tout vu. Le monde est grand, on va le gaver et se gaver. À notre façon et à nos tarifs.
Si l'on défend à juste titre la biodiversité dans la nature, il serait temps de s'en préoccuper à table. L'heure n'est plus à étrangler les patrons de fast-food avec les boyaux des actionnaires de Coca-Cola. Plus modestement, le temps est venu de se battre pour le droit inaliénable à la différence et à la souveraineté alimentaire. Celui de cultiver, produire, échanger, cuisiner, boire et manger autrement et librement. Il y a urgence, car les légions adverses sont nombreuses et bien armées.

À commencer par le lobby hygiéniste, ces apôtres de la pasteurisation *urbi et orbi* qui obligent les fromages au lait cru à prendre le maquis. Imposer des normes sanitaires modernes dans des installations vétustes est indispensable. En profiter pour trafiquer le lait et aseptiser le fromage est criminel. Lorsqu'on visite n'importe quel atelier de transformation de produits laitiers, il faut s'équiper comme pour entrer en salle d'opération. Ces mesures d'hygiène, sans doute justifiées, donnent l'impression qu'on confond l'hôpital avec le garde-manger. Les alertes médiatiques régulières sur les éruptions de salmonelle ou de listeria, les mises en garde permanentes de la Faculté contre les acides gras polysaturés et leurs complices, les campagnes incessantes des ligues antialcooliques ont transformé insidieusement l'acte de boire et de manger en souci de santé et de sécurité.

Le processus est en bonne voie avec les alicaments – contraction d'aliment et médicament –, ce qui a le mérite d'être clair. Leur objectif : persuader le public qu'il se soigne en mangeant. C'est bon pour la peau et ça file la pêche tout en facilitant le transit intestinal. Qui dit mieux ? On connaissait le menu à la carte, voici celui sur ordonnance, rédigé dans des laboratoires par des diplômés en blouse blanche. À partir d'un support comestible liquide ou solide, sucré ou salé, animal ou végétal, ils construisent à coups de bactéries et de levures, d'extraits de plantes et d'huiles essentielles, un produit magique bénéfique à la santé, facilitant la digestion des fibres et renforçant la résistance des artères chez la femme de plus de 50 ans. La consultation des sites internet spécialisés est révélatrice de la frénésie de recherche dans ce secteur des alicaments, source d'importantes plus-values. La foire est gigantesque et l'on se presse aux guichets de la FDA (US Food and Drug Administration) ou de l'Afssa (Agence française de sécurité sanitaire des aliments) pour obtenir l'homologation indispensable. Elle permettra de proclamer sur l'emballage les bienfaits de la nouveauté, souvent validés par des études maison protégées par le secret de fabrication. Le seul marché des boissons et des barres énergétiques est estimé à plus de 2 milliards d'euros en Europe. Il n'est pas exclu qu'un jour le médecin de famille prescrive un traitement à base de Red Bull ou de yaourt au bifidus actif pour soigner le petit. Reste à savoir si la Sécu remboursera…

À cette emprise sanitaire et chimiothérapique sur notre pain quotidien s'ajoute la bataille idéologique menée par les amis des bêtes qui confondent le bétail avec les animaux de compagnie et refusent d'admettre que l'homme est un mammifère carnivore. Les croisades anti-foie gras menées par PETA (People for the ethical treatment of animals) aux États-Unis ou l'association «L214» en France ne présagent rien de bon. Il sera interdit en Californie à partir de 2012. Il l'a été en 2006 à Chicago avant d'être à nouveau autorisé en 2008. De nombreux pays proscrivent déjà le gavage dont la Pologne (ex 5e producteur mondial) depuis 1999 et Israël (ex 4e producteur mondial) depuis 2003. Ces organisations animalières développent le même projet et le même argument : défendre le bien-être animal pour convaincre de devenir végétarien. Les techniques d'élevage des lapins ou de la volaille, les conditions de transport du bétail vivant, les méthodes d'abattage des porcs ou des bovins sont autant de thèmes d'agitation efficaces auprès d'un public toujours sensible aux images sanglantes diffusées par les militants. Ils rencontrent un écho d'autant plus large que leurs critiques sont souvent justifiées. L'élevage concentrationnaire de poulets de batterie, l'orgie de cocktails médicamenteux dans les clapiers, l'entassement de centaines de brebis dans des semi-remorques insalubres, les camps de la mort que sont devenues les usines à bidoche américaines sont des pratiques inadmissibles. Elles doivent être dénoncées pour ce qu'elles sont : les dérives d'un système productiviste dictées par la quête du profit et non les conséquences de la consommation de viande d'une humanité jugée trop carnassière. Dans la première hypothèse on choisit de corriger, d'améliorer, voire de sanctionner. Dans la seconde on stigmatise et on encourage la prohibition.

Depuis l'invention de la massue, l'homme a toujours tué la bête pour s'en défendre ou s'en nourrir. Au nom de quelle vérité révélée devrait-il aujourd'hui cesser d'écraser des moustiques ou se priver de veau marengo ? Que l'on refuse la côtelette et le jambon ou qu'on se vautre dans le ragoût et la mortadelle relève du libre arbitre. Les interdits alimentaires – hormis les prescriptions médicales ou légales – sont de l'ordre de la foi et des croyances. À chacun les siennes et basta. Dans un monde où la com' a valeur d'info et où l'émotion l'emporte souvent sur la raison, je nourris cependant quelques inquiétudes sur l'avenir de l'entrecôte marchand de vin. Le scandale de la vache folle – magnifique illustration de la folie de l'élevage industriel et intensif – a gravement nui à l'image de la pièce de bœuf. La confusion entretenue entre les massacres d'espèces menacées et l'abattage des animaux de boucherie, l'apparition à la carte de certains restaurants de la mention « notre viande a été produite dans le respect des droits des animaux », la haine de la corrida ou les agressions contre les boucheries chevalines participent du même mouvement : rapprocher l'homme de la bête pour le convaincre que la tuer est un crime. Il est à craindre que cette « école de pensée » ne gagne au fil des décennies de plus en plus de « parts d'assiette » et que bientôt le « politically correct » soit végétarien. Volontairement d'abord, par la force de la loi ensuite. Les premières interdictions de foie gras, l'idée d'une journée sans viande lancée par quelques people, et l'interdiction des corridas en Catalogne en sont des signes avant-coureurs. J'en suis d'autant plus désolé que mon goût naturel me porte plus vers les légumes que les produits carnés. J'aime les acheter, les parer, les cuisiner et dès que je mets le pied en Inde je suis végétarien du jour au lendemain. C'est mon choix et je remarque que le plus grand pays végétarien du monde, où les extrémistes hindous ont pignon sur rue, n'interdit ni le commerce ni la consommation de viande à ceux qui n'adorent pas ses dieux. C'est ce même droit à la différence, celui de tirer une volée de plombs au cul d'un faisan pour le rôtir ou celui de saigner le cochon pour faire le boudin, que menacent aujourd'hui ceux qui confondent les abattoirs à la chaîne avec le bœuf carottes. Ils doivent être dénoncés, car leur combat, sous des dehors « humanitaires », est source d'intolérance et d'atteinte à la souveraineté alimentaire.

L'autre menace qui pèse sur l'alimentation de demain vient de la terre. Cette fameuse terre nourricière qui lentement se meurt sous les agressions de l'homme. Le XXe siècle a vu le paysan devenir « exploitant agricole », le XXIe risque de le voir se transformer en « technicien de surface » à la solde de multinationales de la chimie et des semences, lancées dans une course folle à la privatisation du vivant. Elle a commencé à la fin de la dernière guerre mondiale lorsqu'il fallut trouver de nouveaux débouchés aux fabricants de poudre à canon et nourrir une population affamée par des années de privations. La solution tenait en trois lettres– NPK – selon les symboles chimiques des trois principaux constituants des engrais de synthèse : azote, phosphate et potassium. Ce fut la voie royale pour l'agriculture intensive et productiviste, nécessaire un temps, mais arrivée aujourd'hui à son terme. Son plus fervent défenseur, le principal syndicat agricole

(FNSEA), prône désormais une « culture raisonnée », avouant implicitement qu'elle était déraisonnable auparavant. Pollution et appauvrissement des sols, dommages irréparables à la faune et à la flore, développement de la monoculture industrielle au détriment de la polyculture vivrière, le bilan est déplorable et l'échec patent : la pénurie alimentaire n'a pas disparu. Loin de là.

C'est pourtant toujours le même argument – nourrir la planète – que développent les partisans des OGM, le nouveau mirage agricole. Le débat sur ces organismes génétiquement modifiés de plein champ s'est focalisé sur les éventuels dommages à la santé que causerait la consommation des produits qui en sont issus. Cancer ou pas cancer, c'est la bataille des enquêtes et contre-enquêtes pour trancher une question qui ne pourra l'être qu'à l'épreuve du temps. Les partisans des OGM s'accommodent fort bien de ce « ni oui, ni non » qui leur permet de poursuivre leurs activités et relègue au second plan un danger bien plus grave et plus aisément vérifiable : la contamination des cultures non OGM par les semences OGM.

C'est la fameuse histoire de Percy Schmeiser, cultivateur de colza depuis des décennies dans la province canadienne du Saskatchewan et condamné pour quelques plants résistants au Roundup (insecticide) trouvés sur ses terres. Ce type de colza, génétiquement modifié, ne pouvait provenir que de semences brevetées Monsanto, en usage dans la région. Percy n'en utilisait pas mais certaines ont atterri chez lui à son insu, portées par le vent ou d'autres vecteurs. Monsanto lui en réclama paiement sous menaces de poursuites. Il refusa et la bataille judiciaire dura des années, jusqu'à la Cour suprême qui a tranché en faveur du semencier. Le coupable n'était pas celui qui avait contaminé les champs, mais l'agriculteur qui n'avait pas empêché cette contamination fortuite et qui *de facto* passait pour un voleur de brevet.

Les malheurs de Percy Schmeiser concernent directement le mangeur du XXIe siècle. Ils démontrent, en effet, le caractère congénitalement hégémonique des cultures OGM et l'agressivité de leurs pourvoyeurs. À mesure que la surface cultivée en OGM augmentera, la contamination s'accroîtra et, à terme, les semences les plus « fortes » l'emporteront, soutenues par une politique commerciale « énergique ». Produites, brevetées et distribuées par quelques-uns avec l'impossibilité de les ressemer l'année suivante. Le paysan perdra la liberté de cultiver autre chose autrement, et le mangeur celle de choisir le contenu de son assiette. Comme l'explique Deborah Koons Garcia dans son documentaire *The Future of Food* : « Quiconque contrôle les semences, contrôle la nourriture. »

Au risque de démoraliser le public, je pourrais ajouter quelques chapitres supplémentaires à cette liste des pièges et traquenards qui guettent l'assiette du futur : puissance des corporatismes qui, au nom de la « demande du marché », s'efforcent surtout de satisfaire celle de leurs membres (thon, anchois), spéculation boursière provoquant pénurie et fluctuation des prix sur des denrées de base comme le riz ou le blé, abrutissement permanent des populations à coups de publicités vantant la marchandise industrielle comme le meilleur de la tradition, tricherie en tous genres sur les produits et leurs origines, disparition des savoir-faire et de leur transmission, le réquisitoire peut durer des pages. À vous couper l'appétit pour la vie et mieux vaut ne pas trop compter sur les politiques pour le retrouver. Soumis à l'influence des lobbys et de leurs électeurs, ils en discuteront volontiers au restaurant, mais de là à proposer un autre banquet que celui de cette société de consommation aux valeurs sonnantes et trébuchantes, il ne faut pas rêver. Reconnaissons qu'au plus haut sommet de l'État, l'exemple n'est pas brillant. En élisant pour la première fois de leur histoire un président qui ne boit pas de vin et qui raccourcit les déjeuners de travail en supprimant le fromage, les Français n'ont pas choisi le meilleur cuistot pour leur gamelle. D'entrée il a tourné gâte-sauce en se précipitant aux États-Unis faire allégeance à Bush et au hot-dog, geste qu'il renouvellera lors de sa visite à Obama en allant se régaler de la même tambouille au *Ben's Chili Bowl* à Washington. On pouvait espérer mieux du représentant de la France. De celui qui a déclaré au Salon de l'agriculture que « la gastronomie française est la meilleure du monde », déclenchant un tollé de protestations de Shanghai à Madrid. Le ton politique et chauvin de ses propos ne facilitera pas l'inscription de la gastronomie française au patrimoine culturel immatériel de l'Unesco, demandée par des cuisiniers et des personnalités indépendantes. La politique de la France à propos de la pêche au thon, des OGM ou des pesticides reste toujours en deçà des déclarations d'intention ou des promesses. Le détricotage méthodique du Grenelle de l'Environnement en est l'illustration. L'ère Sarko ne sera pas celle du manger mieux pour vivre mieux. Inutile d'en attendre grand-chose de comestible.

Dans ce monde qui mange les coudes sur la table et la tête dans le coffiot, je préfère les chemins de traverse. Lorsque j'ai commencé à fréquenter les marchés bio, mon entourage a haussé les épaules : ça lui passera. Je connais bien cette réaction, ce fut la mienne lorsque parurent les premiers numéros de *La Gueule ouverte*, les textes de Gébé sur les énergies alternatives ou les dessins de Reiser sur les panneaux solaires. Armé de mes certitudes idéologiques, je voyais dans ces écologistes d'aimables utopistes qui ne devaient cependant pas nous détourner de la lutte principale contre le grand capital. Il a fallu les crises climatiques ou énergétiques et le travail inlassable des militants de la cause écologique pour changer l'esprit des masses (et le mien) et inscrire la défense de l'environnement à l'ordre du jour. Je suis resté fidèle le samedi aux Batignolles ou le dimanche à Raspail qui présente l'avantage d'être mitoyen avec le *Tourne Bouchon*, rendez-vous des marchands et des chalands avertis.

L'agriculture et la nourriture bio traînent la caricature, soigneusement entretenue par ses détracteurs, du baba cool la tête dans les étoiles et les mains dans le macramé. Rien n'est plus faux mais heureusement qu'ils ont existé ces aventuriers, partis cultiver les légumes sans engrais chimiques et piocher les mauvaises herbes à la main. Beaucoup ont renoncé devant la dureté du métier et parfois l'hostilité du milieu. Ceux qui ont résisté sourient aujourd'hui devant l'engouement populaire et s'inquiètent de l'agitation publicitaire qui saisit les médias et la grande distribution sur le durable, l'équitable ou le bio. Lorsqu'on sait l'influence dramatique des centrales d'achat sur la qualité de la production traditionnelle, la plus grande méfiance s'impose face à ces nouveaux convertis. L'essor des cosmétiques dits bio – un secteur permettant d'énormes plus-values – est un premier motif de vigilance sur les cahiers des charges. Les réglementations européennes dans ce domaine, sous prétexte d'une meilleure harmonisation des pratiques, tirent souvent les critères vers le bas : l'Union européenne accepte ainsi 0,9 % de produits OGM dans le bio, ce qui est un comble. Enfin, l'accroissement des conversions en bio de nombreux agriculteurs ne doit pas faire oublier la médiocrité du paysage français : 0,6 million d'hectares sont classés bio, soit 2,5 % de la surface cultivable totale. L'objectif de 6 %, annoncé à grand fracas d'ici 2012 paraît bien optimiste et l'indigence de l'enseignement du bio dans les lycées agricoles demeure un handicap majeur.

La restauration a également été lente à démarrer et Michel Bras ou Marc Veyrat faisaient à une époque figure d'illuminés avec leurs herbes et leurs racines. Alain Passard s'est mis à cultiver son, puis ses potagers, Ducasse a livré une somme dans son livre de recettes *Nature* mais peu de chefs se réclament ouvertement bio sur leur carte. Tous affirment naturellement faire leur marché chez de petits producteurs au-dessus de tout soupçon, mais l'idée de passer bio si elle leur paraît dans l'air du temps reste encore trop contraignante. Pour les prix et l'approvisionnement. On observe le même phénomène chez les vignerons pourtant nombreux en phase de conversion. Il est commun d'entendre dans le vignoble : « Moi je fais pareil que le bio mais je ne veux pas le dire ni m'en servir pour vendre mon vin. » Cette « timidité » justifiée sans doute au début par la réputation du bio baba cool, cache en fait le refus d'être certifié par un organisme autorisé à regarder dans les vignes, les cuves et les comptes. Tout le monde n'est pas prêt à refuser un traitement chimique et perdre tout ou partie de la récolte pour avoir un joli label vert sur des barriques vides. L'échec des discussions de Bruxelles sur un cahier des charges pour la vinification et l'élevage des vins bio est un mauvais point. Seul le raisin est garanti bio, libre ensuite au vigneron de faire selon sa conscience. Heureusement, la plupart ne gâchent pas en cave le travail fait à la vigne et les tricheurs sont vite découverts. La multiplication des bistrots « naturels » dont *Le Verre Volé* (Paris X^{e}) est l'archétype et mon préféré, a favorisé le développement de ces nouveaux vins, légers, fruités, francs et sans soufre ou si peu. J'en ai fait mon ordinaire. Leur production – 500 000 hectolitres selon mes estimations très optimistes – reste microscopique à l'échelle française (48 millions d'hectolitres). Leur arrivée chez les cavistes a néanmoins suscité polémiques et diatribes de l'establishment, symptôme de l'irritation des puissants devant leur succès dans le public. On la retrouve chez les semenciers à l'égard de Kokopelli, ces guérilleros de la semence, soumis à d'incessantes poursuites alors qu'ils ne représentent qu'une part infime du marché. La même intolérance s'est manifestée contre les promoteurs du purin d'ortie non homologué officiellement et pourtant utilisé depuis des lustres. Il a fallu un vote du Sénat pour le sauver de l'interdit.

C'est en partie pour lutter contre ces tentations hégémoniques et préserver cette liberté alimentaire qu'en 1989, Carlo Petrini et quelques amis, excédés par l'apparition d'un fast-food sur la Piazza España à Rome, ont créé Slow Food. Cette association internationale à but non lucratif, financée par ses membres, compte aujourd'hui plus de 85 000 adhérents dans 132 pays. D'aimable initiative gastronomico-culturelle à ses débuts, Slow Food est devenu une organisation écogastronomique à l'audience internationale, une sorte d'Amnesty International de la nourriture. Depuis ses débuts j'ai suivi attentivement cette évolution et rencontré à de multiples reprises Carlo Petrini avec lequel je partage le même millésime et le même itinéraire, du marteau et de la faucille jusqu'au verre et à l'assiette. Au départ, le projet était centré sur la défense des produits et des patrimoines menacés, la transmission des savoir-faire et l'éducation au goût. Sans négliger le plaisir, dans une atmosphère « slow » et tolérante, devenue la marque de fabrique du mouvement, fort bien symbolisée par son emblème : l'escargot. Au Salone del gusto, le salon gastronomique des petits producteurs et artisans, à Terra Madre, le rassemblement des communautés de l'alimentation du monde entier, à Cheese, la foire aux fromages au lait cru, et dans tous les rassemblements qui ont jalonné l'histoire déjà longue de Slow Food règne toujours une ambiance particulière dans laquelle on traite de problèmes sérieux dans un désordre apparent et une nonchalance studieuse. À plusieurs reprises j'ai vérifié sur le terrain la réalité de ces initiatives. L'Arche du goût a été créée dans le but de répertorier, décrire et attirer l'attention sur les produits alimentaires menacés de disparition dans le monde entier. En 1998 y figurait le *beiju*, une galette de farine de manioc appréciée des Indiens d'Amazonie. Que pouvait bien faire une association basée à Bra, Piémont, pour la défense de ce *beiju* au cœur de la forêt amazonienne ? Je l'ai compris à Boa Vista, au nord du Brésil, dans l'hôpital qui soigne les Indiens Yanomani atteints de tuberculose. « Ils y arrivent parfois en hélicoptère, faisant en une journée un bond culturel de cinq mille ans, de leur forêt au service d'isolement » m'a expliqué le directeur. Le choc est immense, notamment sur le plan nutritionnel, la nourriture d'hosto ayant peu à voir avec la diététique de la jungle. C'est là que Slow Food intervient en finançant au travers d'un padre italien un programme de cuisine traditionnelle des différentes ethnies en traitement. La Casa de Cura de Boa Vista est sans doute le seul hôpital au monde où les familles et les malades font eux-mêmes leur tambouille tous les samedis. Dont ce fameux *beiju* que j'ai vu confectionner sous mes yeux. Grâce à Slow Food.

De 2000 à 2004 a été décerné chaque année un prix Slow Food pour la défense de la biodiversité à des personnes ou des organisations remarquables dans ce domaine. En 2003, Hamidou Ouédraogo et l'Union des paysans de Tanlili (Burkina Faso) furent récompensés pour leur lutte contre la progression du désert. Je suis allé passer plusieurs jours à Tanlili et j'ai pu constater qu'à la limite des sables existait une pépinière de plusieurs centaines d'arbres dans le cadre d'un programme de reforestation qui avait reçu un nouvel élan avec l'attribution du prix à Hamidou. À chaque édition de Terra Madre nous faisons le point.

Plus près de nous, en inscrivant la lentille blonde de Saint-Flour au programme des « Sentinelles » destiné à promouvoir ou à relancer un produit traditionnel en voie d'extinction, Slow Food a permis à la quinzaine d'agriculteurs qui se sont lancés dans la lentille blonde de trouver des débouchés et de nouveaux clients à l'étranger. Des *farmers markets* américains aux défenseurs de la *papa* sur l'Altiplano péruvien, des centaines d'initiatives Slow Food ont lieu à travers le monde. Ce ne sont que de petites choses, menées sans grand tapage, mais mises bout à bout sur tous les continents, elles constituent un réseau unique d'alerte et de mobilisation. Cette notion de réseau est fondamentale, car c'est la seule alternative face aux monopoles et aux multinationales de la bouffe. À ce jour, Slow Food est la seule structure internationale de ce type, grâce à Terra Madre et tous ces paysans, pêcheurs, cuisiniers et scientifiques qui agissent dans 153 pays pour renforcer et multiplier les productions locales dans le respect des différences culturelles et environnementales.

Paradoxalement, la France a toujours traîné les pieds à l'égard de ce mouvement. Sans doute rebutée par son patronyme anglais peu compatible à nos yeux avec l'idée du bien manger ou ses origines italiennes, car comme chacun sait, il n'y a qu'en France qu'on s'y connaît question bouffe. On compte cependant une quarantaine de conviviums (groupes locaux) en majorité au sud d'une ligne Bordeaux-Strasbourg. Cette apathie française à l'égard de Slow Food est d'autant plus surprenante qu'apparaissent des comportements tout à fait similaires. Le concept de consom-acteurs développé avec le succès que l'on sait dans les AMAP est proche de celui de coproducteur défendu par Slow Food. De même, le souci de manger local en préférant des produits voisins de chez soi ou le développement des jardins partagés poursuivent les mêmes objectifs : rapprocher le producteur du consommateur, supprimer les intermédiaires et développer une conscience commune de la nourriture, de la façon de la manger et de la produire. Cette alternative à la malbouffe, Carlo Petrini la résume en trois adjectifs : Bon, Propre et Juste. Je les ai adoptés.

Demain
chroniques

Tentative d'homicide

C'est une nouvelle détestable, plus instructive sur l'état de notre cuisine que bien des sondages. L'affaire est dramatiquement simple. Les élèves cuisiniers passent à la fin de leurs études le certificat d'aptitude professionnelle, ce fameux CAP cuisine, leur permettant d'entrer dans la vie active. Les conditions de cet examen sont régulièrement remises à jour en fonction de l'évolution des savoirs et des techniques. Il revient ainsi à une commission représentative de la profession, sous la tutelle du ministère de l'Éducation nationale, d'établir la liste des connaissances exigées pour obtenir le CAP. Ce « référentiel » constitue, *de facto*, le programme des études.

Lors du « dépoussiérage » validé en janvier 2005, une vingtaine de « matières » ont été supprimées et sept autres ajoutées. Exemples de techniques éliminées : détailler les poissons, habiller et brider les volailles, ouvrir les huîtres, ouvrir et ébarber les moules, hacher la viande au couteau et au hachoir, préparer un gigot, tourner et escaloper les fonds d'artichaut, ouvrir et nettoyer les coquilles Saint-Jacques, désarêter un poisson plat, désosser une selle d'agneau, cuire à la vapeur les poissons et les viandes, réaliser des marinades crues ou cuites, réaliser la sauce américaine, lier à base de sang ou de corail, réaliser une ganache, etc. Pour être diplômé cuisinier, ces savoir-faire sont désormais caducs.

En revanche, il faut apprendre à utiliser des produits semi-élaborés et les PAI (produits agroalimentaires industriels), à préparer les produits surgelés, à remettre en température les viandes, les légumes, les poissons, à cuire les produits surgelés, autrement dit, à maîtriser les techniques de la restauration industrielle.

Les savoir-faire supprimés concernent tous le traitement des denrées fraîches alors que les nouvelles « disciplines » sont exclusivement consacrées à l'usage des aliments préfabriqués.

On comprend – chômage oblige – qu'il faille adapter l'enseignement professionnel au « marché de l'emploi » comme le soulignent les représentants de la restauration industrielle, premier employeur du secteur. Ce qui est révoltant c'est le caractère impérialiste de la méthode et l'idée de la cuisine qu'elle véhicule. C'est cette arrogance à déclarer obsolète, au nom du progrès et du tiroir-caisse, l'enseignement de savoir-faire constitutifs du patrimoine gastronomique français dont l'industrie ne cesse de se réclamer pour vanter ses produits manufacturés. Certains cuisiniers s'en sont indignés, proposant la création d'un CAP à deux options : l'une pour la restauration rapide et l'autre pour la cuisine traditionnelle. Refus du ministère (trop lourd à gérer) et du camp de la « modernité » soutenu par Hervé This (physicochimiste, chercheur à l'INRA et père autoproclamé de la gastronomie moléculaire) qui a trouvé cette demande « très exorbitante ». Aujourd'hui, la formation des cuisiniers est taillée par et pour l'industrie de la restauration avec l'assentiment d'un ministère par ailleurs soucieux de préserver « le socle des connaissances »... La gastronomie française, de plus en plus contestée à l'étranger, est menacée dans ses propres écoles. En langage pénal, cela s'appelle une tentative d'homicide avec préméditation. (*14 mai 2005*)

Y a-t-il un cuisinier au fourneau ?

Voilà longtemps que ça ne m'était pas arrivé. Je pars guilleret avec une nouvelle adresse en poche et, sur la porte, l'affiche est sans appel : fermé ce midi pour cause de panne d'électricité. Il n'y a rien à négocier. Pas de courant, pas de casse-croûte. Alors je me laisse emporter par le courant de la rue. Je n'ai pas vraiment faim, il est 14 heures, c'est juste pour grignoter un petit truc, et le premier bistrot qui affiche un œuf mayo sur sa pancarte sera le bon. Il en existe des centaines à Paris, des dizaines de milliers en France, copies conformes de ce rade de la rue Richelieu. Sur le trottoir gauche en descendant, entre Saint-Marc et Quatre-Septembre. Fausses poutres et fausses pierres en plastique, nappes et serviettes en papier, carte vitrifiée et clair-obscur dans la salle. Par réflexe j'ai demandé l'œuf mayo. Montrez-moi votre œuf mayo, je vous dirai qui vous êtes. Celui-ci n'était qu'une petite crapule, affichant ostensiblement un gros caca de mayonnaise directement pressée du tube sur des œufs qui n'étaient pas de la première couvée. Ils reposaient sur une jonchée de feuilles de chêne du troisième âge, bronzées au condiment balsamique. Une atteinte aux droits de l'homme caractérisée. La tête dans les épaules, j'en ai avalé la moitié. Le pire était à venir. Prudent, j'avais commandé une seconde entrée en guise de plat : la tarte fine à la tomate. Fine comme un annuaire, la fesse molle sur les mêmes feuilles de chêne, avec deux boules de fausse mozzarella avachies sur le dessus. Il y avait incontestablement motif à poursuite. Lâchement, j'ai demandé l'addition et pris la fuite avec une pensée pour Brillat-Savarin, mort à deux rues de ce bouge.

Cette piqûre de rappel sur la dégradation de la nourriture quotidienne dans des établissements qui se proclament restaurants m'a été infligée alors que la France demande à l'Unesco d'inscrire sa gastronomie au « patrimoine culturel immatériel de l'humanité ». Peut-être serait-il plus judicieux de l'ajouter à la liste des espèces menacées par la cohorte des margoulins dont l'art culinaire se résume à l'assemblage de produits préparés et vendus en kit chez METRO.

Car on trouve tout chez METRO. C'est l'idée de base de ce groupe né en 1964 à Mulheim (Allemagne), implanté dans 33 pays et disposant de 91 sites en France (2010). Aujourd'hui, celui qui a quelque argent liquide et un pas-de-porte peut, du jour au lendemain, devenir restaurateur. Il lui suffit d'entrer à METRO et de payer cash en sortant. Tout est disponible, des nappes à l'enseigne, de la cave aux habits du personnel, charcuterie, viennoiserie, poisson, viande, légumes ; et tous ces plats qui enjolivent la carte (également en rayon chez METRO) au bistrot du coin : chili con carne, blanquette à l'ancienne, barbue à la fondue de poireaux achetés au kilo sous vide ou congelés. La majorité des crèmes brûlées servies dans Paris sort de METRO où l'on trouve également des blancs d'œufs battus en neige prêts pour l'île flottante avec un bidon de crème anglaise. Lentement mais sûrement, cette cuisine d'assemblage a réduit le plat du jour maison à l'exception.

En France, plus de 500 000 clients appartenant aux métiers de bouche fréquentent ces supermarchés ouverts dès 5 heures du matin et qui jouent un rôle majeur dans la restauration française contemporaine. Patrons de bistrots et de restos mais aussi hôteliers, épiciers, bouchers, charcutiers, traiteurs, boulangers, pâtissiers trouvent ici de quoi remplir leurs assiettes ou leurs boutiques. Les denrées alimentaires (13 000 références) représentent en effet 85 % du chiffre d'affaires dont plus de la moitié en frais. Si METRO a aujourd'hui la capacité et la « légitimité » de fournir des produits de toutes qualités, son succès tient d'abord au souci permanent de s'adapter aux besoins des professionnels. Une visite dans l'un des cinq entrepôts situés autour de Paris est fort révélatrice de l'évolution de cette demande qui ressemble étrangement à celle des ménages : moins de travail et moins de temps passé en cuisine pour un meilleur rapport qualité/prix. Déballer, réchauffer, assembler et bien calculer les volumes pour maximiser les marges : tel est le *modus operandi* de tous ceux qui servent à manger sans savoir cuisiner.

Font-ils partie du patrimoine ? (*6 mars 2010*)

Affaires de raisins

En février 2010, la justice de ce pays a rendu deux jugements qui n'ont pas eu l'écho qu'ils méritaient. Il est vrai qu'ils ne concernaient ni Clearstream ni l'Oréal mais des histoires de raisin dont la publicité peut irriter l'annonceur. La première affaire concerne le raisin de table, les pesticides et la liberté d'expression. Le 24 novembre 2008, le Mouvement pour les droits et le respect des générations futures (MDRGF) publie les résultats d'une enquête menée dans cinq pays européens révélant la présence de résidus de pesticides dans la quasi-totalité des raisins de table prélevés (124 échantillons). Pour la France, les 25 testés sont tous contaminés, un français et trois italiens importés dépassant les limites maximales en résidus européennes (LMR). La Fédération nationale des producteurs de raisins de table (FNPRT) a hurlé au scandale, sans contester une seconde la validité des analyses. Le crime commis par les écolos du MDRGF, c'est d'avoir osé mettre sur la place publique la vérité des tests et de l'avoir révélée au consommateur. Les caciques du raisin de table, drapés dans la dignité face à l'outrage, ont assigné ces mécréants devant le tribunal civil de Paris, demandant 500 000 € de dommages et intérêts pour « présentation malhonnête » et les accusant d'avoir nui à la vente du raisin de table alors que celle-ci se termine fin octobre et que le contenu des tests n'a été rendu public que fin novembre. La XVIIe chambre du TGI de Paris les a ramenés à la raison en les déboutant et les condamnant à 1 € de dommages et intérêts pour « procédure abusive ». Ils devront en outre verser 2 000 € au MDRGF au titre des frais engagés pour sa défense. Il est toujours rassurant de savoir qu'on peut publier la vérité en dépit des lobbys corporatistes. Ceux-ci n'ont pas fait appel.

La seconde affaire, plus pittoresque mais source de graves ennuis, relève du cépage, de la tromperie sur la marchandise et des relations franco-américaines. Elle concerne l'exportation de 135 334 hectolitres de faux pinot noir aux États-Unis entre 2006 et 2008 via la société Ducasse (sans rapport avec Alain Ducasse), négociant en vin à Carcassonne, et le metteur en marché Sieur d'Arques, fournisseur des Établissements E&J Gallo, un mastodonte américain du pinard, pour sa collection de vins de cépages français « Red Bicyclette ». Sachant que la production de pinot noir en Languedoc-Roussillon ne dépasse pas les 50 000 hectolitres, comment pouvait-il s'en exporter autant ? Simple comme bonjour. Du merlot et de la syrah étaient vendus en vrac par les caves comme du pinot noir puis revendus presque au double aux Américains via la société Ducasse et Sieur d'Arques. Au procès, la défense a osé invoquer « la nécessité économique » (la crise viticole) pour justifier la manœuvre. Le tribunal correctionnel de Carcassonne a condamné les douze prévenus à des peines de prison avec sursis et de fortes amendes (180 000 € pour Sieur d'Arques). La plupart ont interjeté appel mais, dans le même temps, la justice californienne a été saisie d'une plainte en nom collectif (*class action*) contre E&J Gallo et ses fournisseurs français pour tromperie sur la marchandise et publicité mensongère. Le prochain chapitre de l'histoire du faux pinot d'Oc risque de s'écrire sur la côte ouest et selon les tarifs en vigueur là-bas… (*13 mars 2010*)

Harcèlement textuel

Au début l'homme cueillait, chassait et pêchait pour survivre avec les produits bruts que la nature lui offrait près de sa grotte. Ensuite il les a cultivés, élevés et accommodés à son goût. L'agriculture et la cuisine étaient nées. Séchage et salage étaient les principaux modes de conservation, et le mangeur était toujours en contact direct avec la matière fraîche. C'est lui qui la transformait pour la digérer.
Nicolas Appert a tout changé en inventant la conserve. La pasteurisation, la modernisation des transports et les progrès technologiques ont fait le reste. L'industrie agroalimentaire s'est alors chargée de nourrir le genre humain, trop accablé de travail et de loisirs pour s'occuper de ses casseroles. Les intermédiaires se sont multipliés, éloignant un peu plus à chaque étape le consommateur final du produit d'origine, devenu par la magie de la technique et du savoir-faire artisanal ou industriel, une glace au caramel salé, un cassoulet des familles ou le panaché de poissons et sa fondue de poireaux. La majeure partie de notre alimentation sort aujourd'hui des usines de l'industrie agroalimentaire via les circuits de grande distribution. Avec pour seul papier d'identité, une étiquette dont la lecture doit permettre de savoir ce qu'on mange et ce qu'on achète. C'est là où le bât blesse.
Après le drame de la vache folle et les alertes sanitaires qui ponctuent régulièrement nos journaux télévisés, le souci de « traçabilité » est devenu le leitmotiv du secteur qui fait assaut de proclamations vertueuses. Pas question de vendre quelque chose dont on ignore la provenance, la date et le

lieu de naissance. Avec la liste des ingrédients, ces mentions doivent figurer obligatoirement sur tous les produits alimentaires vendus en rayon. Ce sont les informations les plus importantes pour le consommateur et pourtant les plus difficiles à trouver et à lire sur l'emballage. Lettres minuscules, emplacement ingrat, couleurs sombres, impression médiocre, les artistes du packaging usent de toutes les ruses pour dissimuler l'essentiel au profit de la propagande qui s'étale en gros et en couleur sur la façade : « galettes pur beurre », « 97 % de céréales », « retrouver le sucre que vous avez connu » (exemples sortis du placard).

En 2003, la Commission européenne avait imposé des caractères d'une taille minimale de 3 mm pour la liste des ingrédients. L'industrie agroalimentaire a trouvé que c'était trop gros. Pensez donc, des lettres de 3 mm pour une grand-mère ou un myope errant en GMS ! Trop facile. Leurs lobbyistes s'activent auprès des représentants des 27 pays de l'UE pour les ramener à la raison : 1,2 mm serait à leurs yeux largement suffisant pour « lécithine de soja, E 153 ou arômes artificiels ». Les mêmes se battent pour développer la « communication nutritionnelle » sur les emballages (vitamines, oméga 3, lipides et compagnie), fruit des analyses de leurs laboratoires et qui répond naturellement à une demande du public. Autrement dit, il serait plus important de connaître les effets éventuels que le contenu exact de ce qu'on avale. Cette volonté délibérée de dissimuler l'information au profit d'arguments marketing est scandaleuse. Il est temps que cesse ce harcèlement textuel. (*26 septembre 2009*)

La caverne d'Ali-cament

Le 15 avril 2010, Danone a retiré sa demande de validation auprès de l'Autorité européenne de sécurité des aliments (EFSA) des produits Activia et Actimel, et modifié partout en Europe les publicités vantant leurs supposés bénéfices pour la santé. Motif : « le manque de visibilité dans l'application du règlement européen sur les allégations santé » selon Pierre-André Terrisse, directeur général finances. L'annonce a fait grand bruit, ces deux produits représentant 25 % du chiffre d'affaires du groupe. Amélioration des défenses intestinales, aide contre les diarrhées aiguës, facilitateur de la digestion, aide au transit intestinal, telles étaient les vertus que Danone voulait obtenir le droit de mentionner sur ses denrées. La société n'avait toutefois pas attendu la permission de l'EFSA pour diffuser en Grande-Bretagne un spot publicitaire affirmant qu'il était « scientifiquement prouvé » qu'Actimel « aide à soutenir les défenses naturelles de vos enfants ». En octobre 2009, l'ASA, le gendarme britannique de la pub, avait rappelé à l'ordre la maison Riboud, jugeant ce message « trompeur ». Rappelons également qu'Activia et Actimel sont les descendants directs du fameux yaourt au « bifidus actif » lancé en 1987 et vendu jusqu'en 2005 sous le nom de Bio. Il aura fallu quatorze ans et de multiples procédures pour que Danone accepte de se conformer à la réglementation européenne de 1991 interdisant à toute marque de se référer à l'agriculture biologique pour des denrées qui n'en sont pas issues. C'est ainsi que Bio est devenu Activia, vedette des produits laitiers dits de « santé active », ou alicaments.

Pourquoi cette frénésie de l'industrie agroalimentaire sur les allégations de santé ? Parce que c'est l'argument marketing le plus efficace et un moyen magique d'ajouter de la plus-value. Prenons le paquet de 6 Actimel vendu 2,75 € au Shopi. Chaque flacon contient 94,4 ml de « lait fermenté sucré à boire », soit au total 566,4 ml. Un peu plus d'un demi-litre de lait vendu autour de 30-35 centimes le litre à la ferme, soit 20 centimes de matière première pour les six. Avec un peu de sucre et de ferment, il n'y en a pas pour cher. Ce qui fait la valeur d'Activia ou d'Actimel c'est le probiotique : le *Lactobacillus casei* ou *Lactobacillus defensis* déclarés utiles à la santé par Danone. Encore faut-il que cette allégation soit reconnue par l'EFSA dans le cadre du Règlement européen n° 1924/2006 concernant « les allégations nutritionnelles et de santé portant sur les denrées alimentaires ». Son article 13 consacré à l'étiquetage et à la publicité est le lieu de toutes les batailles avec l'industrie qui ne cesse de demander des précisions à son égard. Plus de 3 000 demandes d'homologation sont en effet en attente dans les tiroirs de l'EFSA, car les chercheurs sont infatigables, étudiant aussi bien les effets du brocoli dans la prévention du cancer de la peau que ceux du zinc pour éviter la dépression chez les jeunes femmes. Plus les règles seront souples, plus le consommateur aura droit à des allégations santé sur un marché européen qui dépasse les 125 milliards d'euros. Une véritable caverne d'Ali-cament. (*29 mai 2010*)

Je mange du cheval

Un grand merci à madame Bardot. Sans sa campagne anti-hippophagique, je n'aurais pas acheté une araignée de cheval à la boucherie chevaline de la rue des Petits-Carreaux (Paris 2e). Je me promettais souvent d'y entrer mais jamais je n'en franchissais le seuil. Cette viande appartient pourtant à ma culture culinaire. Elle fréquentait de temps à autre la table familiale et quand mon grand-père allait à la ville, il en revenait toujours avec *Le Canard enchaîné* et son steak de cheval. En écoutant madame Bardot, me remontaient des souvenirs de cochon égorgé, de poules étranglées, de coups du lapin, de grenouilles épluchées à vif, et le doute s'insinuait dans mon esprit : l'aïeul était-il un dangereux tueur d'animaux, doublé d'un hippophage sanguinaire ? Que nenni ! Mammifère omnivore de l'espèce *Homo sapiens*, mon grand-père vivait simplement à la campagne et se nourrissait de ses produits. Il cultivait les légumes, les récoltait et les mangeait. Il élevait des bêtes, à plumes et à poils, les tuait et les mangeait aussi. Amateur de viande, il s'offrait de temps à autre un petit plaisir avec un steak de cheval. Et voilà madame Bardot qui veut interdire la gâterie de mon grand-père !
L'espèce serait-elle en voie de disparition ? Pas vraiment. Selon l'OFIVAL, le cheptel équin national reste stable autour de 460 000 têtes, l'abattage diminue régulièrement et la consommation est à son plus bas niveau historique (0,5 kg/hab./an). Danger sanitaire peut-être, la viande de cheval avariée pouvant transmettre à l'homme une maladie parasitaire, la trichinellose ? Pour cette raison, il faut bien la

cuire et elle ne peut être cuisinée en restauration collective. À l'époque de la vache folle et de la grippe aviaire, il n'y a pas là motif à prohibition totale, le dernier cas datant de 1998. La viande de cheval est par ailleurs très maigre et riche en fer.

Madame Bardot s'indigne des conditions de transport des animaux vivants notamment en provenance de Pologne. Elle a raison. Traiter le bétail pire que des bêtes est en effet indigne, le cheval n'étant pas le seul concerné. À chaque filière de prendre les mesures appropriées, la meilleure solution restant l'abattage sur place pour ne transporter que les carcasses dans de strictes conditions d'hygiène et de traçabilité. Notons qu'entre 2001 et 2005, le trafic de chevaux vivants a diminué de 21,6 % à l'import et de 13,4 % à l'export.

Tout cela n'entame en rien la détermination de madame Bardot qui dispose d'un argument définitif : le cheval est un animal « noble », et s'en nourrir reviendrait à dévorer Jappeloup, Idéal du Gazeau et la fanfare de la garde républicaine. À chacun son idée de la noblesse. Pour ma part, j'en trouve une certaine au cochon. Dois-je exiger son bannissement des assiettes ? Les interdits alimentaires – hormis ceux que dictent la loi, la santé et la défense de la biodiversité – relèvent de convenances personnelles, religieuses ou philosophiques. Vouloir les imposer à tous, c'est nier le droit fondamental de chacun à choisir son manger. Mon steak dans l'araignée était excellent, et dimanche, j'essaierai le rosbeef. Ne vous en déplaise, Madame. (*21 octobre 2006*)

Le gibet et la gibelotte

J'ai un mauvais pressentiment sur le lapin. À mon avis, il faut se dépêcher d'en manger, car au train où vont les choses, aux alentours des années 2050-2060, sa consommation pourrait bien devenir péché, sous la pression d'un Front de libération des clapiers (FLC) en devenir et dont on sent les prémices dans l'agitation croissante des groupes « animalistes ». La lutte anti-corrida est pour l'instant leur terrain de jeux favori mais l'on enregistre déjà des attaques de boucherie chevaline, et le foie gras de canard gavé est menacé aux États-Unis et dans d'autres pays. L'importance accordée au rot de la vache dans les émissions de CO_2, le développement du concept de bien-être animal, l'apparition d'un militantisme agressif participent d'un même élan pour dépouiller l'*Homo sapiens* de son caractère carnivore et instaurer à terme le régime végétarien universel, recommandé de surcroît par tous les nutritionnistes de magazines.

J'adore les légumes mais je hais les dictateurs et notamment ceux qui « dictent » ce qu'il faut manger au nom de préceptes religieux, moralisateurs ou hygiénistes. D'inspiration anglo-saxonne, en provenance de pays auxquels on doit la *junk food*, les sodas, l'ersatz de chocolat, l'obésité, la pasteurisation obligatoire, la vache folle et le *binge drinking*, cet activisme visant à transformer le bétail en animal de compagnie n'a rien à voir avec la défense de la biodiversité ou de l'environnement. Encore moins avec la promotion d'une alimentation bonne, propre et juste. L'étape suivante sera l'ALL (Armée de libération des légumes), dénonçant le râle de la carotte sous l'épluche-légumes et le génocide de la patate

plongée dans l'huile bouillante. Et ainsi de suite jusqu'à la gélule finale !
Pour ces gens-là, le lapin constitue une proie de choix. N'est-il pas vêtu de fourrure dont les belles aiment à se parer lorsqu'elle est d'angora ? N'a-t-il pas semé myxomatose et désolation à travers l'Australie ? N'est-il pas un délicieux compagnon pour l'enfance ? Et le coup du lapin, n'y a-t-il pas pratique plus sauvage ? Sans oublier l'entassement en clapier, l'usage intensif d'antibiotiques et le rythme effréné des grossesses de la mère lapine. Le casier de Bunny est encore plus chargé que celui de Nanard et pourrait bien le conduire (le lapin) au gibet.
Je le préfère en gibelotte et appelle tous ses partisans à rejoindre le MDG (Mouvement de défense de la gibelotte) dont les statuts s'énoncent ainsi :
Art. 1 : dépouiller, vider et découper le lapereau. Réserver le foie.
Art. 2 : faire revenir les morceaux dans une cocotte jusqu'à coloration et ajouter 3 cuillerées d'échalotes hachées. Remuer vivement pour parfumer les chairs.
Art. 3 : mouiller à hauteur de vin blanc ou rouge sans « singer ». Mettre le bouquet garni.
Art. 4 : porter à ébullition et laisser mijoter de 45 à 60 minutes selon l'âge de la bête.
Art. 5 : lier la sauce avec le foie passé au mixeur. Servir avec petits oignons, lardons et champignons cuisinés séparément.
C'est ainsi que l'on devient membre permanent du MDG. Sans cotiser mais en sauçant bien l'assiette. (*4 octobre 2008*)

Pourquoi la viande et pas le lait ?

La cause est entendue, le cheptel bovin dégage un max de méthane (CH_4) nuisible à la couche d'ozone : 18 % des émissions totales de gaz à effet de serre, selon la désormais fameuse étude de la FAO (Livestock's Long Shadow, novembre 2006). Depuis c'est Apocalypse Cow ! Sir Paul McCartney lance un appel pour un jour sans viande par semaine (*meatless day*), Corinne Lepage, Yves Cochet, Allain Bougrain-Dubourg, Jean-Marie Pelt font « la grève de la viande » à Copenhague, et *Le Monde* (23 décembre 2009) s'interroge en une : « Manger moins de viande pour sauver la planète ? »

D'emblée, lorsque le drame de l'usine à gaz d'origine bovine fut révélé au monde stupéfait, une solution s'est imposée : réduire la consommation de viande ou, mieux, devenir végétarien. Le cheptel diminuera et la couche en profitera d'autant. La stratégie est claire : attaquer la chair pour réduire la bête et donc la pollution. Fomentée dans des pays anglo-saxons, cette croisade anti-viande est une campagne de borgnes. La FAO estime en effet à plus d'1,5 milliard le nombre de ruminants sur cette planète. Ils produisent environ 60 millions de tonnes de viande chaque année mais également près de 600 millions de tonnes de lait, soit dix fois plus. Pourquoi dès lors se focaliser sur la viande, d'autant qu'une bonne partie des bêtes conduites à l'abattoir sont des vaches de réforme ayant ruminé des années pour donner du lait avant de finir à l'étal du boucher ? À quoi servirait-il de réduire nos besoins carnivores s'il nous faut toujours 600 millions de tonnes de lait ?

L'exemple de l'Inde, avec une bonne moitié de sa population végétarienne, est à cet égard intéressant. C'est le pays du plus grand troupeau bovin au monde : plus de 190 millions de têtes. La vache y est sacrée et son corps n'est pas consommé par les hindous. Autrement dit, elle ne rumine que pour le lait, et le « meatless day » de McCartney serait sans effet sur l'usine à gaz indienne. La preuve par l'absurde que manger moins de viande n'aura qu'un effet marginal si l'on n'y associe pas les produits lactés.
Mais voilà, mobiliser les populations contre un aliment symbole de pureté et de vie, évoquant le lait maternel, est moins aisé que de dénoncer l'univers sanglant des abattoirs. Lactoche passe moins bien que Bidoche pour reprendre le titre du livre de Fabrice Nicolino consacré – à juste titre – aux méfaits de l'industrie de la viande. En s'emparant de l'argument écologique, les prohibitionnistes de l'entrecôte détournent un vrai débat à des fins partisanes. À quand la levée de boucliers contre l'avalanche de yaourt, qui déferle sur le monde ? À quand les alertes sur l'augmentation de la consommation des produits lactés alors que celle de la viande de boucherie diminue naturellement dans les pays occidentaux ? Le CIDIL (Centre interprofessionnel de documentation et d'information laitière) serait-il plus fort que le CIV (Centre d'information des viandes) ? Pour l'instant, le bœuf d'Angus comme la Montbéliarde sont sortis indemnes du fiasco de Copenhague, mais il faudra bien un jour régler ce problème des 18 % d'émission de gaz à effet de serre d'origine bovine. Pour sauver la planète, pas pour interdire le bifteck. *(1er janvier 2010)*

La patate chaude

Après le maïs, le soja, le riz, le coton, il était fatal qu'une autre denrée essentielle au genre humain attire les convoitises OGM : la pomme de terre (pour les salsifis on a encore du temps devant nous). Cette fois c'est BASF « The Chemical Company » qui s'y est mis, signant avec la patate son entrée sur le marché des semences transgéniques. Elle s'appelle Amflora et n'a pas vocation à être consommée directement par l'être humain. C'est un tubercule à usage industriel, bourré jusqu'à la gueule d'amidon et dont l'amylose, coûteuse à éliminer, est concentrée dans la peau. Épluchée, l'Amflora est parfaite pour la fabrication de papier, colle et autres produits textiles. Bien sûr, il y aura des résidus qui, après traitement ad hoc, pourraient servir à l'alimentation animale donc, à terme, à la nôtre. Or, selon Greenpeace, Amflora contient un gène marqueur de résistance à un antibiotique potentiellement nuisible à la santé.

Ce n'est pas l'avis de l'EFSA (Agence européenne de sécurité des aliments) qui a donné son feu vert à la mise en culture d'Amflora dans l'Union européenne. Transmise au comité des experts des 27 puis au Conseil des ministres de l'agriculture, la demande d'autorisation a été approuvée à deux reprises sans toutefois obtenir la majorité qualifiée requise, la France s'étant courageusement abstenue. Il revenait à la Commission de prendre la décision finale en suivant comme il est d'usage, l'avis – favorable – de l'EFSA. Après douze ans de procédure et une plainte de BASF devant la Cour européenne contre les atermoiements de la Commission, celle-ci a finalement donné son feu vert en mars 2010.

« Nous étions arrivés au bout de la procédure et tout ajournement de notre décision aurait été totalement injustifié. Notre décision se fonde sur plusieurs analyses de sécurité menées par l'EFSA et sur notre volonté de soutenir une recherche et une innovation responsables en Europe », a expliqué John Dalli, le commissaire à la Santé et à la Politique des consommateurs. Selon BASF, certains pays de l'Union pourraient rapidement décider de cultiver cette pomme de terre.

BASF a une seconde cartouche en magasin : la patate OGM à usage alimentaire. Nom de code « résistance mildiou 2015 », pour cette nouvelle variété qui serait immunisée contre le mildiou (la terreur des jardiniers) grâce à l'incorporation de gènes en provenance d'une pomme de terre sauvage mexicaine, *Solanum bulbocastanum*. Sans récuser la validité du projet, la France a refusé les expérimentations sur son sol. Elles se déroulent depuis plusieurs années en République tchèque, en Suède, en Allemagne, aux Pays-Bas et au Royaume-Uni, le lancement étant prévu au plus tôt en 2015. Inutile de dire qu'après l'autorisation de l'Amflora à usage industriel, la seconde destinée à la consommation humaine va bénéficier d'un précédent favorable. Ainsi, dans une dizaine d'années pourraient apparaître les premières frites OGM !

D'ici là, il faudra que les instances politiques européennes et françaises cessent de se refiler le bébé et fassent leur choix, sachant que leurs électeurs sont dans une large majorité opposés à la présence d'OGM dans leurs assiettes. C'est ce qu'on appelle une patate chaude. (*15 novembre 2008*)

Le Gâchi-mètre étalon

À chaque rentrée Michèle Lision, enseignante en éducation socioculturelle à l'École nationale d'industrie laitière (ENIL) de Poligny (Jura), fait visiter la cantine – désormais appelée « Service commun de restauration » (SCR) – et les cuisines à toutes les classes pour les familiariser avec les lieux et avec le personnel. À cette occasion, elle s'est rendu compte du gâchis et de la masse de nourriture abandonnée sur les plateaux-repas et notamment le pain, qui ne peut même pas être donné aux cochons, les règlements sanitaires l'interdisant. Intervenant en cours et en animation, elle a décidé d'en faire un thème de travail dans le cadre du projet « écocitoyen » avec une classe de BTS d'une quinzaine d'élèves.

« Pour démontrer la quantité de pain perdu nous avons imposé pendant deux mois de le mettre dans un silo plutôt qu'à la poubelle et rapidement nous nous sommes retrouvés avec un volumineux tas de croûtons », explique-t-elle. Comment travailler cette matière ? Ils pensent dans un premier temps la solidifier en un mètre cube symbolique. Un peu grossier.

La solution viendra de la rencontre avec Pierre Duc (www.pierreduc.fr) ex-étudiant aux Beaux-Arts en 1968 et créateur boulimique dont les œuvres s'épanouissent à travers la Franche-Comté. « L'érection me branche bien » reconnaît l'artiste alors que nous déjeunons à la cantine, pardon au SCR. Alors pourquoi ne pas ériger une colonne ? Au début, la main-d'œuvre scolaire fut réticente. Trier des morceaux de pain, les mouler dans des seaux en plastique et les agglomérer avec de la résine puante dans un local non ventilé toutes fenêtres ouvertes en plein hiver, n'est pas une activité hyper-motivante pour la jeunesse. « Mais lorsqu'on a terminé le premier étage d'un mètre de haut, ils se sont pris au jeu. » Il y en aura quatre qui s'empilent selon un système mis au point par Pierre, familier des œuvres monumentales et qui donna à celle-ci ce nom génial de « Gâchi-mètre étalon », l'outil qui permet de mesurer le gâchis. Elle fut installée au SCR en présence des autorités locales qui ont pu se régaler d'un buffet composé uniquement de pain perdu.

Alors que les fêtes du pain couvrent la France de miettes plus ou moins commerciales, ce « Gâchi-mètre étalon » est une initiative pédagogique exemplaire. Elle a permis de sensibiliser les élèves au coût du gaspillage pour la planète depuis le blé semé pour rien jusqu'aux effets de l'incinération des déchets en passant par la dépense inutile d'énergie et la pollution des sols. Elle leur a donné l'occasion de manipuler la matière pour en sortir une œuvre concrète au contact d'un artiste chevronné et de créer des liens avec les cuisiniers qui les nourrissent chaque jour et qui ont soutenu le projet.

Enfin, en prenant comme prétexte le pain, symbole du partage de l'alimentation entre les hommes, elle a convaincu les élèves de se servir uniquement selon leurs besoins. Aujourd'hui à Poligny, les plateaux-repas repartent avec des assiettes vides et sans débris de pain. Avec les félicitations du jury ! (*30 mars 2009*)

La main au panier

L'ordre est venu des instances supérieures qui veillent sur notre bien-être : il faut manger 10 sortes de fruits et légumes chaque jour. Slogan irréaliste sauf à passer au total soupe ! Si l'on en consommait déjà à chaque repas, ce serait un progrès considérable. Encore faut-il les trouver, aller les acheter, les ramener à la maison et avec la petite à la crèche, Marcel qui rentre à point d'heure ou la machine à laver en panne, la famille moderne a peu de temps libre pour la scarole ou la passe-crassane. Son approvisionnement en carottes, pommes de terre et golden-pamplemousse dépend surtout de la grande distribution qui régente maraîchages et vergers à travers une poignée de centrales d'achat. Je fixe mon prix, ta qualité et tes quantités seront à ma guise et tu seras mis en rayon comme il me plaira, tel est le langage de la GMS aux producteurs prisonniers de ce système. Le résultat est visible sur toutes les gondoles : des produits calibrés, rarement à maturité, au goût approximatif mais vendus avec des marges qui provoquent régulièrement des expéditions punitives à caractère rural dans les zones urbaines.
Résumons-nous : il faut manger des fruits et légumes, on n'a pas le temps d'aller au marché, ils sont de plus en plus chers et les agriculteurs qui ne se soumettent pas aux règles des supermarchés crèvent. Que faire ? Les Japonais ont trouvé les premiers la solution : regrouper des consommateurs pour passer un contrat avec un paysan en lui garantissant à l'avance l'achat de toute sa production. À charge pour lui de livrer à domicile. Ainsi sont nés dans les années 1960 les premiers Tekei pour « mettre le visage du paysan sur les ali-

ments». Le concept s'est exporté en Europe avant de gagner les États-Unis sous le nom de CSA (Community Supported Agriculture). Aujourd'hui, plus d'un quart des foyers nippons participe à un Tekei, 1 400 CSA fonctionnent aux États-Unis et au Canada, et le mouvement ne cesse de s'étendre de par le monde.

En 2001, Denise et Daniel Vuillon agriculteurs près de Toulon fondent la première AMAP (Association pour le maintien d'une agriculture paysanne). Il en existe maintenant un millier en France, toutes sur le même modèle : une cinquantaine de membres paient d'avance les paniers d'un semestre à l'agriculteur qui livre chaque semaine au lieu-dit. Autogestion, bénévolat, risques partagés avec le paysan, échange consommateur-producteur, l'AMAP est une version « citoyenne » de ces « paniers » désormais disponibles sur de multiples sites.

À celle du Père-Lachaise (plus de 200 adhérents), les distributions ont lieu le mercredi sur trois sites différents, tous approvisionnés par le même producteur depuis trois ans : Sébastien Léger et sa sœur France qui cultivent 12 hectares en maraîchage en « agriculture raisonnée » près de Beauvais (90 km). Pour chaque panier – 15 € le grand et 10 € le petit – ils doivent fournir 7 légumes différents. « Sans problème, on en récolte 80 variétés par an. » Ce jour-là dans le hall de l'Ageca rue de Charonne, c'était pommes de terre, carottes, céleri-branche, chou frisé, navet, chou romanesco et pain de sucre, une salade semblable au chou chinois entre la scarole et le chicon. Monsieur est descendu en pull-over du 5e étage : « En bas de chez moi c'est tellement pratique. » Cette dame blonde, chanteuse lyrique, est débutante depuis trois mois : « Ça oblige à manger des légumes et à en découvrir de nouveaux. » Les mains gelées, le casque à la main, lui vient pour des raisons politiques « parce que quand même, la base c'est de squeezer les intermédiaires ». Quand la demoiselle à l'écharpe a commencé « on était deux, puis on s'est séparé mais on vient toujours partager le panier ». Elle a découvert grâce à lui les côtes de blettes. Tous apprécient la qualité et la fraîcheur extrême des produits – il suffit de regarder le trognon du chou pour voir qu'il est cueilli du matin – même s'ils ne sont pas bio. La visite à la ferme chaque année leur a permis d'apprécier les pratiques de leur paysan pour lequel ils ne sont plus seulement des clients. C'est ce qu'on appelle créer du lien social, et comme dit Françoise, « médiatrice culinaire » : « L'AMAP pour ça, c'est vachement bien. » (*6 mai 2006*)

Manger local

En découvrant dans une étude du Leopold Center for Sustainable Agriculture (Iowa University) que leur alimentation quotidienne parcourait en moyenne entre 1 500 et 3 000 miles avant d'arriver sur leur table, Alisa Smith et JB MacKinnon eurent un choc. Ce couple de journalistes canadiens vivant à Vancouver et sensibles aux problèmes de l'environnement prit alors une mesure radicale : ils ne consommeraient plus que des denrées produites et élaborées dans un rayon de 100 miles autour de leur domicile. Adieu sucre, café, thé, chocolat, farine de blé, huile d'olive, jus d'orange, fruits et légumes hors saison et autres douceurs exotiques livrées par avion. Ils entendaient ainsi réduire «l'empreinte écologique» de leur nourriture, soit la somme des pollutions occasionnées par un produit durant toute sa vie du champ à l'assiette. Ils racontent, mois après mois, leurs aventures à la recherche de leur menu quotidien dans *The 100 mile diet*, un livre d'humour et de conviction qui participe d'un nouveau comportement alimentaire en plein essor aux États-Unis et qui tient en deux mots : *eat local*, manger d'abord ce qui est cultivé localement.

Le développement des *farmers markets* où les paysans vendent les produits de leur ferme, la multiplication aux étals des étiquettes précisant l'origine locale des articles proposés, le rejet de la grande distribution au profit d'un lien direct producteurs-consommateurs, la volonté de maintenir une agriculture de proximité, sont autant de signes précurseurs d'une autre façon de manger, libérée de la dictature des goûts et des coûts imposée par l'industrie agroalimentaire.

En France, les AMAP poursuivent les mêmes objectifs et remportent un succès croissant. D'autres organisations militantes ou commerciales développent des systèmes similaires offrant une alternative à l'hégémonie du tandem agriculture intensive-grande distribution. Suscitée à l'origine par les problèmes de sécurité sanitaire et les crises alimentaires successives, l'adhésion des consommateurs à ces nouvelles pratiques relève plus aujourd'hui de l'engagement citoyen (44 % selon une enquête du CREDOC). L'acte d'achat devient un acte politique, exprimant une volonté de reprendre le contrôle de son assiette et d'agir sur son contenu. (*8 mars 2008*)

Tendance gourde

Les vacances amènent leur lot de touristes aisément reconnaissables à l'équipement qu'ils trimballent du Mont-Saint-Michel à Notre-Dame. Un accessoire nouveau est apparu dans leur attirail : la bouteille d'eau en plastique glissée dans la poche ad hoc du sac à dos. À se demander si une promenade dans Paris ne s'apparente pas à la traversée du désert. J'exagère à peine, mais cette nouvelle façon de voyager sous perfusion aqueuse n'est qu'une manifestation supplémentaire de la consommation frénétique d'eau en bouteille (*bottled water*) qui s'est emparée de nos sociétés modernes. 205 litres par an et par habitant en Italie, leader européen devant la Belgique-Luxembourg (150 litres) et la France (135 litres), le record mondial étant détenu par les Émirats arabes unis avec 260 litres (chiffres 2007 : Beverage Marketing Corporation). Eau de source, minérale, plate, gazeuse, aromatisée, nous avons plus de 110 marques à notre disposition en France : plus de 8,5 milliards de litres vendus sur un marché de 1,3 milliard d'euros en constante progression : 31 milliards de litres pour 7,5 milliards d'euros aux États-Unis. Ces chiffres donnent le vertige pour un produit disponible quasi gratuitement et parfaitement potable aux robinets de tous ces pays. Le *New York Times* a calculé qu'un Américain buvant 8 verres de *bottled water* par jour (comme il est recommandé) débourse 1 400 $ par an alors qu'il ne lui en coûterait que 49 cents au robinet…

Le propos n'est pas de débattre ici de la qualité du contenu mais des effets du contenant : l'inévitable bouteille en plastique. En PET exactement pour « polyéthylène téréphtalate », un plastique solide, transparent et recyclable qui a remplacé le PVC des années 1960, fragile et terne. The Earth Policy Institute à Washington estime qu'il faut 1,5 milliard de barils de pétrole pour fabriquer les bouteilles nécessaires aux États-Unis. Sans compter l'énergie dépensée dans les transports et les volumes de CO_2 dégagés tout au long de la filière. À peine un quart des emballages sont collectés et recyclés, le reste échouant dans les décharges publiques.

Depuis 2005 un mouvement de boycott de la *bottled water* se développe aux États-Unis, prônant le retour à l'eau du robinet. À l'exemple de *Chez Panisse* à San Francisco, de plus en plus de restaurants y participent. Les maires de 17 grandes villes ont approuvé à Miami une résolution stoppant l'achat de *bottled water* par les services municipaux et réaffectant l'argent économisé au réseau d'eau potable. À Bundanoon près de Sidney, les *plastic bottle* sont interdites, et Gothenburg, la seconde ville de Suède, a mis fin à ses achats.

Nous n'en sommes pas là en France même si Danone (Évian, Badoit, Volvic...) ou Nestlé (Contrex, Vittel, Aquarel, Perrier...) se déclarent conscients du phénomène. Le moment est peut-être venu du retour à la gourde, remplie au robinet et gardant la fraîcheur sans laisser l'empreinte écologique désastreuse des bouteilles plastique. Un designer malin, quelques people, un bon buzz, une fontaine à chaque parking de Vélib, il n'en faudrait guère plus pour que la gourde redevienne une tendance lourde. Pensez-y en vacances ! (*5 juillet 2008*)

Les camarades du goût

Un chapiteau de cirque dressé au milieu des poireaux, des choux et des scaroles, on ne pouvait imaginer meilleur cadre pour une Université populaire du goût. Dans cette aventure inspirée par Michel Onfray, philosophe de tendance hédoniste déjà coupable et responsable de l'Université populaire de Caen, c'est l'adjectif populaire qui compte. En France et dans le monde, les gens qui lisent connaissent Onfray. À Argentan, tout le monde connaît Jean-Luc Tabesse, « vingt-huit ans, ouvrier dans l'usine qui l'a mis à la porte après avoir délocalisé en Chine », ancien communiste resté fidèle à la cause du peuple. Il travaille désormais à « la réinsertion des victimes du libéralisme, nombreuses dans cette sous-préfecture de l'Orne », au sein d'un jardin solidaire, « Les Jardins dans la ville ». Tabesse et Onfray étaient camarades d'école. Ils sont aujourd'hui camarades du goût dans cette université qui n'existerait pas sans l'un ou l'autre et qui obéit à deux principes à la limite du terrorisme par les temps qui courent : le bénévolat et la gratuité.
Elle est née dans le terreau de ce potager associatif lorsque ses animateurs, offrant un panier de légumes aux visiteurs, voyaient ceux-ci « rechigner au cadeau, dédaignant les aubergines, les courgettes, les carottes sablées et autres produits frais, parce qu'elles ne savaient pas les cuisiner, mais également les apprécier, pour ne les avoir jamais goûtés » constate Onfray. C'est à cette fracture alimentaire que l'Université du goût s'attaque. La méthode est élémentaire : un thème, une leçon et des travaux pratiques dans une ambiance amicale et gourmande. Ce 18 octobre, lors du premier des quatre

samedis gourmands de la saison 2008-2009, le sujet retenu était « les produits laitiers » avec comme animateur Jean-Pierre Coffe qui succède à Marc de Champérard (une erreur de casting) auteur du guide éponyme et partenaire de la première année de l'UP d'Argentan. Petit marché aux bons produits avec dégustation, séance de dédicaces, jeu de l'oie gourmande pour les enfants, l'histoire de la laitue racontée aux adultes par Évelyne Bloch Dano (passionnant durant 1 h 30). Après le buffet apéritif, soirée de gala avec Jean-Pierre Coffe sur scène « équipé style Madona » pour parler du beurre et commenter la prestation de deux chefs – Arnaud Viel, *La Renaissance* à Argentan, et Franck Quinton, *Le Manoir du Lys* à Bagnoles-de-l'Orne – chargés de réaliser chacun un repas pour 4 personnes avec 8 € car, comme vous le savez, c'est la crise. Le programme était rythmé par Patrick Cohen au piano et Maya Villanueva à la voix. Un menu riche et copieux, qui a attiré plus de 500 personnes de midi à minuit. Une assistance variée, gens du pays, agriculteurs des environs, enseignants, fans de Michel Onfray et de Jean-Pierre Coffe, gourmands de mots et de mets venus parfois de fort loin, tous animés du même désir : savoir manger. Ils sont repartis rassasiés. Je ne saurais trop recommander de faire le détour par Argentan. (*13 décembre 2008*)

Postures antibio

En octobre 2009, le marché bio du boulevard Raspail (Paris 6e) a célébré son vingtième anniversaire. Il fut le premier dans Paris et avait pour but initial d'offrir un débouché à des producteurs ayant du mal à survivre. Un second s'est installé aux Batignolles (17e) en 1992, puis rue Saint-Charles (15e), place Brancusi (14e) et de nombreux autres offrent un carré bio. Que de railleries et de quolibets n'a-t-on entendu sur ce lieu où les people venaient acheter des carottes au prix du caviar, sur cette mode bio qui ne durerait qu'un temps et sur ces gens bizarres qui se nourrissaient de graines germées à la lune montante ! Depuis plus de quinze ans, je fréquente Raspail ou Batignolles. Au début, certains camarades ont gloussé : l'individu entrerait-il en secte ? Les mêmes allaient chaque semaine payer leur denier du culte au supermarché des additifs et des colorants. Sans broncher, mais l'idée qu'on préfère donner son argent à des paysans qui prennent soin de la terre plutôt qu'à ceux qui la polluent a toujours paru suspecte au plus grand nombre et notamment aux spécialistes du boire et du manger. Tels ces critiques de cinéma qui, après avoir dédaigné un film, se retrouvent Gros-Jean comme devant lorsque celui-ci triomphe, nombreux sont les ex-antibio contraints d'admettre que le public a tranché en leur défaveur. On admire le grand écart parfait de Jean-Pierre Coffe entre le compost et Leader Price, et l'on note que l'édition 2010 du *Guide des vins* de Gault&Millau annonce en couverture « 1 500 vins bio et en biodynamie ». Voici vingt ans, la biodynamie, c'était pire que la scientologie…

Un marché qui progresse de plus de 10 % chaque année (plus 25 % pour les vins naturels en 2008), une offre insuffisante pour une demande croissante, voilà des tendances lourdes pour reprendre les termes de ceux qui ont transformé l'agriculture en agribusiness. Les « bios » s'efforcent précisément de

restaurer cet aspect « culture » dans leur agriculture. Elle ne plaît ni aux partisans du productivisme, ni aux industriels de la chimie et encore moins à l'establishment professionnel. Aides inexistantes, suspicion permanente, il a fallu bien du courage et de la sueur pour devenir agriculteur bio. Et plutôt que de leur rendre hommage, il est du dernier chic parmi les « spécialistes » de prendre la posture antibio. Ainsi, le bio « nous court sur le haricot » du critique gastronomique François Simon (*GQ*, mai 2009) et « le vin bio n'existe pas » pour Michèl Bettane (*Express Style*, 3 septembre 2009). Pour le premier « le label bio AB reste juste un label protocolaire, il ne garantit en rien le goût et la sûreté des saveurs ». Pour le second, il ne peut y avoir ni vin bio – la certification ne concernant que le raisin et pas la vinification –, ni vin nature puisque tout vin est « issu de la fermentation naturelle d'un fruit qui l'est tout autant ».
L'un et l'autre ont raison sur les mots, mais refusent de considérer dans leurs jugements que le bio, c'est bien plus que la satisfaction de leurs goûts personnels : une agriculture respectueuse de l'environnement, de nouveaux rapports producteurs-consommateurs, un mouvement mondial vers une alimentation plus saine. Oublier l'essentiel pour stigmatiser quelques insuffisances à corriger est injuste à l'égard de ceux qui se battent pour produire propre. (*3 octobre 2009*)

Les damnés de la mer

Essaouira était alors un chef-lieu important de la communauté hippie au Maroc. On y dormait sur la plage avec pour seuls risques la marée ou les chiens errants et l'on s'y régalait sur le port de sardines grillées, tout juste pêchées. Des montagnes de sardines, ramenées chaque jour par une myriade d'esquifs divers. Cette époque est révolue. Certes, on mange toujours des sardines le long de la jetée mais les pêcheurs s'en vont inexorablement, car le poisson se fait rare. De Safi, El Jadida, Essaouira, Agadir ils s'exilent par milliers avec barques et familles dans la presqu'île de Dakhla à l'extrême sud du pays, là où le Sahara se jette dans l'Atlantique. Dans ces eaux réputées poissonneuses, ils espèrent remplir leurs filets mais rentrent souvent bredouilles, impuissants face à la pêche industrielle qui écume la ressource sous leurs yeux, à quelques milles des côtes. Pour ces exilés de l'intérieur, Dakhla est devenu le port de l'angoisse.

Rhalib Jawad les a rencontrés dans leurs misérables campements, arc-boutés contre le vent, abandonnés par la mer comme leurs barques échouées sur le sable fin. Son documentaire, *Les Damnés de la mer*, présenté à Bologne en 2009 au Festival Slow Food on Film raconte l'odyssée de ces pêcheurs, échoués à Dakhla sans un sou pour s'acheter le mouton pour la fête de l'Aïd. En face, le chalutier le *Nordic* battant pavillon suédois sort les sardines à la tonne, équipé de sonar et autres instruments pour traquer les bancs de poissons. À la barre, le jeune capitaine aux cheveux blonds ignore tout de Ghislane qui mendie sur la plage un petit poulpe pour nourrir ses enfants sans devoir vendre sa télé. Elle supplie qu'on l'emmène pêcher en mer mais c'est impossible. Elle est une femme. Ce docu, filmé avec une grande délicatesse, fait écho à celui projeté deux ans auparavant au même festival – *Cry Sea* (une mer de larmes) –

traitant du même problème au Sénégal. Les petits pêcheurs côtiers ruinés et contraints d'émigrer y embarquaient à bord de leurs *cayucos* (pirogues) pour une périlleuse traversée à destination du continent, source de leur malheur : l'Europe. Le système est simple : en échange d'une aide financière, l'Union européenne obtient des licences de pêche dans les eaux territoriales des pays concernés. Ainsi, l'accord avec le Maroc entré en vigueur le 1er juin 2006 autorise 119 bateaux européens (95 espagnols, 14 portugais et 10 français) à racler les fonds marocains en échange de 144 millions d'euros répartis sur la même période. À cela s'ajoute un quota de 60 000 tonnes pour 18 navires de pêche industrielle qui fournissent essentiellement l'aquaculture en farine de poisson. Cette pêche « néocoloniale » selon certains s'approprie les ressources halieutiques du Maroc contre quelques subsides dont l'usage reste à vérifier et sans égard particulier pour l'état des stocks. Dans un récent rapport, l'ONG ActionAid International fait un constat similaire à propos du Sénégal, déconseillant à celui-ci de signer un accord avec l'UE. Quant aux sardines, elles se désolent de la bêtise des hommes. (*23 mai 2009*)

Laissons le temps au thon

Messieurs les thoniers, bonjour ! Nous nous sommes rencontrés la première fois sur le port de Saint-Jean-de-Luz. Le gamin que j'étais fut fort impressionné par le sang qui coulait de partout. Sur les bateaux, sur les cirés, sur le quai. Même la mer était rouge. Il fallut à mes parents beaucoup de persévérance pour me convaincre que cette chair sanglante devenait blanche une fois mise en boîte. J'entamai alors une relation suivie avec le thon mayonnaise, de la tomate farcie familiale au sandwich tunisien, ce saint-bernard des fringales étudiantes. Le palais dégrossi et la bourse mieux garnie, j'ai découvert le steak-pavé-tournedos de thon qui fit irruption au restaurant voici une quinzaine d'années. Il se mangeait saignant, ça m'a rappelé des souvenirs. J'ai appris ensuite à apprécier le moelleux de la ventrèche – le bas-ventre grassouillet du poisson – que Christian Parra accommodait si bien en son *Auberge de la Galupe* sur les bords de l'Adour. Et l'inévitable arriva : mon premier sashimi où, parmi ses collègues, le thon rouge se distinguait par sa saveur et sa couleur. J'en fis mon favori. Vous l'avez compris amis thoniers, entre le thon et moi, c'est une longue histoire d'amour. Je crains, malheureusement, qu'elle n'arrive à son terme.

Depuis des années, les écologistes et les experts de l'ICCAT (International Commission for the Conservation of Atlantic Tunas) qui fixe les quotas annuels ne cessent d'alerter pêcheurs et instances officielles sur les dangers de disparition du stock de thon rouge en Méditerranée et dans l'Atlantique NE pour cause de surpêche massive. En 2006, les trois principaux pays prédateurs de *bluefin tuna* ont dépassé leurs quotas sans vergogne : 7 507 tonnes pour l'Italie, 3 770 tonnes pour le Japon et 3 550 tonnes pour la France. En 2007, le volume total de captures autorisées était de 29 500 tonnes. Selon les estimations les plus sérieuses, plus de 50 000 tonnes de thon rouge ont été pêchées. Le même volume de 29 000 tonnes a été reconduit pour 2008.

En 2009, l'Union européenne a fixé le quota à 22 000 tonnes alors que la communauté scientifique – à défaut d'obtenir un moratoire – recommandait seulement 15 000 tonnes. Il s'en pêchera beaucoup plus, avec l'aide du repérage aérien théoriquement interdit ou dans les eaux libyennes hors d'atteinte des observateurs de l'UE. À destination des parcs d'engraissement qui fleurissent en Méditerranée ou congelés vers les Açores où le thon prendra la « nationalité » Atlantique comme le vin du Midi devenait beaujolais en passant à hauteur de Villefranche-sur-Saône. Autant de milliers de tonnes qui partent en fumée, non déclarées, non comptabilisées, volées à la mer. Contrôles insuffisants et triche garantie. Greenpeace, le WWF et d'autres ont beau se démener, pas moyen de faire raison entendre à la corporation accrochée à ses filets, comme aux politiques, souvent pleutres devant le marin pêcheur.
Pour la campagne 2010, le quota européen est descendu à 13 500 tonnes (2 020 tonnes pour la France) en dépit des demandes de moratoire des experts et des organisations écolos. Seule l'Italie l'a décidé pour un an. Sur le plan diplomatique, le Japon a formé une coalition hostile à l'inscription de *Thunnus thynnus* à l'annexe I de la CITES (Convention de l'ONU interdisant le commerce des espèces menacées). La 15e Conférence des parties à la CITES en mars 2010 à Doha (Qatar) a largement rejeté (72 votes contre, 43 favorables et 14 abstentions) la proposition européenne d'interdiction du commerce international. La France a soutenu cette demande du bout des lèvres et ne s'est guère dépensée pour la faire accepter. À la différence du Japon qui, avec la complicité de la Libye, a précipité le vote

pratiquement sans débats. Les bateaux pouvaient partir pour la prochaine campagne.
Face à l'adversité, le thon rouge n'a plus que deux solutions : demander l'asile politique à Monaco – le prince ayant interdit sa pêche et son commerce en son rocher – ou persuader la communauté nippone et ses affidés qu'on peut vivre sans sashimi de *Thunnus thynnus*, à Tokyo ou rue Sainte-Anne à Paris. Puisque les autorités refusent d'instaurer un moratoire sur sa pêche, aux consommateurs d'intervenir en refusant le thon rouge de Méditerranée dans son assortiment de sushi ou de sashimi. Si les clients n'en veulent plus, le restaurateur n'en servira plus. Les membres de Relais & Châteaux se sont engagés à ne plus l'inscrire à leur carte, de nombreux chefs commencent à s'engager dans le même sens, certaines enseignes de la grande distribution l'ont banni de leurs étals. Les cuisiniers japonais ne doivent pas prendre cette attitude comme une agression mais comme un geste de sauvegarde à l'égard d'un délice que nous souhaitons partager longtemps avec eux. Il existe assez d'autres poissons pour se priver de celui-ci sans trop souffrir. Laissons le temps au thon, jusqu'à la reconstitution de ses stocks. (*13 mars 2010*)

Le peuple de Terra Madre

« En six mois la communauté internationale a été incapable de réunir les 30 milliards de dollars nécessaires à la FAO pour diminuer de moitié la malnutrition sur terre mais en quinze jours on a trouvé 2 000 milliards pour sauver des financiers canailles. » C'est sur ce constat que Carlo Petrini, le président fondateur de Slow Food, a ouvert à Turin la troisième édition de Terra Madre (2008), le rassemblement de 1 652 « communautés de la nourriture » du monde entier. Plus de 4 000 agriculteurs, éleveurs, pêcheurs et producteurs artisanaux. En boubou, kimono, sari, costume, djellaba, poncho, jeans, stetson, chapeau melon, turban, plumes, chèche ou béret, ils sont venus de 153 pays. C'est l'*Orient Express* qui a fait le tour du monde avec pour terminus le Lingotto, lieu des festivités. Plus de 7 000 participants avec des centaines de cuisiniers, de profs, d'étudiants, de musiciens, tous partisans d'une autre civilisation de l'alimentation, fondée sur la qualité des produits, la défense de la biodiversité et le respect des hommes. Ils en ont débattu durant trois jours.

Rescapés du génocide agro-industriel, résistants de l'économie locale, héritiers d'un savoir et d'un patrimoine millénaires, ils sont le « peuple de Terra Madre ». Producteurs de raisins secs d'Hérat (Afghanistan), de poutargue d'Imraguen (Mauritanie), de miel du volcan Wenchi (Éthiopie), de câpres de Ballobar (Espagne), de riz sauvage du Minnesota (États-Unis), de sel noir de Kostroma (Russie), de kakis séchés de Hachiya (Japon) et tant d'autres, dont les produits menacés d'extinction ont été déclarés Sentinelles du goût par Slow Food. « Terra Madre n'est pas comme certains le croient une rencontre pacifique de l'humanité pauvre et marginale mais un réseau qui constitue la plus grande multinationale vertueuse de la nourriture » a lancé Carlo Petrini à une salle enthousiaste. Son ambition ? Remettre ces communautés de la nourriture au centre du processus alimentaire annexé par les multinationales de la semence, de la malbouffe et de la grande distribution. Son projet ? Restaurer la noblesse de l'agriculture, encourager l'économie locale et la micro-entreprise rurale, convaincre la jeunesse d'aller cultiver la terre nourricière. Avec respect et sans OGM.

« La première révolution fut celle de la machine à vapeur, la seconde celle de l'électricité, la troisième sera celle de l'énergie durable et elle partira des campagnes. » Petrini en est convaincu. Aimable utopie souriront certains. Les mêmes ont ignoré en 1989 la création de Slow Food (www.slowfood.com) dans une trattoria de Bra (Piémont). En 2010, le mouvement compte 85 000 membres dans 132 pays, le secrétaire général de l'ONU a envoyé un message de soutien pour l'ouverture de Terra Madre, le prince Charles une allocution vidéo et l'ancien comme le nouveau ministre de l'Agriculture italien siégeaient au premier rang des invités. Avec des milliers de paysans du monde dont les valeurs ne sont pas celles de la bourse. Pas mal pour des utopistes… (*8 novembre 2008*)

Bon, propre et juste

Manger bon, propre et juste semble l'évidence même, encore faut-il préciser ce que l'on met derrière ces mots. Carlo Petrini s'y emploie dans un ouvrage qui se présente comme une éthique de la gastronomie et un plaidoyer pour la souveraineté alimentaire (*Bon, propre et juste*, Éd. Yves Michel).

Le bon n'est pas qu'une affaire de goût personnel et en proposer une définition valable pour tous n'est pas aisé. À la notion de saveur, Petrini ajoute celle de savoir qui permet de comprendre la formation de ce goût et celle de plaisir qui reste le but ultime. « Le bon a des caractéristiques organoleptiques supérieures, les meilleures, qui s'obtiennent en respectant un critère de naturalité. Au gastronome de les respecter, d'apprendre à les reconnaître, de les produire ou d'en favoriser la production selon sa culture et de toujours les préférer. [...] Ceci est un engagement politique. La politique sert à améliorer la qualité de la vie, le bon a la même fonction. »

Un produit alimentaire est propre s'il respecte la terre, ne la met pas en situation de déficit écologique, ne la pollue pas, ne gaspille pas les ressources naturelles durant son parcours du champ à l'assiette et s'inscrit dans une filière durable. Le gastronome devient écogastronome. Les fraises espagnoles cultivées sous une mer de tunnels en Andalousie sont un parfait exemple de produit malpropre actuellement disponible sur nos marchés. Chaque année, elles laissent derrière elles 4 500 tonnes de déchets plastiques, assèchent des zones humides pour cause d'irrigation intensive et introduisent dans les sols de fortes doses de bromure de méthyle, un pesticide pourtant interdit par l'UE (rapport WWF). La France en importe des dizaines de milliers de tonnes chaque année. À l'écogastronome de faire son choix.

Troisième critère pour un produit de qualité : qu'il soit juste. Pour le producteur comme pour le consommateur. Le prix, qui doit récompenser le paysan à la hauteur de son labeur et le mangeur à celle de ses moyens, n'est pas seul en cause.

Il est question ici de l'accès à la terre, de respect des savoir-faire, d'organisation des marchés. L'accent est mis sur les communautés de la nourriture et sur la volonté de faire du néogastronome un coproducteur dans un monde dominé par les multinationales de l'agroalimentaire et de la distribution qui imposent leurs goûts, leurs prix et leurs conditions. Le développement des AMAP, des paniers fermiers, des marchés paysans montre que face au productivisme et à l'industrialisation, une autre voie est possible. (*6 avril 2007*)

Table

Introduction, 5

1. Racines, 7

Racines chroniques, 23
La goutte de mirabelle, 24
Les pissenlits par mes racines, 26
Ma madeleine à moi, 28
Du saloir au pain d'épices, 30
Le gâteau de riz cuit trois fois, 32
Le sang de la terre, 33
Miss Brimbelle, 35
Lapin en gelée, 37
En faire tout un bocal !, 39
L'endive à cœur ouvert, 41
La tourte de ma grand-mère, 43
L'asperge, une heure plus tard, 45
Les reines de la tarte, 47
Le capucin de l'aïeul, 50

La choucroute arrive de l'Aube, 52
Les beignets de Mardi gras, 54
Jeudi, c'est patates farcies, 56
La poire, la bonne et le curé, 58
Moules à gaufre, 59
La quetsche d'Alsace, seule contre tous, 61
Un petit quart crémeux, 63

2. Paris, 67

Paris chroniques, 82
J'entretiens des relations avec mon boucher, 83
Le cochon et le goupillon, 88
Banco sur la cave de l'Hôtel de Ville, 90
Un thé de faux jeton, 92
L'art des pluches, 94
Un amour de Cocotte, 97
La bécasse de 8 h 47 min, 101
Délices de fougères, 103
Un plat de haute précision, 105
La Cagouille, 107
SOS tripiers, 109
Dîner au Bois, 111
La paella de Pepita, 113
Le Baratin au Michelin, 115
Questions de fonds, 117
Viva la ebullicion !, 119
La croûte et la mie, 121
Terrasses, 125

3. Monde, 129

Monde chroniques, 148

Strawberry fields for dessert, 149

La blanche au gramme, 151

Pas de spaghetti à Bologne, 153

Le labné de Muriel, 154

L'homme au tajine, 156

Le ceviche de Pedro, 158

Le mole poblano, 160

La redécouverte de l'amarante, 162

La bande des quatre, 164

Les gardiennes du temple, 166

Matricule n° 115 433 568, 168

Crabe poilu à Shanghai, 170

Poissons à Sydney, 172

Cuisine fusion à Adelaïde, 174

Lord Jim à Bangkok, 175

Le code du curry, 177

L'heure du thali, 180

Sur la terre du basmati, 182

Darjeeling, avant la tasse, 184

Mangomania à Mumbai, 186

Yes, we drink!, 188

4. À table!, 191

À table! chroniques, 209

Pas touche au gratin dauphinois!, 210

Prénom bintje, profession patate, 212

Amour, crème et morilles, 214

Il est farci le chou, 216
L'Oreiller de la Belle Aurore, 217
La garbure selon Dutournier, 219
Cette blonde venue du Nord, 221
Au Chateaubriand, c'est comme ça, 223
Le fromage volé aux femmes, 225
Les couilles du toro, 227
La tecnica del gaspacho, 229
Le parti clafoutis, 231
La Bigarade, de toute urgence, 233
La gentrification du pain perdu, 234
La maltaise, elle est trop bonne!, 237
Duas habet et bene pendentes, 239
Mystère et frangipane, 241
La vérité sur la niçoise, 243
Le fleuve jaune, 244
La toque et la trique, 246
Senderens et les étoiles filantes, 248
Radio Casserole, 250

5. Demain, 253

Demain chroniques, 272
Tentative d'homicide, 273
Y a-t-il un cuisinier au fourneau?, 275
Affaires de raisins, 278
Harcèlement textuel, 280
La caverne d'Ali-cament, 282
Je mange du cheval, 284
Le gibet et la gibelotte, 286

Pourquoi la viande et pas le lait?, 288
La patate chaude, 290
Le Gâchi-mètre étalon, 292
La main au panier, 294
Manger local, 296
Tendance gourde, 298
Les camarades du goût, 300
Postures antibio, 301
Les damnés de la mer, 303
Laissons le temps au thon, 305
Le peuple de Terra Madre, 308
Bon, propre et juste, 310

Crédits photos

Collection de l'auteur : *7, 129, 191*.

Quentin Bertoux / Agence VU : *23, 82, 148, 209, 272.*

Marion Scemama : *67.*

Claire-Lise Havet : *253.*

Achevé d'imprimer en septembre 2010
Imprimé en Union européenne